I0023884

LE

MÉNAGIER DE PARIS.

3257

181

54976

LE
MÉNAGIER DE PARIS,

TRAITÉ
DE MORALE ET D'ÉCONOMIE DOMESTIQUE

COMPOSÉ VERS 1393,

PAR UN BOURGEOIS PARISIEN

CONTENANT

Des préceptes moraux, quelques faits historiques, des instructions
sur l'art de diriger une maison, des renseignemens sur la consommation
du Roi, des Princes et de la ville de Paris, à la fin du quatorzième siècle, des conseils
sur le jardinage et sur le choix des chevaux ; un traité de cuisine fort étendu,
et un autre non moins complet sur la chasse à l'épervier.

ENSEMBLE :

L'histoire de Grisélidis, Mellibée et Prudence par Albertan de Brescia (1246),
traduit par frère Renault de Louens ; et le chemin de Povreté et de Richesse,
poème composé, en 1342, par Jean Bruyant, notaire au Châtelet de Paris ;

PUBLIÉ POUR LA PREMIÈRE FOIS

PAR LA SOCIÉTÉ DES BIBLIOPHILES FRANÇOIS.

TOME PREMIER.

A PARIS,
DE L'IMPRIMERIE DE CRAPELET,
RUE DE VAUGIRARD, 9.

M. D. CCC. XLVI.

BIBLIOTHÈQUE NATIONALE
Collon
RISTELHUEBER
No 1241
IMPRIMÉS

Le *Ménagier de Paris* a été imprimé aux frais et par les soins de la Société des Bibliophiles françois. Il en a été tiré vingt-quatre exemplaires sur *grand papier impérial de Hollande*, de la fabrique de C. Honig, destinés aux membres résidens de la Société, plus trois cents exemplaires en petit papier. Et étoient membres de la Société quand cet ouvrage fut imprimé :

M. BÉRARD, receveur général des finances à Bourges.

M. le Comte ÉDOUARD DE CHABROL, ancien maître des requêtes au Conseil d'État.

M. le Duc DE POIX[1], ancien ambassadeur de France en Russie.

M. le Marquis DU ROURE, maréchal de camp, membre de la Chambre des députés.

M. DE LA PORTE.

M. le Comte DE LA BÉDOYÈRE, ancien colonel de cavalerie.

M. le Comte DE SAINT-MAURIS, introducteur des ambassadeurs.

M. COSTE, conseiller honoraire à la Cour royale de Lyon.

M. JÉRÔME PICHON, *Président.*

M. ARMAND CIGONGNE, ancien agent de change, *Trésorier.*

[1] Voir la Notice ci-après, page I.

M. YEMENIZ, négociant à Lyon.

M. le Baron DU NOYER DE NOIRMONT, auditeur au Conseil d'État.

M. Léon TRIPIER, garde des Archives du domaine privé du Roi.

M. le Marquis DE COISLIN.

M. le Comte DE CHARPIN-FOUGEROLLES.

M. le Comte LANJUINAIS, pair de France.

M. ERNEST DE SERMIZELLES.

M. LE ROUX DE LINCY, pensionnaire de l'Ecole des Chartes, secrétaire.

M. BENJAMIN DELESSERT.

MADAME la Vicomtesse DE NOAILLES.

MADAME GABRIEL DELESSERT.

M. le Baron ERNOUF.

M. le Comte DE LABORDE, de l'Académie des inscriptions, membre de la Chambre des députés.

M. PROSPER MÉRIMÉE, de l'Académie française, inspecteur des monuments historiques.

M. AUGUSTE LE PRÉVOST, de l'Académie des inscriptions, membre de la Chambre des députés.

MEMBRE HONORAIRE.

M. le Marquis DE CHATEAUGIRON, consul de France à Nice.

ASSOCIÉS ÉTRANGERS.

M. le Prince ALEXANDRE LABANOFF, aide de camp de S. M. l'Empereur de Russie.

M. le Baron DE REIFFEMBERG, professeur de l'Université de Louvain, etc.

M. l'Abbé COSTANZO GAZZERA, membre de l'Académie de Turin.

TABLE

DES PIÈCES PRÉLIMINAIRES, DISTINCTIONS, ARTICLES ET CHAPITRES

DU

MÉNAGIER DE PARIS.

TOME PREMIER.

PRÉLIMINAIRES.

TABLE DES CHAPITRES

TEXTE.

TOME II.

SECONDE DISTINCTION.

TABLE DES CHAPITRES.

ARTICLE V.

TROISIÈME DISTINCTION.

ARTICLE II (ET UNIQUE).

NOTICE

SUR

M. JUSTE DE NOAILLES

PRINCE-DUC DE POIX

CHEVALIER DES ORDRES DU ROI, GRAND D'ESPAGNE DE PREMIÈRE CLASSE
ANCIEN AMBASSADEUR DE FRANCE EN RUSSIE
ANCIEN DÉPUTÉ, ETC.
MEMBRE DE LA SOCIÉTÉ DES BIBLIOPHILES FRANÇAIS

———————

NOTICE

M. LE DUC DE POIX[1].

___

Multis ille quidem flebilis occidit,
Nulli flebilior quam mihi.....
Horat., od. xxiv, l. I.

Il est des hommes que le monde ignore et qui passeraient inaperçus grâce à l'excès de leur modestie, si leur mérite ne se révélait à leur insu par l'utilité de leur vertu. Ces sortes de caractères ne se manifestent que malgré eux au grand jour, leur sagesse les retient dans la retraite, et beaucoup finissent, comme l'a dit quelque part Montesquieu, *sans avoir déballé.* Ceux que les liens du sang ou de l'amitié ont rapprochés d'eux, doivent au monde de les faire connaître ; c'est à la fois un encouragement pour la jeunesse et une

___

[1] La Société des Bibliophiles ne publiant plus de volumes de mélanges dans lesquels les notices nécrologiques de ses membres prenaient naturellement place, a décidé que cette notice sur un de ses membres les plus illustres et les plus regrettés serait imprimée en tête du *Ménagier de Paris*, qui était déjà sous presse à l'époque de la mort de M. le duc de Poix. (*Note de la Société.*)

consolation pour l'âge avancé qu'un hommage rendu à ces existences à la fois élevées et modestes, placées ainsi à la portée de toutes les émulations. M. le duc de Poix était un modèle de ce genre de caractère. L'auteur de cette notice lui tenait par les liens du devoir et de l'affection : ayant eu le bonheur de jouir de son mérite dans l'intimité la plus resserrée, il ose espérer que cet avantage lui vaudra celui de le faire connaître avec plus de vérité que personne : c'est son seul titre à l'indulgence de ceux qui le liront.

Juste-Antonin-Claude-Dominique de Noailles, prince-duc de Poix, naquit à Paris le 8 août 1777, de parents tendres et chéris dont il était le second fils. Son père le prince de Poix, fils aîné du vertueux maréchal duc de Mouchy, mort sur l'échafaud en 1794, avait épousé la fille du maréchal de Beauvau. Les vertus et les charmes de la princesse de Poix ont enchanté tous ceux qui l'ont rencontrée et laissé une sorte de culte dans les cœurs admis à son intimité. Elle s'occupa de l'éducation de son second fils d'une façon toute particulière, et l'influence de cette première partie de la vie du jeune Juste de Noailles s'étendit sur le reste de son existence de manière à le modifier fortement : elle le préserva de la gâterie presque inévitable à laquelle il était condamné par position. Il ouvrit les yeux au milieu des dernières prospérités de sa famille ; lui et son frère, plus âgé que lui de six ans, semblaient alors destinés aux plus hautes situations du pays. Ces beaux jours durèrent peu : Juste de Noailles en connut pourtant assez pour garder de précieux souvenirs de ces derniers moments de la société française dont le salon de sa mère était peut-être le plus parfait modèle. La princesse de Poix rassemblait autour d'elle un petit cercle d'amis presque tous remarquables par des mérites divers, que sa supériorité avait distingués dès son entrée dans le monde; quelques femmes, ses amies de jeunesse, modèles d'esprit et de grâce, des hommes attachés à la cour ou mêlés aux affaires et à la littérature, tous réunis par le charme de son commerce, l'entouraient de soins que sa mauvaise santé rendait consolants pour elle et doux pour ses amis. Le prince de Poix, marié très-jeune et dans la plus haute faveur à la cour, n'était pas un mari aussi sédentaire que son vénérable père, mais il eut toujours le bon goût de préférer à tout la société de sa femme et de ses amis.

Cette société, au début de notre terrible révolution, était de celles qui non-seulement ne s'en effrayaient pas, mais dont les vœux et les opinions favorisaient les premières manifestations du mouvement réformateur. M. de La Fayette et la brillante jeunesse qui l'avait suivi en Amérique, bien des grands seigneurs amis de Voltaire et enthousiastes de Rousseau, beaucoup de courtisans dévoués à M. Necker, tous ces esprits enflammés d'ardeur pour le bien, de désir des réformes utiles, animés des plus généreux sentiments, se livraient alors à de bien douces espérances et rêvaient la régénération de leur pays, dût-elle se réaliser aux dépens de ces priviléges dont ils furent les premiers à se dépouiller au profit de ceux qui devaient être leurs bourreaux.

C'était là l'esprit du salon où le duc de Poix passa ces premières années de la vie qui en décident presque toujours la tendance. La princesse de Poix avait été nourrie par son père, le maréchal prince de Beauvau [1], homme aussi vertueux qu'éclairé, dans le goût de la littérature et les doctrines de la philanthrophie. Ses amis, MM. de Lally-Tollendal, de Montesquiou, de La Fayette, Mmes d'Hénin, de Tessé, de Lauzun prenaient comme elle le plus vif intérêt aux débats politiques du moment. Le prince de Poix était des plus chauds partisans de M. Necker; son frère le vicomte de Noailles prit une part célèbre aux généreuses imprudences du 4 août. Enfin le jeune Juste de Noailles fut entouré dès le berceau de sentiments et de principes dont l'impression ne s'effaça jamais chez lui. Il les conserva au travers de toutes les vicissitudes de nos cinquante dernières années; tous ceux qui l'ont connu peuvent se rappeler que les enivrements de l'empire, les illusions de la restauration et les agitations de 1830

---

[1] Il était de l'Académie française, et particulièrement occupé de grammaire.

le trouvèrent le même, c'est-à-dire un ami im-
partial de l'ordre et de la liberté.

Les horreurs de la révolution le saisirent dans
sa première jeunesse; elles furent pour lui une
précoce expérience et l'occasion de devoirs tou-
chants. Son père ayant eu le courageux instinct
de rester jusqu'au dernier moment près de son
infortuné souverain, fut forcé après le 10 août
de se cacher et bientôt après de s'enfuir : sa tête
était mise à prix. Le maréchal duc de Mouchy
périt sur l'échafaud avec sa femme, sa belle-fille
et la mère et la grand'mère de cette dernière; le
reste de la famille avait réussi à quitter la France.
La princesse de Poix infirme avant l'âge et
n'ayant pas voulu émigrer, resta donc seule à
Paris avec son fils cadet, dont la tendresse et les
vertus surent lui adoucir tant de maux. Leur vie
était affreuse. Chaque matin le journal leur an-
nonçait la mort d'un parent ou d'un ami, et
chaque jour tous deux se préparaient à de derniers adieux. Juste de Noailles, en présence de ces
atrocités journalières, était soutenu par des sentiments religieux déjà puissants, et qui prirent
depuis une teinte d'exaltation naturelle à son
âge et dans sa situation. Un vertueux prêtre bien
connu avant la révolution par ses bonnes œuvres,
le respectable abbé de Fénélon, célébrait les saints
mystères dans une cave pour la consolation de
quelques âmes fidèles. Le jeune Juste de Noailles
s'y rendit toujours exactement, plus d'une fois

au péril de sa liberté et presque de sa vie, jusqu'à ce que son vénérable directeur eût payé ses vertus de sa tête. Au milieu de tant de maux, un goût qui se développa en lui et qui ne le quitta plus, fut, si on peut le dire, son délassement. C'était le goût des livres qui devint bientôt une passion. Pouvant à peine disposer de l'argent nécessaire à son entretien, il s'imposait de pénibles privations pour le satisfaire. Un estimable libraire resté son ami jusqu'à sa mort, aimait à raconter comment leur connaissance s'était faite en 1793, à une vente de livres précieux. M. de Bure (c'était son nom) remarqua avec surprise et intérêt un beau jeune homme de dix-sept ans, vêtu plus que modestement, qui montrait des connaissances et une ardeur pour les livres que sa situation ne lui permettait pas évidemment de satisfaire. Attiré par ces apparences et sans savoir le nom du jeune amateur, M. de Bure lui procura à un prix modéré les précieuses éditions qu'il désirait. Il s'ensuivit un échange de bons procédés qui les attacha à jamais l'un à l'autre. Mais comme les bonnes actions passaient pour M. de Poix avant les beaux livres, il vendit sa chère collection sous le Directoire pour payer une dette contractée par sa mère pendant la terreur.

Lorsque peu après ces horribles temps la France commença à respirer, la jeunesse retrouva quelque mouvement et même de la gaieté, parce qu'elle ne saurait s'en passer. Juste de Noailles se livra comme les autres aux amusements qui réunissaient les lambeaux épars de la société dans des associations souvent bizarres, mais curieuses à observer. Du milieu de ce chaos sortaient quelques existences miraculeusement conservées, et qui commençaient déjà à se faire remarquer; Juste de Noailles eut le bonheur, dès cette première entrée dans le monde, de former des liens d'amitié qui ne varièrent plus. Le plus intime fut avec Adrien de Mun dont la famille de tout temps liée avec la sienne, s'y était plus étroitement attachée depuis la révolution. L'esprit délicat et cultivé de M. de Mun, son aimable caractère, ses mœurs élégantes l'eussent fait remarquer en tout temps, mais quel n'était pas son charme dans ce moment de désordre et de licence! Ces deux jeunes gens élevés dans des goûts et des sentiments proscrits comme leurs familles, se serrèrent étroitement l'un à l'autre, s'accordèrent une confiance sans bornes et se suivirent dans toutes les phases de leur existence pendant près de cinquante ans avec une persistance et une affection dont il y a bien peu d'exemple chez les hommes. Leurs caractères différaient tout juste assez pour les rendre le complément l'un de l'autre. M. de Mun, aussi sage, mais moins grave que son ami, savait allier au goût le plus délicat la plus folle gaieté. Un ami moins intime, mais toujours cher et précieux à Juste de Noailles, ce fut le comte Molé, dont la jeunesse à la fois aimable et sérieuse faisait prévoir son brillant avenir. Ce peu de Français émigrés à l'intérieur y vivaient modestement, contents seulement de ne plus souffrir, de pouvoir espérer et de s'amuser n'importe comment ni avec qui. Les échappés de la terreur se retrouvaient tout joyeux d'avoir survécu; les émigrés rentraient progressivement; chacun arrangeait l'avenir à son gré. Enfin le 18 brumaire vint absorber les espérances de tout le monde dans une admiration générale bientôt accompagnée d'une soumission craintive qui coupa court aux chimères, en réveillant les ambitions.

La princesse de Poix restait et fut toute sa vie un centre pour les esprits distingués que le besoin de communication rassemble, quel que soit l'état du pays. Les opinions libérales de Mme de Poix s'étaient bien modifiées par la vue des crimes de la terreur; rien ne pouvait la consoler de ce qu'elle appelait ses erreurs. La pensée qu'elle avait pu applaudir aux premiers actes d'une révolution ensanglantée par tant d'horreurs, lui laissait sinon des remords, du moins un besoin d'ordre qui la soumettait plus aisément que ses autres amis au despotisme qui pesa bientôt sur le pays. Le prince de Poix, toujours dévoué au souvenir de ses rois, resta, comme son fils aîné, étranger au nouvel ordre de choses. Son second fils ayant fait, en 1804, un beau et noble mariage (il avait épousé Mélanie de Talleyrand-Périgord, nièce du célèbre prince de Talleyrand), désira, dans l'intérêt de

sa descendance, rattacher son existence à celle
d'un gouvernement dont le chef lui avait inspiré
un vif enthousiasme. Il obtint de l'empereur la
faculté de créer un majorat de comte; bientôt il
fut nommé chambellan, et sa femme fut dame du
palais de l'impératrice Marie-Louise. Ces diversi-
tés d'opinions n'altérèrent jamais l'union du comte
de Noailles et de ses parents. Mme de Poix, fidèle
aux mêmes sentiments que son époux et son fils
aîné, mais avant tout mère sage et tendre, réunis-
sait autour d'elle tous les objets de son affection
dans les relations les plus douces. D'ailleurs les
esprits justes et les bons cœurs s'entendent toujours dans le désir du bien, sous quelque forme
qu'il se produise. La restauration eut les mêmes
effets dans cet intérieur uni et éclairé. Le comte
de Noailles, heureux de pouvoir servir à la fois
son pays et les bienfaiteurs de sa famille, dut à la
bonté de Louis XVIII l'ambassade de Saint-Pé-
tersbourg. Il fut chevalier de l'ordre du Saint-
Esprit, et la comtesse de Noailles dame d'atour
de Mme la duchesse de Berry. Le comte de Noailles
porta dans sa nouvelle carrière la droiture et la
raison qui le caractérisaient. Mais son goût le rap-
pelait vers la vie de famille, et il saisit la première
occasion d'y rentrer, en se retirant des affaires
presqu'en même temps que le duc de Richelieu,
dont il représentait la couleur politique. Le roi
permit alors au prince de Poix, élevé à la pairie
en 1814, de faire passer à son fils cadet la gran-

desse d'Espagne. Depuis ce temps, l'éducation de ses enfants, le soin de ses affaires, ceux qu'il rendait à une mère adorable et de plus en plus infirme, remplirent presque exclusivement l'existence du comte de Noailles. Ses seules distractions étaient son goût pour les livres et les devoirs de la charité, seuls emplois qu'il se permît de son superflu. Il n'en fut distrait qu'en 1827, où le département de la Meurthe le choisit pour un de ses députés. Les sentiments qui l'avaient animé dès sa jeunesse le suivirent sur les bancs de la chambre. Il y porta cet amour d'une sage liberté, ce besoin de morale dans les institutions, qui caractérise les honnêtes gens et les esprits éclairés de notre temps, et qui eût soutenu tous les gouvernements qui se sont écroulés depuis cinquante ans, si ces gouvernements les eussent sincèrement consultés. Plus tard, la manière de voir du comte de Noailles le détourna de chercher une nouvelle élection. Dévoué par reconnaissance à la maison de Bourbon, mais se sentant en opposition avec la politique qu'elle adoptait, il en attendait avec anxiété le fatal résultat. Les grâces dont sa famille et lui-même avaient été comblés, lui firent un devoir de s'éloigner de la cour après la révolution de 1830. Il rentra dans la retraite en déplorant les malheurs de ses bienfaiteurs et en formant des vœux pour la prospérité de son pays. Depuis ce temps, consacré plus que jamais à ses liens intimes, il ne chercha plus de délassements que dans les épanchements de sa tendre amitié pour le marquis de Mun, et ses relations avec un petit cercle de connaissances anciennes, choisies avec ce goût délicat et sûr qui était un des attributs de son esprit. Ses livres devinrent plus que jamais sa jouissance et sa consolation. Sa bibliothèque, une des plus célèbres de France, s'était progressivement augmentée de précieuses acquisitions. Les heures qu'il y passait lui semblaient des moments. Peu de semaines s'écoulaient sans qu'il allât chez ses anciens amis, MM. de Bure, se tenir au courant des nouvelles de la librairie. La Société des Bibliophiles, dont il fit partie dès son origine, ne comptait pas de membre plus intéressé à ses travaux ; ceux dont il était chargé se faisaient reconnaître à un goût aussi scrupuleux qu'éclairé.

Le duc de Poix [1] eut en 1834 le malheur de perdre sa mère ; ce fut un grand événement dans sa vie. Trouvant en elle, avec un sentiment passionné pour lui, un mérite et des agréments restés sans rivaux, il s'était livré, si on peut le dire, avec imprudence, à son affection pour elle. Cette mère chérie était son amie intime, l'objet de ses plus tendres soins, d'un goût qui tenait de l'admiration, et son conseil dans toutes les choses de la vie. Comme elle avait conservé jusqu'à son dernier jour ses facultés morales dans leur entier,

---

[1] Il prit ce nom après la mort de son père et de son frère aîné, qui l'avaient porté.

elle trompait sur son âge tout ce qui l'entourait ;
on jouissait avec imprévoyance du charme de sa
société, sans songer au vide profond que devaient
laisser des communications si charmantes. Tous
ceux qui l'ont approchée l'ont plus ou moins
senti après elle. Qui dut en souffrir plus que ce
fils chéri, le bien-aimé de son cœur, la source
des plus douces jouissances de sa longue vie! La
douleur du duc de Poix dura autant que son
existence ; le souvenir de sa mère resta un culte
caché qu'il ne sépara plus d'aucune de ses impressions. Il voulut changer de vie après cette
irréparable perte, et faire désormais à la campagne sa principale résidence. Ses beaux livres
lui parurent alors une magnifique fantaisie dont
la valeur serait mieux employée en travaux utiles.
Il s'en défit en 1835. La vente eut lieu avec succès en Angleterre[1]. (Les amateurs français ont eu
depuis ce temps la consolation de s'assurer que
beaucoup des ouvrages rares qui s'y trouvaient
sont rentrés dans notre pays.) M. de Poix aimait
pourtant trop l'étude et la littérature pour se
passer d'une bibliothèque. Il acquit celle de feu
M. Duviquet et l'augmenta successivement d'acquisitions moins brillantes que par le passé, mais

---

[1] Le 12 mai et jours suivants. Elle produisit en cinq vacations
3 188 livres sterling 14 sch. 6 d. Le catalogue, contenant 952 nu-
méros et 72 pages, est intitulé : *Catalogue of the splendid library
(imported from Paris) of a distinguished collector, which will be sold
by auction by Mr. Evans.* 1835, in-8°.

qui font cependant de cette seconde bibliothèque une collection excellente dans tous les
genres[1].

Tout faisait espérer à la famille et aux amis de
M. le duc de Poix qu'il leur serait, ainsi que
l'avait été sa mère, conservé au delà du terme ordinaire de la vie. Sa santé florissante, sa vie ré-
gulière, cette paix de l'âme que la piété entretient chez ceux qui l'associent à toutes leurs
impressions, semblaient lui assurer une longue
carrière. Dieu en décida autrement : une courte
et pénible maladie l'enleva le 1er août 1846, à
l'âge de soixante-neuf ans. Ce fut une douleur et
une surprise pour tous ceux qui l'aimaient. Le
chagrin en fut épargné au marquis de Mun, mort
deux ans avant son ami ; sa famille resta seule à
le pleurer. Elle perdait en lui un chef respectable
dont les aimables qualités faisaient aimer la vertu.
Malgré une modestie qui allait peut-être jusqu'à
l'excès, le respect s'attachait à lui et se répandait
sur ses entours, qu'il protégeait ainsi à son insu.
Son influence les dirigeait du fond de sa retraite,
comme le lest d'un navire en assure invisiblement
la marche. Cette religieuse modestie était le trait
dominant du caractère de M. de Poix. Il ne lui

[1] La seconde bibliothèque de M. le duc de Poix, formant un
ensemble de plus de douze mille volumes, se trouve maintenant à Mouchy le Châtel chez Mme la vicomtesse de Noailles,
M. le duc de Poix ayant disposé par testament de sa bibliothèque
en faveur de son petit-fils, possesseur futur de Mouchy le Châtel.

arrivait de la dominer que lorsque sa conscience lui faisait un devoir de professer des sentiments honorables ou des opinions utiles ; alors on trouvait en lui la chaleur d'un homme de bien, sans respect humain comme sans préjugés. Mais habituellement son plaisir favori était l'étude et les communications qu'elle procure avec des esprits distingués. Nul ne rendait une justice plus aimable au mérite d'autrui que M. de Poix ; son approbation flattait d'autant plus qu'il était doué d'un goût exquis, peut-être trop développé par l'éducation, car les raffinements du goût procurent plus de mécomptes que de jouissances ; mais il ne dépend pas de certains esprits choisis de se contenter de la médiocrité en rien, et M. de Poix était de ceux qui cherchent sans relâche le mieux en toute chose. Il était ingénieux dans sa bienfaisance, délicat dans ses moindres attentions : ses manières à la fois douces et dignes étaient le modèle d'une noble et sage élégance. Ses confrères, les bibliophiles, n'en perdront pas plus le souvenir que des aimables procédés que tous ont rencontrés en lui, et ils joindront de sincères regrets à la juste douleur de sa famille et de ses amis.

V. D. N.

Membre de la Société des Bibliophiles français.

LE MÉNAGIER
DE PARIS.

[library stamp]

INTRODUCTION.

UAND on étudie l'histoire de la régence et du règne de Charles V, de ce beau règne si tristement précédé et si tristement suivi, on ne sait lequel admirer davantage ou des succès politiques et militaires de ce grand prince, ou du mouvement imprimé aux lettres et aux arts par son intelligente et constante protection. Jeté au milieu d'un pays désuni et factieux, attaqué victorieusement par un ennemi formidable,

I

b*

sans argent, sans soldats, Charles s'entourant avec un
discernement presque surnaturel des hommes les plus
habiles dans toutes les branches de l'administration,
se crée bientôt des ressources suffisantes ; il trace lui-
même aux chefs de ses armées un plan de campagne
qui doit ranimer des troupes découragées et rendre
impossibles à l'avenir les désastres de Crécy et de Poitiers. Il sait trouver partout des alliés pour la France
et des ennemis pour l'Angleterre, et combat successivement et heureusement son redoutable adversaire sur
tous les points où il a un intérêt ou un ami. Mais les
combinaisons si variées et si complexes de sa politique
ne suffisent pas à l'activité de ce puissant génie. Après
avoir rendu à la France sa confiance en elle-même et
son territoire, il veut encore lui donner la supériorité
de l'intelligence et des lettres, et commence dans sa
librairie de la Tour du Louvre la réunion des meilleures
productions historiques et littéraires. Là encore il veut
être entouré d'esprits d'élite : il veut avoir Cicéron,
Tite Live, saint Augustin dans sa bibliothèque, comme
il a du Guesclin, Sancerre et Clisson dans ses armées,
Bureau de La Rivière et Jean Le Mercier dans son conseil, Arnault de Corbie et Pierre d'Orgemont dans son
parlement. Non content de recueillir les meilleurs ouvrages déjà connus, le Roi, par sa munificence et souvent même par ses ordres exprès, oblige à écrire tous
ceux qui lui semblent capables de donner les meilleurs
traités d'une science ou d'un art quelconque. Aucun
sujet, si humble qu'il soit en apparence, n'échappe à
son attention : sa sollicitude paternelle descend dans

tous les détails. Pendant que le chancelier Pierre d'Orgemont écrit sous son inspiration une chronique modèle de fidélité et d'exactitude historique [1], Charles ne dédaigne pas d'engager lui-même le serviteur [2] d'un de ses maîtres des requêtes à consigner dans un ouvrage spécial le fruit de son expérience sur l'art d'élever et de diriger les troupeaux, et son *queux* Taillevent[3], comblé de ses bienfaits, donne sur la cuisine un traité imprimé et consulté encore sous le règne de Henri IV.

Le *Ménagier de Paris* est évidemment un des résultats du mouvement littéraire du règne de Charles V et de la tendance qu'avoit alors éprouvée chacun, par suite des encouragemens du roi, à écrire sur le sujet qui lui plaisoit le plus et qu'il connoissoit le mieux. L'auteur avoit vu tout le règne de ce grand prince, puisqu'il étoit à Melun en 1358[4], à Niort en 1373[5], et qu'il avoit connu Aubriot[6] dans sa puissance, mais il n'écrivit que plu-

[1] C'est la partie des Chroniques de Saint-Denis qui traite des règnes de Jean II et de Charles V (tome VI de l'édition donnée par M. Paris). Voir, à ce sujet, le mémoire de M. Lacabane, t. II, p. 57 de la bibliothèque de l'École des chartes.

[2] Jean de Brie, natif de Villiers sur Rongnon, près Coulommiers, qui écrivit en 1379 le traité du *bon Bergier*, que, dit-il, *il n'eust voulu bailler et manifester à nul autre qu'au roy* (éd. V° Trepperel et J. Janot, s. d. f° A 8 v°). Il étoit alors au service de Jean de Hestomesnil, conseiller au parlement en 1373 et ensuite maître des requêtes, mort au commencement de mars 1380-1, qui a pu l'aider à écrire ce traité dont le style et les pensées sont remarquables. Au reste, Jean de Brie n'étoit plus berger quand il écrivit son livre.

[3] Voy. ci-après, p. xxxv. — [4] T. I, p. 148. — [5] Ibid., p. 93.

[6] On trouve dans tous les historiens la mention des services qu'Aubriot rendit à la ville de Paris pendant sa prévôté, ainsi que le récit de sa dis-

sieurs années après l'avénement de Charles VI. Il parle
en effet du duc d'Orléans, qui ne peut être Philippe
de France, frère du roi Jean : 1° parce que ce prince,
mort en 1372, ne seroit pas cité comme vivant dans

grâce. J'aurai cependant occasion de parler de lui avec détail dans mon
mémoire sur les Maillotins (voir t. I, p. 136). Je préciserai et j'appuierai
de faits inédits les causes de ses malheurs. En attendant, je crois devoir
consigner dans cette note l'extrait d'un récit contemporain de sa délivrance, que j'ai rencontré dans mes recherches, et qui donne sur le
procès, la fuite et le lieu de la résidence de cet homme éminent des
renseignemens qui paroissent avoir été inconnus à tous les historiens.
Voici ce curieux document : « ..... Il a commis hérésie et en fu en pro-
« cès devant l'évesque et devant le maistre des hérites. Avant la sentence
« il supplia à l'ecglise qu'il fust réintégrez, et y fu receus et fu absols : et fu
« déclaré qu'il avoit esté hérites, et pour pénitence on li assigna les pri-
« sons de l'évesque de Paris ; et pour la grant repentance qu'il avoit, l'é-
« vesque et le maistre des hérites le relevèrent de ce qui (qu'ils) porent et
« se li réservèrent la miséricorde de sainte Ecglise, et li ordenèrent pour
« prison le plus biau lieu de la tour de la maison épiscopal. » (C'est cette
grande tour quarrée, crénelée, qu'on voit dans deux vues de l'église Notre
Dame et de l'évéché, gravées par Israël Silvestre, et surtout dans la planche
ayant quatre vers au bas : D'un costé, vous voyez, etc.) « Il ala voluntaire-
« ment en prison pour faire sa pénitence et y demoura l'espace de dix
« mois. Le jour que les gens de ceste ville (Paris) furent esmeus il alèrent
« en la maison de l'évesque, et par force et violence rompirent les prisons.
« Et quant le giolier dist à messire Hugues que les gens de la ville l'es-
« toient allé quérir, il dist que ne s'en iroit point ; et li demanda une hache
« que tenoit ; et le giolier li dist que ne li en bailleroit point, et que se il
« faisoit semblant de soy mettre à défense, il les feroit tuer. Et finablement
« les gens de ceste ville le prindrent et mittrent sus un petit cheval et le
« menèrent en sa maison et disoient que le feroient leur capitaine. Après,
« il s'en volt retorner en prison, mais il fu conseillez par aucuns de ses amis
« qu'il s'en alast devers le pape.... Le suer (soir) il se parti de son hostel
« et se fist passer l'eaue par deux enfans », (il est remarquable de voir se-
condé dans sa délivrance par deux enfans l'homme qui avoit rendu aux juifs
les enfans que leur avoit enlevés le peuple de Paris), « et à peines qu'il ne fu

un livre écrit après la prise de Niort; 2° parce que l'auteur qui nomme [1] les ducs de Berry, de Bourgogne et de Bourbon dans l'ordre de leur parenté avec le roi, n'auroit pas, s'il eût écrit sous le règne de Charles V, placé l'oncle du roi avant ses frères; 3° le duc

« noiez. Il estoit malades et s'en ala par Bourgoigne, non pas par aucunes « de ses maisons, et demoura malades seize jours à Mucé en Auxois » (*Mussy-la-Fosse, anciennement du bailliage de Semur-en-Auxois plutôt que Mussy situé à 7 lieues de Mâcon*), « et de là ala à Mascon, et illec aussin de- « moura malades et se fit mettre en l'eaue, et ala jusques à Avignon. Il ne « pot pas parler ne si tost avoir assès (*accès*) au pape, mais il parla à un « cardinal et li dist et exposa tout ce que dit est et se soubmist en l'orde- « nance du pape. Le pape et le collége li ordenèrent lieu où il seroit et fu « bonne pièce à Sommières » (*petite ville entre Montpellier et Nîmes. Il y avoit aussi un lieu ainsi nommé près Saulx en Bourgogne*), « et a tousjours esté « et est par l'ordenance du pape et du collége, etc. » Il est bon de savoir que ce récit présente la version d'Hugues Aubriot lui-même, et il semble permis de douter qu'il eût si grande envie de rester dans les prisons de l'évêque.

J'ai parlé avec détail, t. II, p. 254, de la maison qu'Aubriot habita rue de Jouy, et j'ai donné la suite des propriétaires de cette maison (ultérieurement rebâtie) de 1369 à 1573. J'ai appris depuis qu'elle avoit appartenu, à la fin du xviie siècle, à M. Nicolas de Jassaud, sieur de Lalande, conseiller d'État, et à Marie de Flandre, sa femme : puis à leur fils, M. Augustin Nicolas de Jassaud, marié en 1697 à Marie-Aimée Lottin de Charny. Une de ses filles, Angélique-Geneviève de Jassaud, la possédoit en 1772, qu'elle épousa M. Macé, secrétaire du roi. Cette dame mourut en 1776, et légua à ses deux nièces cette maison, connue encore dans le quartier sous le nom d'hôtel Jassaud. Elle appartient aujourd'hui à M. de Courmont, conseiller-maître à la cour des comptes, qui a bien voulu me la faire voir en détail. Il existe encore dans une pièce du rez-de-chaussée quelques restes d'ornemens paroissant remonter au règne de Louis XV. Les lettres A. N. D. J. entrelacées (Augustin-Nicolas de Jassaud) se font voir au plafond. Il y a sous la cour deux étages de caves. Cette maison a été divisée au xviie ou au xviiie siècle; la partie qui fait le coin de la rue Percée paroit être depuis longtemps une propriété distincte.

[1] T. II, p. 85 et 86.

d'Anjou, frère puîné de Charles V, mort en 1384, auroit sans doute été nommé comme ses frères dans cette
énumération si elle eût été écrite avant l'année de sa
mort ; 4° il est fait allusion dans le livre à une sédition
que je crois avoir prouvé être celle de 1382[1]. Si on
admet donc (et il me semble impossible de le nier) que
le duc d'Orléans dont il est parlé dans le *Ménagier*
n'est pas Philippe frère du roi Jean, il ne peut être
que Louis frère de Charles VI, et comme ce prince,
d'abord duc de Touraine, n'eut le titre de duc d'Orléans que le 4 Juin 1392[2], il en résultera que le *Ménagier* ne peut avoir été écrit avant Juin 1392. Mais il ne
sauroit non plus être postérieur à Septembre 1394,
car l'auteur parle des juifs *qui sont en France*[3] : or les
juifs furent chassés par une ordonnance en date du
17 de ce mois qui fut promptement exécutée, mais à
laquelle il eût certainement fait quelque allusion en cet
endroit de son livre si elle eût même seulement été
rendue lorsqu'il écrivoit.

Le *Ménagier de Paris* fut donc écrit entre Juin 1392
et Septembre 1394, et rien dans le texte ne contredit
cette date qui me semble établie d'ailleurs sur des bases
certaines. Ainsi l'auteur parle de la maison de la reine
et *des enfans*, et en effet Isabeau de Bavière avoit en
1392 trois enfans[4] ; ainsi encore il pourroit résulter

---

[1] T. I, p. 135. — [2] Mémoriaux de la chambre des comptes. — [3] Voir
T. I, p. 87.

[4] Charles, duc de Guyenne, né le 6 février 1391 (mort le 11 janvier 1400) ; Isabelle, depuis reine d'Angleterre, née le 9 novembre 1389,
et Jeanne, depuis duchesse de Bretagne, née le 24 janvier 1390. Elle eut
encore une autre fille (Marie, religieuse à Poissy) le 24 août 1393.

d'un passage du livre[1] que l'année où il fut écrit commençoit en Avril, et les années 1392, 1393 et 1394 commencèrent toutes trois en Avril.

L'auteur étant assez âgé en 1358 pour avoir été admis dans la société du seigneur d'Andresel, et ayant écrit de 1392 à 1394, devoit alors toucher à la vieillesse. Il avoit cependant épousé depuis peu de temps une jeune femme de quinze ans qui étoit de meilleure maison que lui, d'une province différente et orpheline[2]. Elle lui avoit demandé peu de jours après son mariage de ne pas la reprendre publiquement de ses *décontenances et simplesses*, mais de réserver ses réprimandes pour le soir ou tout autre moment dans lequel ils seroient seuls[3]. L'auteur, heureux des bonnes intentions de sa femme, pensa qu'il valoit mieux prévenir ses fautes que d'avoir à les lui reprocher, et fit à son usage un traité général des devoirs d'une femme mariée, avec l'idée que cet ouvrage pourroit aussi être utile à ses filles et à ses amies[4]. Il n'écrivit pas sans doute immédiatement après son mariage, mais cependant il étoit assez nouvellement marié pour parler à diverses reprises à sa femme de sa très-grande jeunesse[5] qui l'obligeoit encore à tenir auprès d'elle une sorte de duègne ou gouvernante chargée de l'aider et de la diriger dans l'administration de sa maison[6].

Cette différence d'âge a pu donner à ses conseils ce caractère de tendresse paternelle et mélancolique

---

[1] T. II, p. 142. Voy. ci-après p. xxxii, note 3. — [2] T. I, p. 3 et 4. — [3] *Ibid.*, p. 2. — [4] T. I, p. 3, et t. II, p. 53. — [5] T. II, p. 71, etc. — [6] T. II, p. 61 et suivantes.

qui s'y fait remarquer. Arrivé au déclin de la vie, prévoyant avec une sage résignation que sa femme doit lui survivre, et désirant qu'elle trouve après lui l'appui d'un second époux, il veut qu'elle apporte à son successeur toute la vertu, toute la douceur qu'il lui connoît, et aussi toute sa sensibilité, toute sa délicatesse de jeune fille. « Une femme sage, lui dit-il, doit avoir horreur du sang. Ne voyez jamais couler même celui d'un agneau ou d'un pigeon ; défendez à vos suivantes de prononcer jamais devant vous les mots de *sang* et de *sanglant*[1]. » Il adopte avec une sorte d'empressement cette idée d'un second mariage de sa femme, parce que cette idée lui permet d'ôter à ses préceptes toute couleur de défiance ou d'égoïsme, et il lui parle en toute occasion de *son mari qui sera*. Quant à lui, il ne mérite que l'attention, que les égards les plus ordinaires[2]. Raconte-t-il cette histoire de Grisélidis, modèle touchant d'obéissance et de résignation excessive, il se hâte de dire que cette histoire est trop cruelle et ne peut être vraie ; qu'il est loin de demander un dévouement, une abnégation qui ne sont dus qu'à Dieu : « Aussi bien, dit-il avec un bonheur d'expression qu'on remarque plus d'une fois dans son livre, *je ne suis pas marquis et je ne vous ai pas prise bergère*[3]. » Ailleurs, il prévoit le cas où sa femme épouseroit après lui un homme dur et cruel, et l'engage à ne pas se plaindre des mauvais traitements qu'elle en recevroit : « Allez en votre chambre, lui dit-il, pleurez à voix basse et plaignez-vous à Dieu[4]. »

[1] T. II, p. 59. — [2] T. I, p. 3. — [3] T. I, p. 125. — [4] T. I, p. 186.

De pareils sentimens font aimer l'auteur d'un livre, et on voudroit pouvoir nommer l'homme qui réunissoit de si nobles et de si aimables qualités. La profonde piété, l'extrême modestie de l'auteur du *Ménagier* l'ont sans doute empêché de se faire connoître. Il a bien parlé de lui-même en plusieurs endroits de son livre, mais nous ne pouvons tirer d'inductions solides de ces passages qu'à l'égard de sa position : aucune n'est assez précise pour conduire à découvrir son nom.

On ne trouve dans le *Ménagier* aucun trait qui indique le gentilhomme, l'homme de guerre : on voit, au contraire, qu'il engage sa femme à ne pas fréquenter les grands seigneurs dont la société *n'est afférente ni convenable* pour elle ni pour lui : ailleurs, il parle légèrement, et seulement en passant, d'un plat compliqué et dispendieux, parce que, dit-il, *ce n'est pas ouvrage pour le queux d'un bourgeois, non mie d'un chevalier simple*[1]. Il est donc évident qu'il appartenoit par sa naissance à la bourgeoisie, à cette bourgeoisie éclairée, intelligente et riche dans laquelle se recrutoient l'Église, le parlement et les finances; Charles V sut y trouver bien des magistrats savans et intègres, bien des administrateurs habiles élevés ultérieurement par lui à la noblesse et même à la dignité de chevalier : nous rencontrerions probablement l'auteur du *Ménagier* parmi ces hommes éminens, si son nom ne nous étoit pas resté inconnu[2].

[1] Poules farcies, t. II, p. 269.

[2] J'aurois bien voulu trouver parmi les hommes notables appartenant à la haute bourgeoisie ou à la magistrature un personnage dont la vie re-

Il me paroît en effet certain que notre auteur fut mêlé d'une manière active aux affaires politiques de son temps. Outre qu'il semble peu croyable qu'un simple bourgeois occupé seulement d'affaires de commerce ou de gestion de propriétés, ait pu avoir l'instruction littéraire que prouvent les citations de l'auteur et le nombre des volumes de sa bibliothèque[1], et

produisit les circonstances qui nous sont connues dans la vie de l'auteur; plusieurs noms se sont présentés à mon esprit: malheureusement mes espérances soutenues plus d'une fois par la découverte d'une série de similitudes, ont toujours fini par être définitivement déçues. C'est ainsi qu'après avoir cru longtemps pouvoir présenter une conjecture raisonnable en attribuant la composition du *Ménagier* à Sire Jehan de Fleury dernier prévôt des marchands en 1383 et conseiller au parlement, j'ai été subitement arrêté par la découverte de la date de sa mort arrivée en 1389, avant l'époque où cet ouvrage a sûrement été écrit.—L'intimité dans laquelle le duc de Berry admettoit l'avocat Jean Jouvenel, père de l'historien, m'avoit donné aussi quelques doutes à son égard, mais Jouvenel étant mort en 1431 ne peut guère s'être trouvé à Melun en 1358, et ce qui rend surtout impossible de lui attribuer le *Ménagier*, c'est que Michelle de Vitry, sa femme, avoit ses parens vivans à Paris en 1393, et n'étoit pas d'ailleurs de meilleure maison que lui. — La position de Jean le Flament, trésorier des guerres en 1371, et des aides pour la guerre de 1388 à 94, présente aussi plusieurs analogies avec celle de l'auteur du *Ménagier*, mais ou j'ignore le nom de sa femme, ou si c'est lui dont il est parlé comme alors décédé, dans les registres du parlement de Poitiers (plaidoy. du 30 juillet et arrêt du 17 août 1425), il avoit épousé Marie de Montgison (Montgiron dans l'arrêt), *damoiselle*. Or Montgison est Montgeron près Paris, et je n'en vois pas d'autre existant dans le royaume (voir Expilly). Elle étoit donc aussi parisienne, ce qui ne concorde pas avec les paroles de l'auteur (t. I, p. 4).

[1] Il avoit lu tous les ouvrages suivans et en possédoit une grande partie: la Bible, la Légende dorée, saint Jérôme (*la Vie des Pères*), saint Augustin, saint Grégoire, l'Histoire sur Bible (*de Pierre Le Mangeur*), Tite Live, le Roman de la Rose, l'historien Josèphe, le Catholicon, le Décret (*de Gratien*), l'Histoire de Grisélidis par Pétrarque, les sept Sages de Rome, le Songe de

qu'une sagesse reconnue de son temps[1], qu'un mérite signalé à chaque page de son livre par l'élévation et la justesse de ses idées, par la clarté et l'expression de son style, aient pu échapper à l'attention de Charles V, il seroit assez étonnant qu'un bourgeois étranger au gouvernement eût eu occasion de citer Bureau de la Rivière, et surtout si souvent le duc de Berry[2]. Comment se seroit-il trouvé à Niort avec ce prince? Comment auroit-il eu sur la cour, et notamment sur l'étiquette intime imposée par d'importáns scrupules aux reines de France, les renseignemens curieux, uniques, qu'il nous a transmis[3]?

Mais à quelle partie du gouvernement l'auteur a-t-il pu appartenir? Il étoit évidemment Parisien et habitoit ordinairement Paris; c'est ce qui résulte de l'ensemble de son livre, et notamment des nombreux passages relatifs au commerce d'approvisionnement de la capitale. Enfin il parle de la punition de Paris en 1383, en homme qui avoit vu par lui-même ces tristes circonstances. D'un autre côté, il avoit voyagé; il avoit été en Beauce, en Picardie, à Niort, à Bar-sur-Aube, à Chaumont, en Gascogne, à Beziers, en Flandres, et probablement à Tournay qu'il cite plusieurs fois. On peut présumer de ces diverses indications qu'il avoit

Scipion (par Cicéron, commenté par Macrobe), le Jeu des échecs moralisé de J. de Cessoles, le Chemin de pauvreté et de richesse de J. Bruyant, Mellibée et Prudence. On trouve encore dans son livre la mention du philosophe Gerxès, de Paul Diacre et du philosophe Bertran le Viel; mais il les cite d'après d'autres auteurs. Le premier de ces ouvrages n'a peut-être jamais existé. — [1] Au moins dans sa famille. Voir t. I, p. 156. — [2] Voir surtout t. II, p. 53. — [3] T. I, p. 75 et 76.

été employé, à une époque antérieure, dans les finances militaires (il me semble difficile qu'il se soit trouvé à Melun en 1358, et surtout à Niort, en 1373, avec un autre emploi), et qu'il avoit ensuite appartenu ou appartenoit encore lorsqu'il écrivoit, à un corps judiciaire résidant à Paris et mêlé à la police, au gouvernement de la ville, tel que le parlement et le Châtelet, dont les membres étoient fréquemment envoyés comme commissaires dans les provinces. Il me paroît d'ailleurs impossible d'attribuer à un homme étranger à la magistrature le récit du repas donné par l'abbé de Lagny, et surtout l'attention avec laquelle est remarquée l'étiquette qui y fut observée entre le président, le procureur général et les avocats du roi. Le chapitre si détaillé des noces de Jean Duchesne, procureur au Châtelet[1] : la recommandation de porter l'épervier aux *plaids* ou plaidoiries : le mélange de mots latins à certaines parties du texte françois, mélange fréquemment usité dans les réquisitoires et plaidoiries de ce temps : enfin les mots *et pour cause* qui terminent souvent des délibérations[2] du parlement et qui se trouvent placés à la fin de quelques recettes du *Ménagier*, me semblent confirmer cette opinion et lui donner un degré de probabilité qui, à mes yeux du moins, approche de la certitude.

J'ajouterai que ce style gracieux, précis et énergique, que quelques personnes pourroient regarder comme peu compatible avec la sécheresse de la pratique, seroit

_____

[1] Je l'ai trouvé mentionné avec cette qualité depuis que j'ai fait la note sur lui, t. II, p. 116. Voir les *corrections et additions.* — [2] Dans les registres du conseil surtout, quand la cour compensoit les dépens.

plutôt une sorte de nouvelle preuve de la profession
que j'attribue à l'auteur. Les registres des plaidoiries
du parlement faits par les greffiers sur les discours,
probablement même sur des mémoires remis par les
avocats, sont écrits, quand le sujet le permet, avec une
clarté, une grâce et un esprit tout à fait remarquables[1]
et qui me semblent rappeler le style du *Ménagier* bien
mieux que certains ouvrages écrits à la même époque
par des savans de profession. Ce doit être là le langage
simple et expressif de la bonne société parisienne à
l'époque où vivoit l'auteur; on y reconnoît déjà la
précision et la clarté qui caractérisent notre langue.
Ce style si doux dans la belle prière à la Vierge et
quand l'auteur n'est animé que de sentimens tendres,
si simple et si vrai lorsqu'il raconte des scènes de
la vie commune, prend une teinte énergique et sombre
quand il veut exprimer la douleur ou l'indignation.
Tels sont les passages où il raconte l'histoire de la
bourgeoise qui sauva son mari[2], et celui où il parle
de ces exécuteurs testamentaires qui, choisis par les
morts comme leurs meilleurs amis, *mordent en leur*
char comme tirans, et s'engraissent de leur sang et de
leur substance[3]; tel est dans un autre genre le récit de sa
conversation avec une cousine de sa femme[4], et celui des
récriminations des porte-faix[5]. Plusieurs fois sa pensée

---

[1] On en verra la preuve dans l'histoire de Jeanne Hemery et de Re-
gnault d'Azincourt, publiée par M. de Lincy dans la bibliothèque de l'É-
cole des Chartes (2ᵉ S., t. III, p. 316). On en peut dire autant de certains ac-
cords; tel est celui de Jean de Hautecourt, donné t. II, p. 119. —
[2] T. I, p. 135. — [3] T. I, p. 44. — [4] T. 1, p. 156. — [5] T. II, p. 54.

est si nettement, si heureusement exprimée, qu'on se demande si l'on auroit pu mieux dire, aux temps où notre langue avoit atteint toute sa perfection[1].

Ce mérite de style qui existe aussi chez quelques autres écrivains du XIVe siècle (rarement peut-être au même degré) est un témoignage remarquable en faveur des lumières de cette époque, et c'est encore là une des indications historiques intéressantes que renferme le *Ménagier de Paris*. Ces indications n'y sont pas rares : on y trouve à chaque page de ces traits caractéristiques qui peignent le siècle et la nation ; on y rencontre aussi fréquemment des renseignemens historiques directs ou anecdotiques. La mention des cartes à jouer, la plus ancienne que l'on connoisse avec celle du compte de l'argentier Poupart[2], l'histoire du chien de Niort, celles du mari parisien trompé, de la bourgeoise qui sauve son mari, du sire d'Andresel, de l'avocat, de Jeanne la Quentine : les renseignemens sur l'étiquette suivie par les reines, sur les occupations des femmes : l'article relatif aux domestiques, les documens statistiques sur les boucheries de Paris, documens dont je discuterai plus loin la valeur : les descriptions de repas et fêtes nuptiales, dans lesquelles se trouvent

[1] Que diroient vos amis, *que présumeroit votre cœur,* quant il s'en apercevroit? (T. I, p. 130.)—Avec son mari, l'en ne doit mie besongner par aguet ou malice, mais plainement et rondement, cœur à cœur (*ibid.,* p. 158). —[2] Ce compte, qui n'est plus connu que par la mention qu'en a consignée le père Menestrier, t. II, p. 175 de sa *Bibliothèque instructive,* ne commençoit qu'à février 1392-3. Le témoignage du *Ménagier* composé entre juin 1392 et septembre 1394 (voy. p. XXII), pourroit donc être antérieur de quelques mois, et s'il est postérieur, il l'est de bien peu.

tant de détails sur les prix des objets nécessaires à la vie [1], répandent dans l'ouvrage autant d'intérêt que de variété.

Cette diversité des sujets traités dans le *Ménagier* semble même extraordinaire, et l'on a peine à concevoir qu'un même homme ait réuni des connoissances si différentes : mais s'il est certain que notre auteur connoissoit à fond toutes les matières dont il a parlé, il n'est pas moins vrai qu'il n'a pas écrit seul et sans le secours d'autres livres toutes les parties de son ouvrage. Plusieurs fois il en prévient le lecteur comme pour Grisélidis, l'histoire de Mellibée, le chemin de Pauvreté et de Richesse [2], mais d'autres fois aussi ces emprunts à des ouvrages étrangers se manifestent par des indications moins précises. Ainsi, il me paroît évident que les parties du *Ménagier* où le texte est brusquement interrompu par une remarque critique, ne sont pas de l'auteur, et que ces remarques qu'on ne sauroit attribuer à des copistes attendu l'accord des trois ma-

---

[1] Il faut tenir compte, dans ces prix, non-seulement de la différence considérable de poids qui existoit entre les monnoies de la fin du XIV⁰ siècle et celles du même nom employées depuis (le marc d'argent, qui valoit alors 6 livres, valant aujourd'hui 52 francs), mais encore de la dépréciation de l'argent. Un setier de blé (un hectolitre et demi environ), qui se vend aujourd'hui, dans les années ordinaires, environ 30 francs, coûtant alors moyennement 16 sous, on peut multiplier par 35 ou 40 les chiffres énoncés, pour avoir idée de ce qu'ils représentoient pour les contemporains.

[2] J'aurois pu retrancher les deux derniers de ces épisodes sans nuire beaucoup à l'intérêt du livre, mais j'ai mieux aimé publier le *Ménagier* tel que son auteur l'avoit conçu, et sans être *estrippellé*, comme lui-même aimoit à donner les ouvrages des autres. (Voy. t. II, p. 3.)

nuscrits, se présentoient à son esprit pendant qu'il transcrivoit certains ouvrages utiles au but qu'il se proposoit. Telles sont sans doute plusieurs des recettes contenues dans les articles II et III de la seconde distinction relatives au jardinage, à l'enlèvement des taches [1] etc.

Cette observation s'applique surtout à la partie culinaire ou *Viandier* (articles IV et V de la seconde distinction), et il me paroît impossible d'attribuer à l'auteur la composition première du fond de ces articles. Assurément il connoissoit le sujet, et la multiplicité des objections qu'il fait à son texte prouve sa *compétence*, mais elle prouve en même temps sa position de transcripteur et d'annotateur [2].

Quels sont les ouvrages ou les documens dont s'est servi l'auteur du *Ménagier* pour écrire cette partie de son livre [3]? On ne s'étonnera pas que quelques-uns

---

[1] On lit (t. II, p. 66), après une recette pour ôter les taches, ces mots que j'ai mis entre parenthèses : *ce que je ne croy pas.*

[2] Voir t. II, p. 124, l'endroit où il est parlé des *additions* faites au livre : p. 129, le passage relatif à la signification du mot *fressure*, même volume, p. 93, sa remarque sur les *tourtes pisaines*, appelées ailleurs *tourtes lombardes*, et aussi les passages en italique, p. 164, 166, 167, etc.

[3] Un passage où il est parlé des choux, t. II, p. 142, dans lequel il est dit : *et commence à iceulx pour ce que ce sont de celle année les premiers crus, scilicet puis avril; et puis va en descendant vers vendenges, Nouel et Pasques,* pourroit faire penser que l'auteur s'est servi, au moins pour une partie du *Viandier*, de notes faites exprès pour lui et l'année même où le *Ménagier* a été écrit. En effet, le mot *va* prouve que *commence* n'est pas là à la première personne et que l'auteur ne parle pas pour lui. Donc, puisqu'il remarque que le rédacteur primitif de ce passage règle l'ordre de son discours d'après le mois où commençoit l'année actuelle (*celle année*), il en résulte que la note ou l'ouvrage consulté avoit été rédigé cette même année; et alors,

aient pu disparoître, mais il nous est permis d'en reconnoître deux qu'il a certainement mis à contribution.
Le premier est le livre du célèbre Taillevent, écrit à
une époque un peu antérieure, et qu'il a dû nécessairement connoître ; outre les similitudes forcément
existantes entre deux ouvrages écrits à la même époque et sur le même sujet, similitudes que j'ai tâché
de ne pas confondre avec des emprunts et que je me
suis dispensé de signaler, le traité de Taillevent contient quelques recettes évidemment copiées par l'auteur
du *Ménagier*. Mais un beaucoup plus grand nombre de
ses recettes a été emprunté à un ouvrage dont la plus
ancienne édition connue, imprimée à Lyon en 1542,
in-8° gothique, pour Olivier Arnoullet, est intitulée
le Livre fort excellent de cuisine, et dont on connoît une
réimpression faite à Paris pour la veuve de Jean Bonfons, sans date (mais après 1566 et avant 1574)[1], de

à moins de supposer une coïncidence fortuite bien moins probable au
xiv° siècle qu'elle ne pourroit l'être aujourd'hui, on seroit porté à conclure que les élémens de cette partie du travail de l'auteur lui auront
été fournis par quelque queux ou écuyer de cuisine profondément in-
struit des détails de son art. — Je suis toutefois loin de rien affirmer à
cet égard, et je remarque même que l'auteur ayant dit dans le *traité
de l'Épervier* (p. 303), *l'alouette de cest an*, pour l'alouette de l'année, il
se pourroit que *celle année* fût de même employé pour *l'année* dans le passage qui donne lieu à cette note, et qu'Avril eût été désigné de préférence, comme étant le mois le plus habituellement le premier de l'année,
au moins le second ; et en tout cas celui où ces choux commençoient à
croître.

[1] Jean Bonfons imprimoit, en 1566, *le Voyage de Charles IX*, et son
fils, Nicolas Bonfons, imprimoit en 1574, les *Nouveaux Comptes moralisés*,
à la même adresse que celle où avoient demeuré son père Jean Bonfons et

I   c

format in-16, sous le titre de *Grand cuisinier de toutes cuisines*. C'est au reste à l'auteur de ce dernier volume qu'il faut attribuer la rédaction originale des recettes communes aux deux ouvrages, car on ne rencontre dans le *Grand Cuisinier* aucune des remarques critiques du *Ménagier*, et l'ordre des recettes classées méthodiquement ici, n'est pas le même dans le *Grand Cuisinier*. Or on ne sauroit croire que le premier éditeur de cet ouvrage se soit donné la peine d'établir un système ou un ordre quelconque, bon ou mauvais, dans son édition. Il est visible qu'il imprimoit sans attention, sans soin, un manuscrit ancien tel qu'il l'avoit sous les yeux, et le reproduisoit sans modification, sauf les mots ou les phrases entières échappées à son incurie.

Les reproches que je fais ici au *Grand Cuisinier* ne surprendront pas les personnes versées dans la connoissance de nos anciens livres. Elles savent que les anciennes éditions des textes classiques et religieux, destinées aux hommes studieux et graves, étoient faites avec un soin extrême, tandis que les romans, les poésies et tous autres ouvrages françois moins sérieux (surtout ceux qu'on imprimoit après la mort de leurs auteurs), destinés aux gens du monde ou au public vulgaire, étoient édités avec une négligence excessive, au moins quant à la correction du texte. Cette négligence est poussée à l'extrême dans les éditions imprimées des deux ouvrages culinaires que je viens de citer; aussi, quoiqu'ils m'aient été fort utiles pour éditer

sa mère, veuve de Jean. Lottin s'est trompé quand il fait vivre Jean Bonfons en 1606.

cette partie du *Ménagier.*, j'aurois bien désiré avoir à ma disposition un manuscrit du *Grand Cuisinier* ou *Livre fort excellent de cuisine*, exempt des fautes de l'imprimé, mais il n'en existe pas, et je n'ai eu cette facilité qu'à l'égard du Taillevent[1] dont on connoît deux manuscrits, l'un à la Bibliothèque royale, l'autre à la Bibliothèque Mazarine, présentant entre eux de très-grandes différences et différant aussi tous deux, le second surtout, des imprimés.

Malgré la futilité apparente du sujet, je regarde la partie culinaire du *Ménagier* comme une des plus importantes du livre. La partie morale est, il est vrai, très-bien écrite et très-riche en renseignemens historiques, mais il existe quelques ouvrages analogues qu'on peut placer à côté d'elle (le plus important est assurément celui de Geoffroy de La Tour-Landry[2]). La partie matérielle du *Ménagier* et notamment *le Viandier*,

[1]. Voir sur Guillaume Tirel dit Taillevent, queux de Charles V en 1361 et écuyer de cuisine de Charles VI en 1386, l'article que j'ai publié dans le *Bulletin* du bibliophile de Techener, n° de juin 1843. M. de la Ville-gille, qui prépare une édition critique réellement la première de ce curieux ouvrage par la manière dont elle sera exécutée, a bien voulu me prêter pendant toute la durée de mon travail les copies faites par lui des deux manuscrits de Taillevent. Il existe dans les archives de la préfecture de la Manche à Saint-Lô un registre des recettes de la baronnie de la Haye du Puis pour 1454 à la fin duquel est un *Viandier* (voir le *Nouvelliste de la Manche* du 3 février 1847) qui paroît être une leçon de Taillevent. Je n'en ai eu connoissance qu'après l'impression de la partie culinaire du *Ménagier.* Il existe encore sur le même sujet un volume que j'aurois bien voulu consulter, c'est la *Fleur de toute cuisine... revue et corrigée par Pierre Pidoux.* Paris, Al. Lotrian, 1543, in-16 goth, mais je n'ai pu le voir.

[2]. Ce seigneur qui florissoit en 1350, a écrit en 1372 pour l'éducation

beaucoup plus étendu et plus détaillé que l'ouvrage de Taillevent, est absolument sans équivalent. Aussi ai-je cru devoir apporter les soins les plus scrupuleux au travail assez difficile et tout à fait nouveau qu'exigeoit de moi cette partie de l'ouvrage.

La première impression qu'on éprouve en lisant *le Viandier* est l'étonnement de voir presque tous les mets assaisonnés de quantité d'épices et d'herbes aromatiques. Une pareille complication d'assaisonnemens, si opposée à la simplicité primitive de la nourriture naturelle de l'homme, est-elle contemporaine de l'établissement des monarchies modernes, ou faut-il la faire remonter au moins à ces époques malheureuses où les Romains poussoient le luxe et la recherche de leurs tables jusqu'aux raffinemens décrits par Pétrone? La réponse à cette question n'est pas douteuse si l'ouvrage curieux qui porte le nom d'Apicius Cœlius a été en effet écrit peu d'années après le règne d'Héliogabale, comme le savant Lister me paroît l'avoir établi dans la dissertation placée en tête de son édition de cet ouvrage [1]. S'il

de ses filles un Traité assez célèbre dont les deux imprimés sont véritablement introuvables et de plus assez défectueux ; je donnerai, soit pour la Société des bibliophiles, soit pour mon propre compte si les autres publications entreprises par la société ne lui permettoient pas de s'occuper de celle-ci, une édition nouvelle de ce livre sur le plan et dans la forme de la présente édition du *Ménagier de Paris*, et j'ai déjà recueilli quelques renseignemens sur l'auteur, sa famille et les personnages qu'il cite.

[1] Amsterdam, 1709, in-8°. Il prouve que ce traité ne peut avoir été écrit par *Marcus Apicius*, fameux gourmand vivant sous Tibère et dont a parlé Athénée (ce qui n'a pas empêché plusieurs auteurs modernes d'attribuer à M. Apicius ce traité qu'ils n'ont sûrement pas ouvert); et d'après

en est ainsi, nous devons croire que la cuisine du moyen
âge est la même que celle de l'empire romain. Les
Francs l'auront trouvée en usage dans les Gaules devenues romaines de mœurs et d'habitudes, et ils l'auront
adoptée comme ils adoptèrent tant d'autres coutumes
de cette population soumise par eux, mais dans laquelle
ils ne formoient qu'une foible minorité. Si Lister eût
connu l'ouvrage de Taillevent ou la partie culinaire du
Ménagier, il ne se seroit pas demandé comment la
cuisine moderne (celle qu'il voyoit de son temps) étoit
devenue si différente de l'antique, si simple en comparaison de celle-ci, et surtout il n'auroit pas conclu
qu'elle ayoit été ainsi simplifiée par suite de l'invasion
des barbares qui auroient importé leurs habitudes domestiques dans les pays conquis par eux. Taillevent et
le Ménagier offrent tant de similitudes avec le traité
d'Apicius en ce qui concerne l'emploi des épices, qu'on
pourrait croire l'*Apicius* écrit au moyen âge, si des
recettes de plats inconnus à nos ancêtres et indiqués
(non décrits) dans d'autres auteurs anciens, si les noms
des inventeurs de certains mets, qu'un faussaire n'eût
pu, à l'époque où remontent les manuscrits d'Apicius,
appliquer avec sagacité, si enfin l'opinion unanime des
savans éditeurs de ce livre ne sembloient établir suffi-
samment son antiquité.

L'usage immodéré des épices s'est prolongé jusqu'au
règne de Henri IV, sans que le système de la cuisine

certaines expressions employées dans l'ouvrage, il pense qu'il doit avoir
été écrit par un affranchi africain. Le nom d'Apicius *Cœlius* peut, suivant
lui, être un pseudonyme destiné à rappeler *Marcus* Apicius.

françoise ait beaucoup varié[1]; c'est du moins ce qu'on peut conclure de la réimpression de Taillevent en 1602, d'où il résulte qu'alors ses recettes étoient encore employées. Mais la simplicité paroît s'être introduite dans la préparation des alimens sous le règne de Louis XIII[2]. Entre le Taillevent réimprimé en 1602, et le *Cuisinier françois* de François Pierre dit la Varenne[3], imprimé en 1651, il n'y a aucune analogie[4]. Cette profonde modification ne peut-elle être attribuée en partie à la baisse du prix des épices, amenée par la multiplication des relations commerciales? Pour beaucoup d'hommes, le plus grand plaisir de la possession est d'avoir ce que les autres désirent inutilement. Quand les épices ont pu paroître sur toutes les tables, et quand leur emploi n'a plus été une preuve de luxe et de richesse, on a peut-être cessé de les estimer autant, et leur usage a été de plus en plus restreint.

[1] Je ne prétends pas dire cependant qu'il n'y ait pas eu au XVIe siècle surtout quelques modifications au service, quelques introductions de plats nouveaux. On peut voir sur ce sujet Legrand d'Aussy et un passage de l'apologie pour Hérodote, d'Henri Estienne, non cité par Legrand, t. II, p. 16 de l'éd. de 1735. Au reste, Henri Estienne avance bien des choses démenties par *le Ménagier*. (Il dit par exemple qu'on jetoit autrefois les issues du veau et du mouton, et qu'on ne mangeoit pas de perdreaux.)

[2] Boileau dans sa satyre III (1665), tourne en ridicule l'usage des épices.

[3] Il avoit été pendant dix ans écuyer de cuisine de Louis Chaalon du Blé, marquis d'Uxelles, tué en 1658 au siège de Gravelines, père du maréchal, et ayant obtenu lui-même un brevet de maréchal de France. Il est dit dans la dédicace de ce livre, adressée à ce seigneur, que sa table avoit été *chérie* à Paris et dans les armées par les princes, les maréchaux, etc.

[4] Il faut au reste remarquer que Taillevent étoit réimprimé en 1602 à Lyon et non à Paris, et il se pourroit que Paris eût été plus *avancé* que Lyon en fait de cuisine.

Outre l'intérêt général que la partie culinaire du *Ménagier* a de commun avec l'Apicius et le Taillevent, cette partie présente en outre, sur l'ordre et le service des repas, des détails bien curieux, propres à éclaircir divers passages de nos historiens et aussi de quelques ouvrages littéraires[1]. Ces détails ont manqué à Legrand d'Aussy qui, faute de les connoître, a donné peu de renseignemens sur cette partie importante du sujet qu'il traitoit. On peut suppléer à cette omission et se figurer le cérémonial et l'ordre d'un grand repas en examinant et rapprochant entre eux certains passages de l'article IV (p. 114 et suiv.).

[1] On comprendroit bien mieux les ouvrages littéraires écrits au moyen âge si l'on pouvoit connoître tous les usages de la vie commune à cette époque, tous les noms techniques des objets qui frappoient journellement les regards des auteurs et de leurs contemporains. Penseroit-on qu'il pût être utile de consulter un *Viandier* pour lire un Noël du xvi⁰ siècle? Voici cependant un Noël tiré du recueil de *Lucas Le Moigne*, *curé de Notre-Dame du Puy la Garde en Poitou* (volume unique appartenant à notre confrère M. Cigongne), dont la lecture est singulièrement éclaircie par celle du *Ménagier*. Ce Noël se chantoit sur l'air de l'hymne : *Conditor alme siderum*.

Conditor le jour de Noüel
Fist ung bancquet le nompareil
Que fut faict passé a longtemps
Et si le fit a tous venans. Noüel.

Il y avoit perdrix, chappons,
Oyseaulx saulvaiges, des hairons :
Levraulx, conguils, aussi faisans,
Pour toutes manières de gens. Noüel.

Une grant hure de sanglier,
Ypocras, aussi le mestier,
Vin Capary et faye Montjeau
Pour enlumiuer leur museau. Noüel.

Biscuyt, pain d'orge et gasteaulx,
Fouace, choysne, cassemuseaulx.
Pain de chappitre et eschauldez
Mangerez si le demandez. Noüel.

Aussi y avoit aulx, oignons,
Et ung pasté de potirons
Avec les choux-maistre-Réné
Et des lymatz au chaudumé. Noüel.

Il y vint ung bon bouteiller
Qui ne cessa onc de verser,
Tant que ung barault il ascicha
In sempiterna secula.
Amen. Noüel.

L'auteur nous apprend d'abord que les différentes provisions nécessaires à l'alimentation, confiées habituellement à la surveillance des *écuyers de cuisine*, étoient choisies, marchandées et payées par un ou plusieurs de ces officiers assistés des *queux* ou cuisiniers[1]. Les mets préparés par les queux étoient, en attendant le moment du service, posés par les aides des écuyers sur un dressoir placé dans la cuisine. C'est de là qu'ils étoient portés sur les tables.

Représentons-nous maintenant une vaste salle tendue de tapisseries ou d'autres étoffes brillantes. Les tables sont recouvertes de nappes à franges, jonchées d'herbes (odoriférantes?); une d'entre elles, dite *grande table*, est destinée aux personnes les plus notables. Les convives sont conduits à leurs places par deux maîtres d'hôtel qui leur apportent à laver[2]. La grande table est garnie par un maître d'hôtel, de salières d'argent, de gobelets couverts dorés pour les plus grands personnages, de cuillers et de quartes[3] d'argent. Les

---

[1] Il y a dans les *Mémoires pour servir à l'Histoire de France et de Bourgogne*, Paris, 1729, in-4°, II° partie, p. 58, un article curieux sur le queux du duc de Bourgogne qui auroit été supérieur aux écuyers de cuisine; mais ce queux me paroît être un officier dans le genre du *grand queux de France*, non aussi important toutefois. Dans les ordonnances de 1386-7 et 1388-9 sur l'organisation de la maison du roi, les écuyers de cuisine sont nommés avant les simples queux. (Voir sur les grands queux de France l'*Histoire généalogique des grands officiers de la couronne*, t. VIII, p. 825, où se trouvent aussi des premiers queux et même de simples queux qui n'auroient pas dû y figurer, et entre autres Taillevent et Guillaume Lefèvre, dit Verjus. V. t. II, p. 81 du *Ménagier*.)

[2] Je crois qu'il faut adopter la leçon du manuscrit B, II, 117, n. A. —

[3] Vases contenant une quarte (deux pintes) de vin.

convives mangent (au moins certains mets) sur des tranchoirs ou grandes tartines de gros pain[1] jetés ensuite dans des vases dits *couloueres*[2]. Pour les autres tables, le sel est placé dans des morceaux de pain[3] creusés à cet effet par des officiers dits *porte-chappes*[4]. Dans la salle est un dressoir garni de vaisselle et de différentes espèces de vins; deux écuyers placés auprès de ce dressoir donnent aux convives des cuillers propres, leur versent le vin qu'ils demandent, et retirent de la table la vaisselle salie; deux autres écuyers font porter les vins au dressoir de salle : un valet placé sous leurs ordres est uniquement occupé à tirer le vin des tonneaux[5]. Les plats formant trois, quatre, cinq ou même six services dits mets[6] ou assiettes, sont apportés par des valets et deux écuyers *des plus honnêtes*. (Dans certains repas de noces, le marié marchoit

---

[1] Voir cependant T. II, p. 114, n. 3. — [2] Ici vases à *couler*, à *passer*, *passoires*, comme cela est bien expliqué dans du Cange à *Colum*, 3, et non *entonnoir*, comme cela est dit dans le même ouvrage à *Collum* 3 et à *Coloeria*.

[3] Il y avoit cependant alors un grand luxe d'argenterie. J'ai vu dans les registres du Parlement (*Matinées*, 9 avril 1396-7), que Guillaume des Baux, gentilhomme qui recevoit souvent le duc d'Anjou, avoit *vaisselle de cuisine* d'argent. Sa fortune n'étoit cependant évaluée qu'à 6,000 liv., ce qui, en tenant compte de la diminution du poids et même de la dépréciation de la monnoie, ne peut représenter plus de 240,000 fr. d'aujourd'hui.

[4] V. T. II, p. 114, n. 1. — [5] A cette époque le vin n'étoit pas mis en bouteilles : on prenoit directement au tonneau le vin nécessaire à la consommation journalière. — [6] Ce mot a cependant quelquefois aussi la même signification qu'aujourd'hui (V. T. II, p. 99, n. 6), et il désigne une fois (T. II, p. 137) un mets solide, sec, par opposition à un mets liquide mis dans une écuelle.

devant,[1] avec eux.) Les plats sont posés sur les tables
par un *asséeur*[2] assisté de deux serviteurs. Ces derniers enlèvent les restes et les remettent aux écuyers
de cuisine qui doivent les mettre à part et les conserver. Après les mets ou assiettes, les tables sont couvertes
de nouvelles nappes, et l'entremets est alors apporté. Ce
service, le plus brillant du repas[3], se compose de plats
sucrés, de gelées de couleur avec armoiries, etc., puis
d'un cigne, de paons ou de faisans revêtus de leurs
plumes, ayant le bec et les pattes dorés, et placés au
milieu de la table sur une sorte d'estrade[4]. A l'entremets
qui ne figure pas dans tous les menus, et à son défaut, au
dernier mets ou service, succède la *desserte* (compotes,

[1] Au xvıı͏e siècle c'étoit le maître d'hôtel qui remplissoit cet office, le
chapeau sur la tête, le manteau sur le dos, la serviette sur l'épaule et l'épée
au côté. Voir les *Délices de la campagne*, éd. de 1673, figure de la page 145,
et le *Maistre d'hostel* de la Varenne, à la suite de son *Cuisinier françois*,
éd. d'Amsterdam, Mortier, p. 318. — [2] Placeur, poseur, d'*asseoir, poser.*

[3] Ce mot désigne ordinairement dans les récits de festins princiers une
espèce de représentation théâtrale. (Voir Legrand d'Aussy, t. III, p. 373,
et les *Chroniques de Saint-Denis*, t. VI, p. 387), mais la signification que
je lui donne ici résulte des menus X, XIII, XIV, et du chapitre des entremets du *Ménagier*. Dans le Ms. de Saint-Lô (V. p. xxxv, n. 1), il
est dit que le *porc de mer* doit être coupé par *lesches* et *détourné*
(*atourné*, dressé?) *par manière d'entremets sur un blanc doublier* (nappe).
Enfin la recette donnée dans le *Grand Cuisinier* pour dorer et orner un
cigne (voir t. II, p. 184, note), est aussi intitulée *Entremets d'un cigne
doré*. L'usage de servir les paons, faisans, etc., avec cette recherche, paroît
s'être prolongé jusque dans le xvıı͏e siècle. Le *Thrésor de santé*, imprimé en
1607, mais qui peut, il est vrai, avoir été écrit antérieurement, donne encore une recette de cigne doré. En France, sous la minorité de Louis XIV,
le faisan étoit servi avec une aile non plumée, outre la tête et le col qu'on
lui laisse encore aujourd'hui. — [4] Je ne puis du moins comprendre autrement l'*entremets élevé* dont il est parlé dans le Menu XIV.

fruits, *dessert*[1]); *l'issue*[2] ou sortie de table, composée le plus souvent d'ypocras et d'une sorte d'oublie dite *mestier*, ou, en été, l'ypocras étant hors de saison à cause de sa force, de pommes, de fromages, et quelquefois encore d'autres pâtisseries et sucreries[3]. Le *boute-hors* (vin et épices) termine le repas; on se lave les mains, on dit les grâces, puis on passe dans la *chambre de parement* ou salon. Les domestiques succèdent alors aux maîtres et dînent après eux. On apporte ensuite aux convives du vin et les *épices de chambre* (dragées, sucre rosat, écorces d'oranges confites, etc. V. p. 122, 265 et 274), et chacun se retire alors chez lui.

Il existe encore dans cette partie du *Ménagier de Paris* un passage dont l'importance seroit bien grande si l'on pouvoit être assuré de son exactitude. Je veux parler du commencement de l'article IV, dans lequel se trouve le relevé statistique de la consommation de Paris. Selon l'auteur, cette consommation, en y comprenant les animaux tués pour les maisons du roi et des princes, s'élevoit à l'époque où il écrivoit à 30,316 bœufs; 188,552 moutons; 30,794 porcs, et 19,604 veaux[4]. Ce passage sembleroit pouvoir fournir un

[1] On voit cependant T. II, p. 108, une *desserte* composée de froment et de venaison, mais s'il n'y a pas erreur, c'est au moins une exception.

[2] Ce mot se trouve encore dans l'*Instruction pour les festins*, insérée dans les *Délices de la campagne*, et avec la même signification de dessert supplémentaire. Il paroît s'être perdu peu de temps après, car il n'est plus employé dans la *Maison réglée* d'Audiger, imprimée à Paris en 1692, in-12. — [3] V. T. II, p. 99.

[4] Cette consommation a été, en 1846, la population de Paris étant évaluée à un million d'habitans, de 104,329 bœufs, vaches ou taureaux,

nouvel élément propre à déterminer le chiffre de la population parisienne à la fin du XIVe siècle, mais les renseignemens donnés en cet endroit du *Ménagier* sont-ils exacts? Je ne m'arrêterai pas à une première difficulté, celle que je remarque au sujet du nombre des bouchers de la grande boucherie que l'auteur fixe à dix-neuf. Quoiqu'un boucher pût tenir et tînt quelquefois, mais assez rarement, plusieurs étaux, il me paroît difficile que les 32 étaux de la grande boucherie fussent tenus par 19 bouchers seulement. Mais, en outre, est-il croyable que la boucherie de Saint-Germain, composée de 19 étaux (13 bouchers, suivant l'auteur), ne fournît par semaine à la consommation de Paris que 6 bœufs, 2 veaux et 18 porcs de plus que la boucherie du Temple, composée de deux étaux seulement? On peut concevoir que l'auteur ne nomme pas la boucherie de Saint-Benoît, destinée peut-être exclusivement au chapitre[1]; mais comment ne cite-t-il pas celle de Saint-Éloi, établie en 1358, et qui approvisionnant le riche quartier Saint-Paul, devoit nécessairement avoir un important débit? Comment a-t-il négligé celle de Saint-Marcel, ou s'il l'a confondue à dessein avec celle de Sainte-Geneviève, pourquoi n'en prévient-il pas le lecteur[2]? Comment enfin, est-il en désaccord avec lui-même, à deux lignes de distance, sur la

84,260 veaux, et 486,445 moutons. La consommation seroit donc à peu près triplée.

[1] Je n'ai vu cette boucherie citée que dans une plaidoierie du Parlement de septembre 1388. — [2] On pourroit cependant répondre qu'il considéroit Saint-Marcel comme un faubourg et non comme un quartier de Paris.

consommation du duc de Berry[1]? (*douze* puis *seize* bœufs, 80 puis 160 moutons). Cette variation est d'autant plus surprenante qu'un doute, puis une vérification annoncés par l'auteur font compter le lecteur sur des chiffres exacts et certains.

Je crois que les observations précédentes sont des présomptions graves contre la fidélité de ces renseignemens statistiques[2], mais il est encore des difficultés d'un autre genre qui s'opposeroient à ce qu'ils pussent être consultés sûrement pour la fixation du chiffre de la population parisienne. Il est certain qu'à la fin du xive siècle l'abstinence de viande aux jours maigres étoit plus généralement et plus strictement observée qu'aux époques où la population de Paris nous est connue, et

[1] La dépense ordinaire de l'hôtel du duc de Berry, sans compter celle de sa garde-robe, des gages et pensions qu'il payoit, et surtout sans celle de ses bâtimens, s'éleva en juin 1373 à 1165 fr.; en juillet à 1431 fr.; en août à 1535 fr.; en septembre à 1542 fr.; en octobre à 1430 fr.; à 2034 fr. en novembre; à 1654 fr. en décembre. Il est dit dans le compte qui me fournit ces chiffres (Arch. du Roy. K. 250-1), que cette dépense comprenoit les gages *des gens de l'ostel qui ne s'étoient pas armés en la chevauchée de Poitou*. Ceux qui avoient fait l'expédition n'y étoient donc pas compris. La duchesse avoit sa maison à part et remboursoit au duc six francs par chaque jour qu'elle et ses gens vivoient à ses dépens. Il est probable que la dépense du duc de Berry s'augmenta quand, après la mort de Charles V, il put puiser largement dans le Trésor.

[2] Ce seroit cependant faire tort à l'auteur que d'assimiler ses renseignemens à la ridicule statistique de Paris qui se trouve dans les *Rues et églises de Paris*. On lit dans cet ouvrage, imprimé au commencement du xvie siècle, qu'on comptoit à Paris dès le règne de Charles VI, 872,000 *ménagers* ou chefs de famille, sans les prêtres, écoliers et autres extravagans *qui sont sans nombre*. La consommation de cette multitude est fixée aux chiffres très-insuffisans de 73,000 bœufs, 730,000 moutons, et 365,000 veaux.

qui pourroient servir de termes de comparaison. Nous
ignorons si les bœufs amenés alors à Paris étoient
plus ou moins pesans qu'aujourd'hui ; nous ignorons en
outre combien de livres de viande pouvoit consommer
annuellement chaque habitant de Paris, car la consommation individuelle augmente ou diminue d'une manière
très-sensible en raison inverse du prix des denrées [1],
et le chiffre actuel de cette consommation, fort inférieur
à celui qu'elle atteignoit en 1789, ne sauroit servir de
base pour la fin du XIVe siècle [2]. Enfin l'extrait d'un arrêt
du Parlement (t. II, p. 82 dans la note), dans lequel
il est dit que Guillaume de Saint-Yon vendoit vers 1380
dans trois étaux pour 200 livres parisis de viande par semaine est loin de concorder avec les calculs de l'auteur,
et réduiroit de beaucoup le nombre des animaux abat-
tus par semaine à la grande boucherie, même en tenant
compte du produit de la vente des peaux, du suif, etc.

[1] Voir sur la diminution, depuis 1789, de la consommation de la viande
par chaque individu, les *Recherches de Benoiston de Chasteauneuf*, 1821, in-8°,
1re partie, p. 67. Cette diminution relative, qui date de 1789, a toujours
été en croissant depuis, et c'est là un fait bien remarquable et digne
d'être médité. — [2]. Il falloit bien au reste que la consommation de Paris
fût très-considérable. J'ai vu dans les registres du Parlement la preuve
qu'en 1422 on amenoit même de Savoie des bœufs à Paris (14 juillet
1422). Une ville pour laquelle des approvisionnemens arrivent de si
loin est nécessairement très-peuplée. Au reste, il existe d'autres données qui permettent d'établir assez positivement le chiffre de la population
parisienne à la fin du XIVe siècle. On peut, si l'on veut, négliger comme
trop vague ce que dit Froissart (t. II, p. 259 de l'éd. du Panthéon)
à l'occasion du retour de Flandres en 1383, de la partie de cette population capable de porter les armes, mais, comme Paris comptoit en
1328 61,098 feux que M. Géraud dans son *Paris sous Philippe le Bel* évalue
par des calculs très-modérés, peut-être même trop modérés, à 275,000 ha-

La partie culinaire du *Ménagier* termine l'ouvrage dans les trois manuscrits qui nous sont connus. Cependant l'auteur avoit annoncé dans son prologue une troisième et dernière distinction devant contenir : 1° des demandes d'ébatement répondues par le sort des dés, par *rocs* et par *rois* [1]; 2° un traité de la chasse à l'épervier; 3° des demandes subtiles à trouver ou à deviner, et fondées sur l'arithmétique. De ces trois articles nous n'avons que celui qui est relatif à la chasse, encore est-il placé dans la seconde distinction, à la fin de l'article III et après le traité des chevaux. Il semble étonnant que l'auteur qui dans tout son livre suit avec une exactitude scrupuleuse la division qu'il a annoncée dans son prologue, l'ait négligée aussi complétement pour cet article. Est-ce donc à lui qu'il faut attribuer cette sorte de transposition ? Cet article est-il le seul de la troisième distinction qu'il ait écrit ? Les événemens ou la mort ont pu l'interrompre dans son travail et l'empêcher d'écrire les deux autres articles de la III° distinction, et le traité de la

---

bitans, comme ce chiffre a dû s'élever pendant le règne de Charles V et les premières années de Charles VI, il semble qu'on ne peut guère évaluer la population de Paris à la fin du xiv° siècle à moins de 3 ou 400,000 habitans. Voir pour plus de détails sur la population de la France au xiv° siècle, le mémoire de M. Dureau de La Malle (Acad. des inscr., T. XIV, 2° p. p. 36); pour Paris l'excellent travail de M. Géraud, p. 465 de *Paris sous Philippe le Bel*, et pour le xvi° siècle les *Relations des ambassadeurs vénitiens.* — [1] T. I, p. 7. Ces demandes d'ébatement ou jeux semblent avoir donné lieu à une manière de parler proverbiale que je trouve consignée dans les plaidoieries civiles du Parlement à la date du 27 juin 1392. *Acarot dit que s'il s'en mesloit plus, qu'il lui trancheroit la teste, et dit que pour roy ne pour roc il ne lairoit que il ne lui couppast la teste.*

chasse ainsi isolé a pu être placé par les personnes qui recueillirent le *Ménagier* après le traité des chevaux auquel il se lioit assez naturellement. Il seroit encore possible que l'auteur eût renoncé, depuis qu'il avoit écrit son prologue, à traiter les deux autres articles comme moins utiles à son but, et qu'il eût lui-même interverti l'ordre annoncé, ou enfin que ces deux articles, terminés par lui comme le deuxième, eussent été perdus; j'avoue que ces deux dernières hypothèses me paroissent moins probables que la première. J'ai cru, à tout hasard, devoir suivre dans cette édition l'ordre annoncé dans le prologue, et j'ai renvoyé à la fin du livre cet article unique de la troisième distinction.

Il est certain que les deux autres articles, relatifs à des sujets plus intimes et peu connus jusqu'ici, auroient été plus curieux pour nous que le traité de la chasse, mais on comprend que l'auteur ait pu s'occuper de préférence de ce dernier sujet. A l'époque où il écrivoit, la chasse à l'épervier (et même celle au faucon, quoique plus dispendieuse), n'exigeant pas la quantité d'hommes et de chevaux nécessaires à la vénerie, étoit un des divertissemens favoris de la société moyenne[1] et passoit pour être particulièrement convenable aux femmes. Cette chasse se faisoit souvent par

---

[1] L'ordonnance de Charles VI du 10 janvier 1396-7 ne défend la chasse qu'aux non-nobles laboureurs et autres non privilégiés, (les habitans d'un assez grand nombre de villages avoient droit de chasse) et non autorisés par des personnes ayant elles-mêmes droit de chasse. Cette ordonnance reconnoît de la manière la plus formelle le droit de chasse aux *bourgeois vivans de leurs possessions et rentes.*

une nombreuse société de chasseurs et de chasseresses rangés en ligne, et jouissant avec orgueil des succès de leurs oiseaux. L'auteur du *Roi Modus* qui écrivoit vers 1360 parle à deux reprises avec enthousiasme des plaisirs que procuroit cette chasse. *C'est un déduit,* dit-il, *que chascun puet faire de soy avecques dames et damoiselles.... et doit avoir la dame aucun qui lui puisse baillier son esprevier quand il aura prins l'aloé ou la pertrix.... Dieux! comme c'est beau déduit, c'est plaisant déduit que de veoir prendre une aloé à l'estourse à bon esprevier !*[1] Gaces de La Bugne, premier chapelain des rois Philippe de Valois, Jean II, Charles V et Charles VI, que j'ai eu plus d'une fois occasion de citer dans ce livre[2], après avoir déterminé le train nécessaire à un *épreveteur,* l'engage à chercher un bon pays et des compagnons, car il auroit été regrettable, selon lui, de chasser seul. Il lui fait donc trouver belle et bonne compagnie de chevaliers et d'écuyers *qui n'ont pas à sommes deniers* (qui ne sont pas très-riches), de dames et de damoiselles, et lui fait faire avec eux une chasse dont le détail a beaucoup de rapports avec certains endroits de cet article du *Ménagier.* Il regarde ce divertissement comme bien plus convenable pour les femmes que la vénerie. « Le déduit de chiens, s'écrie-t-il, peut-il donner de tels plaisirs aux dames qu'aussitôt on ne médise d'elles? Une grande dame qui voudroit conserver sa réputation ne piqueroit pas des éperons au travers des bois, des buissons et des

---

[1] *Modus*, feuillet 101. — [2] Voir l'article sur lui, p. LXIX.

haies, et n'iroit pas avec plaisir tuer cerfs, loups ou sangliers. Aux hommes appartiennent tels faits![1] »

Au reste, à cette époque où la distinction des rangs très-marquée dans la législation et aussi, en général, dans les alliances de familles, l'étoit peut-être moins que de nos jours dans les relations de la vie privée, la chasse à l'épervier n'étoit pas la seule usitée par les bourgeois. La chasse à l'oiseau en général, fauconnerie ou autourserie, étoit une des occasions qui réunissoient le plus souvent des personnes de conditions différentes. Gaces de La Bugne en donne un exemple intéressant. Il raconte fort agréablement comment des gens qu'il appelle *de moyen état*, mais parmi lesquels il se compte lui, chapelain du roi, ainsi que des chevaliers (il y avoit en outre des chanoines, des écuyers ou simples gentilshommes et des bourgeois), firent ensemble une partie de chasse à l'oiseau qui dura une semaine. Ils avoient vingt oiseaux et voloient tous les jours au moins jusqu'à midi. Alors ils venoient dîner ensemble à une hôtellerie, et le repas se passoit joyeusement, sans médire du prochain et sans convoiter les richesses d'autrui. Après dîner, la chasse recommençoit jusqu'au souper qui étoit plantureusement servi[2].

L'auteur du *Ménagier* avoit sans doute sur la convenance et l'agrément de la chasse à l'épervier la même opinion que Gaces de La Bugne, et c'est là ce qui l'aura déterminé à parler avec détail de cette chasse. Son

---

[1] Ed. Vérard, feuillet X v. — [2] *Ib.*, feuillet X iv.

traité est très-complet et au moins égal en mérite à la partie du *Modus et Ratio* relative au même sujet. Il ne me paroît pas s'être servi[1] de ce dernier livre, trop répandu cependant à la fin du xɪvᵉ siècle pour qu'il ne l'ait pas rencontré. Cependant les deux ouvrages étant presque contemporains et traitant le même sujet, plusieurs passages du *Modus* m'ont été utiles pour éclaircir ou compléter cette partie du *Ménagier*. J'ai aussi mis à contribution, dans ce double but, les autres anciens ouvrages de fauconnerie, pensant que cet article, à cause de l'obscurité d'un art aujourd'hui si peu connu[2],

[1] S'il a été aidé par quelque ouvrage antérieur, peut-être seroit-ce par un traité italien, attendu le nom de *faucon vilain* qu'il donne au lanier, et qui lui étoit encore donné en Italie au xvɪɪᵉ siècle. Voy. aussi T. II, p. 310, la note sur le vol du faisan par l'épervier.

[2] La chasse à l'oiseau est encore actuellement pratiquée en Syrie. L'émir Beschir, prince des Druses, avoit des oiseaux dressés qui furent pillés en 1840, lorsque les événemens le contraignirent à quitter le pays, et rachetés depuis par M. Catafago, vice-consul d'Autriche à Saïda (près Beyrouth), qui les possède encore aujourd'hui. A Damas, Choudjâ' Eddaouleh et Seïf Eddaouleh, neveux du schah actuel de Perse, retirés en Syrie, chassent aux perdrix avec des sacres (voy. T. II, p. 323). M. Schefer, second drogman du consulat général de Smyrne, a fait avec ces princes une chasse dans laquelle deux sacres prirent en une heure et demie quinze ou vingt perdrix. D'après le récit circonstancié qu'il a bien voulu me faire, ces oiseaux nommés *sacres* dans le pays, originaires de Tartarie ou du Turkestan, certainement les *sacres* de nos anciens fauconniers, et par conséquent oiseaux de haut vol (*rameurs*, selon Huber; voy. T. II, p. 318), sont cependant dressés comme l'étoient autrefois les oiseaux de poing (*voiliers*, selon Huber); ils partent du poing de leur maître quand le gibier se lève, et se perchent sur les buissons quand la perdrix s'y est remisée, pour la prendre plus facilement dès qu'elle en sort. C'est bien là la manière de l'autour et de l'épervier, mais l'identité d'origine septentrio-

demandoit à être éclairci avec plus de détail que les autres.

Quand on a lu le *Ménagier de Paris*, on se demande comment un pareil ouvrage a pu rester quatre cent cinquante ans sans avoir été connu, ou plutôt sans avoir été cité. Quant à moi, l'existence de ce précieux monument historique m'a été révélée seulement par la vente des livres de M. Huzard[1]. Un manuscrit sur pr... du *Ménagier* figuroit au n° 662 de la première partie du catalogue de cette remarquable collection. L'examen rapide que j'en fis à l'exposition me fit pressentir le mérite du livre, et me donna un vif désir d'en devenir possesseur. Le volume m'ayant été adjugé, je me convainquis en le lisant de l'utilité qu'il y avoit à le publier. Je crus, à cet effet, nécessaire de rechercher s'il en existoit d'autres manuscrits. Je n'en trouvai de mentionnés que sur les catalogues des ducs de Bourgogne, publiés par M. Barrois dans sa *Bibliothèque pro-*

nale et de nom ne permet pas de douter que ces oiseaux ne soient bien nos sacres.

M. d'Offémont, dont j'ai parlé dans une note de ma *Chace dou cerf*, 1840, in-8°, comme ayant créé en 1838 une association destinée à faire renaître la fauconnerie (association dont le siége est en Hollande et qui continue à prospérer), frappé des difficultés qu'il a dû surmonter dans *l'affaitement* des oiseaux, malgré les secours qu'il avoit rencontrés dans les anciens ouvrages de fauconnerie, a l'intention d'écrire sur ce sujet un traité assez détaillé pour suppléer aux omissions des anciens auteurs. Il m'a montré des notes et quelques dessins qui donnent l'idée la plus avantageuse de son travail.

[1] Par suite de mon goût pour les livres de chasse, j'avois eu l'honneur de faire la connoissance de M. Huzard. Il m'a bien souvent admis avec

typographique[1]. Les catalogues des Bibliothèques du Roi
et de l'Arsenal ne portent aucune indication du *Ménagier* : je pensai donc que l'un des manuscrits de Bourgogne, sinon les deux, pouvoit se trouver à la Bibliothèque royale de Bruxelles, et je demandai à M. le baron
de Reiffenberg, auteur de tant de savantes publications
historiques et associé étranger de la Société des Bibliophiles françois, de vouloir bien m'éclairer sur ce point.
Sa réponse, par suite de diverses circonstances, ne
m'étant parvenue qu'après plusieurs mois, je crus pendant quelque temps qu'il falloit renoncer à l'espoir de dé-

une extrême complaisance dans sa précieuse bibliothèque, mais le hasard
a fait qu'il ne m'avoit jamais montré son manuscrit du *Ménagier*. Son catalogue (Paris, 1842) forme 3 vol. in-8°. La vente a eu lieu en 1843.

[1] Paris, 1830, in-4°. Voici les indications données par cet ouvrage :

1° Inventaire de Bruges vers 1467.

N° 836. Ung autre livre en parchemin couvert d'ais jaunes, intitulé
au dehors : *C'est le Mesnagier de Paris*; comançant au second feuillet, *Salvacion de l'âme*, et au dernier *n'est autrement*. (C'est le manuscrit A, voir
ci-après p. LIV.)

N° 1202. Ung autre livre de cuir vermeille, appellé *le Mesnagier*, est
escript partie en longue luigne et partie par deux coulombes; quemen-
chant ou second feuillet *Vous moismes* et le dernier feuillet, *a dicta aqua*.
(C'est le manuscrit B dans lequel se trouve le *Chemin de povreté* en
effet écrit à deux colonnes (coulombes). Voir ci-après p. LV.)

2° Inventaire fait à Bruxelles le 15 novembre 1487.

N° 1758. Ung autre grant volume couvert de cuir, garni à tout deux
cloans de léton, intitulé : *C'est le Mesnagier de Paris*; comenchant ou second
feuillet, *Salvacion de l'âme* et finissant ou derrenier, *et oster les entrailles,
testes et ghues. Hic finit.* (A)

N° 1759. Ung autre grand volume couvert de cuir rouge, à tout deux
cloans de leton, intitulé comme le dessus : *Le Mesnagier de Paris et autres
choses de dévotion*; comenchant ou second feuillet, *Vous-mesmes vo*, et finissant ou derrenier, *et oster les entrailles, testes et ghues.* (B)

couvrir un autre manuscrit du *Ménagier*, et quoique le mien présentât d'assez notables défectuosités, la Société des Bibliophiles décida sur ma proposition, dans sa séance du 14 mai 1845, qu'elle donneroit une édition de ce livre, et me chargea de préparer cette édition sur mon manuscrit, le seul que nous pussions alors nous procurer. Mais quelques jours plus tard un de mes amis, connu par quantité de savans travaux historiques, me communiqua un manuscrit sur vélin du *Ménagier*, contenant 173 feuillets in-folio, paroissant écrit dans la première moitié du xv⁰ siècle et orné au commencement d'une miniature reproduite dans cette édition [1]. Je reconnus bientôt que ce volume, qui ne porte pas les armoiries des ducs de Bourgogne étoit cependant, sans aucun doute, le premier des deux portés aux inventaires de 1467 et 1487, et indiqué sous les n⁰ˢ 836 et 1758 de la *Bibliothèque protypographique* [2], et qu'il avoit certainement servi de modèle au copiste du mien. Ce manuscrit, le plus ancien des trois que j'ai eus à ma disposition, est désigné dans le cours de mon travail sous le nom de Ms. A.

Peu de temps après, M. le baron de Reiffenberg m'écrivoit de son côté qu'un des manuscrits des ducs de Bourgogne existoit en effet à Bruxelles, et m'en-

---

[1] T. I, p. 9.

[2] Les second et dernier feuillets commencent par les mêmes mots que ceux signalés comme initiaux de ces mêmes feuillets dans le manuscrit de Bourgogne. C'est ce même manuscrit qui est indiqué comme manquant ultérieurement dans les inventaires de Bruxelles. (N⁰ 2269 de la *Bibliothèque protypographique*.)

voyoit en même temps un exemplaire de *l'Annuaire de la Bibliothèque royale de Belgique pour* 1843[1], dans lequel se trouve, p. 33, un excellent article de lui sur cet exemplaire du *Ménagier de Paris.* La Société des Bibliophiles fit alors des démarches actives pour obtenir la communication de ce précieux volume que M. de Theux, ministre de l'intérieur de Belgique, voulut bien lui accorder, sous la garantie de M. le marquis de Rumigny, ambassadeur de France à Bruxelles.

Ce manuscrit sur vélin, que j'ai désigné sous la lettre B, paroît postérieur de quelques années au précédent. Le premier feuillet est orné d'un C initial en or et en couleur, au centre duquel on voit, comme dans la miniature du Ms. A, l'auteur donnant ses instructions à sa femme. Ce feuillet est entouré de trois côtés (en tête, au fond et en queue) d'une bordure d'arabesques en or et en couleur dans laquelle se trouve au bas de la page l'écusson de Philippe dit le Bon ou de Charles le Téméraire, ducs de Bourgogne. Il contient 193 feuillets de format in-folio. La description donnée du second manuscrit de Bourgogne dans les inventaires de 1467 et 1487 établit que le manuscrit de Bruxelles est le même que celui porté aux n°s 1202 et 1759 de la *Bibliothèque protypographique.* Il a été fait avec soin par un écrivain intelligent mais peut-être trop disposé à corriger les endroits qui lui sembloient défectueux;

---

[1] Cet article a donc paru peu de mois avant la vente de la première partie de la Bibliothèque Huzard. Il est singulier qu'un livre si longtemps inconnu soit remarqué et étudié, on pourroit dire exhumé, dans la même année, à Bruxelles et à Paris à la fois.

plusieurs corrections ont en outre été faites après coup. Il n'a pas été copié sur le manuscrit A et en reproduit un autre : il fournit en effet trop de variantes pour qu'on puisse les attribuer seulement au copiste. Il a probablement été exécuté pour Philippe le Bon, mais le Ms. A qui ne porte pas d'armoiries a pu appartenir à d'autres propriétaires avant d'entrer dans la bibliothèque de Bruges.

L'auteur du *Ménagier* étoit trop connu du duc de Berry[1] pour avoir appartenu au parti bourguignon à Paris, et pour qu'on suppose qu'un des manuscrits de Bourgogne soit la copie de quelque autre plus ancien offert par l'auteur au duc Philippe le Hardi ou à son fils Jean sans Peur. Un semblable hommage auroit plutôt été fait au duc de Berry, mais on ne voit pas figurer *le Ménagier* sur l'inventaire des livres et autres objets mobiliers de ce prince dressé après son décès. On peut raisonnablement croire qu'un exemplaire de cet ouvrage aura été trouvé chez un de ces bourgeois

---

[1] Si l'on entre dans le détail de l'histoire du règne de Charles VI, il semble (autant qu'on puisse en pareille matière déduire un principe général de faits particuliers même nombreux) qu'une partie notable de la haute bourgeoisie parisienne s'étoit attachée après la mort de Charles V au duc de Berry, prince toujours besogneux, et redoutable par ce motif aux provinces soumises à son autorité, mais affable et de mœurs faciles, qualités appréciées de tout temps et souvent au delà de leur valeur réelle par les classes moyennes et inférieures des villes. On verra encore que même dans les momens où les exigences de la politique amenoient ou forçoient le duc de Berry à se réunir aux Bourguignons, les bourgeois ou parlementaires ses conseillers et partisans, n'en étoient pas mieux vus du duc de Bourgogne à qui ils rendoient probablement les sentimens de défiance et de haine qu'ils lui inspiroient.

riches et considérés qui perdirent la vie ou au moins leurs biens lors de l'entrée des Bourguignons à Paris en 1418, et qu'il aura été apporté alors au duc de Bourgogne par un de ses agens ou partisans.

J'ai dit plus haut que le manuscrit de M. Huzard, qui m'appartient aujourd'hui et que j'ai désigné sous la lettre C, avoit été copié sur le Ms. A. Outre la conformité presque parfaite des deux textes, j'en ai une preuve bien manifeste. Il existe et il existoit évidemment dans le Ms. A avant qu'il eût été revêtu de sa reliure actuelle, une transposition de deux feuillets par suite de laquelle le traité de l'épervier et le passage relatif aux boucheries de Paris se trouvent mêlés l'un à l'autre et se coupent réciproquement. L'écrivain du Ms. C a copié ce qu'il avoit sous les yeux, sans voir quelle étoit la cause du désordre de son texte, et le même mélange existe dans sa copie, mais sans transposition, c'est-à-dire que le sens est interrompu au milieu de deux pages et non entre la fin d'un verso et le commencement d'un recto, comme dans le Ms. A. Pour rendre ce désordre un peu moins choquant, il a ajouté dans un endroit deux mots qui ne me semblent cependant pas atteindre ce résultat. Cet écrivain, évidemment Flamand, a en outre laissé dans sa copie de nombreuses traces du dialecte qu'il parloit, écrivant souvent *commenche* pour *commence*, *cousant* pour *couchant*, *franchois* pour *françois*, *cheulx* pour *ceulx*, etc. On peut aussi lui reprocher d'avoir oublié quelques membres de phrases; il a cependant fait au texte cinq

I

d v

ou six corrections assez heureuses et tout à fait nécessaires au sens.

Le manuscrit C contient 280 feuillets de papier *in-
folio parvo* assez négligemment mais lisiblement écrits,
et semble remonter au commencement du règne de
Louis XI. La première lettre renferme un écusson parti,
au premier de gueules au chevron d'hermines, et au
second d'hermines au chef de gueules; ces armoiries
sont celles des maisons de Ghistelles[1] et de Roubais[2].
D'après les règles de l'art héraldique, les femmes doivent porter un écu parti, au premier des armes de
leur mari, et au second des leurs[3]; cet écusson devroit
donc être celui d'une demoiselle de Roubais mariée à
un Ghistelles; mais malgré les recherches les plus atten-
tives, je n'ai pas trouvé qu'une semblable alliance ait
eu lieu à l'époque où mon manuscrit fut écrit, tandis
que Pierre (ou Réné)[4] seigneur de Roubais, fils de
Jean mort en 1449, et d'Agnès de Lannoy, né à Herzelles le 1er août 1415 et mort le 7 juin 1498, avoit
épousé Marguerite de Ghistelles, fille de Jean sieur
de Bockède, Lauderburg, etc., et de Charyte de Gand-

<hr>

[1] Les familles de Larivière en Guyenne, et de Beza le Long, portent
aussi de gueules au chevron d'hermines. — [2] Champagne, Goussencourt,
Hargicourt et Vivonne portent également d'hermines au chef de gueules.
— [3] Depuis le xvie siècle, au lieu d'avoir ainsi un seul écusson parti
(divisé en deux par une ligne verticale) les femmes portent deux écus
dont le premier est celui de leurs maris. Les reines de France ont continué longtemps à partir leur écusson, et je crois que Marie Leczinska est la
première qui ait porté deux écus accollés. — [4] L'*Histoire généalogique des
grands officiers de la couronne*, T. III, p. 726, l'appelle Jean, ce qui est
une erreur.

Vilain, née le 14 octobre 1415 et morte le 17 octobre 1498[1]. Suivant le dossier de Roubais au Cabinet généalogique, ils n'eurent qu'une fille nommée Isabelle, dame de Roubais et d'Herzelles, femme de Jacques de Luxembourg, sieur de Richebourg[2], et morte en 1502. Si l'on admet que l'écrivain a pu commettre une erreur (erreur très-rare mais qui n'est cependant pas sans exemple[3]), et placer les premières celles de ces armoiries qu'il devoit mettre les secondes, l'attribution du volume à Marguerite de Ghistelles paroîtra bien fondée. M. de Roubais, fils d'un premier chambellan des ducs de Bourgogne, et attaché lui-même à leur service[4], avoit toute facilité pour faire copier un manuscrit de la bibliothèque de ces princes. Une autre circonstance vient encore ajouter à la probabilité de cette conjec-

[1] Elle est enterrée dans l'église paroissiale de Roubais, chapelle de Sainte-Croix ou des Sept Douleurs. (Cabinet généalogique.) — [2] Chambellan du roi de France, frère du connétable de Saint-Paul décapité en 1475 : il mourut en 1487.

[3] Mon ami M. Eugène Grésy qui s'occupe depuis longtemps de l'histoire et de la topographie de Melun, me signale un vitrail de la chapelle Saint-Antoine en l'église Saint-Aspais de Melun, dans lequel les armes d'Agnès de Savoie, femme, de 1466 à 1508, de François Ier d'Orléans, duc de Longueville, vicomte de Melun, sont placées dans un écusson parti, avant celles de son mari. Mais, je le répète, de telles erreurs sont très-rares, surtout à mesure qu'on s'éloigne des temps modernes. Si Isabelle de Roubais avoit épousé un Ghistelles en premières noces, je n'aurois pas hésité à voir en elle la propriétaire de mon manuscrit. Au reste, il est bien probable que ce manuscrit lui aura été donné par sa mère, et que les recettes de *Hotin* auront été recueillies pour elle.

[4] C'est lui qui prit par surprise, en 1465, la ville de Péronne et le comte d'Étampes qui s'y étoit renfermé. *Histoire de Bourgogne*, de dom Plancher, T. IV, p. 337.

ture : dans une espèce d'appendice [1] qui est propre à
mon manuscrit, on trouve des recettes qui sont dites
avoir été envoyées par un certain Hotin, cuisinier *qui
fut à Monseigneur de Roubais*. Ces mots indiquent des
rapports intimes, à l'époque où ils ont été tracés, entre
la famille de Roubais et le propriétaire de ce volume
écrit d'ailleurs par un Flamand et d'après un manuscrit
des ducs de Bourgogne ; il ne me paroît donc pas possible d'attribuer l'écusson de la lettre initiale du Ms. C
à d'autres familles qu'à celles de Ghistelles et de Roubais, et par suite, attendu les renseignemens fournis par
les généalogies de ces deux familles, à une autre personne qu'à Marguerite de Ghistelles, dame de Roubais.

Ce dernier exemplaire n'étant qu'une reproduction
du Ms. A, n'a eu qu'une très-médiocre importance
pour mon travail d'éditeur. J'ai pris les variantes qu'il
offroit, seulement lorsque le sens les justifioit complétement, et j'ai toujours en ce cas indiqué en note leur
origine ; mais lorsque l'un des Mss. A et B, presque
également beaux et soignés, contenoit une faute évi-
dente corrigée dans l'autre, j'ai pris la meilleure leçon,
et je n'ai en général donné la variante en note que
quand la leçon adoptée pouvoit laisser quelque doute
dans l'esprit du lecteur. Plus d'une fois j'ai trouvé dans
ces deux manuscrits des fautes qui me sembloient faciles
à reconnoître et même à corriger, mais ces deux volumes ayant été écrits hors de la présence et même

---

[1] Voy. T. II, p. 275.

sans doute après la mort de l'auteur, j'ai cru qu'un ou plusieurs mots propres à changer le sens apparent de la phrase pouvoient avoir été omis, et je n'ai fait que proposer en note la correction, sans l'insérer dans le texte. Au reste, la copie faite sur le Ms. C, a été collationnée sur les Mss. A et B, et les premières épreuves de chaque feuille l'ont été de nouveau sur le Ms. B comparé au Ms. A toutes les fois qu'il étoit en désaccord avec l'épreuve. J'ose donc espérer que le texte du *Ménagier* contiendra peu de fautes graves et sera au moins sans omissions.

Le lecteur remarquera sans doute que l'orthographe employée dans le *Ménagier* varie ; par exemple, qu'on y voit successivement *pongnée* et *poignée*, *aultre* et *autre*, *tartre* et *tarte*, etc. Je le prie de ne pas attribuer ces différences à ma négligence. L'orthographe étant variable dans chacun des manuscrits que j'avois sous les yeux, je n'ai pas cru devoir la rendre uniforme et donner une régularité de mon fait à un livre qui pourra être consulté par quelques personnes sous le rapport linguistique. Quant à la ponctuation qui ne figure que d'une manière très-incomplète et souvent fautive (surtout quant aux barres représentant les virgules) dans les anciens manuscrits, j'en ai sobrement usé, dans la pensée qu'on lui ôte souvent de sa valeur et même toute signification en la multipliant à l'excès.

Cet ouvrage ne devant pas être lu seulement par des personnes versées dans notre histoire et notre ancienne littérature, j'ai cru nécessaire de donner, à la suite de cette introduction, une indication détaillée des ouvrages ou documens cités en abrégé dans le cours de mes notes, avec une notice succincte de leur contenu quand ils étoient généralement peu ou mal connus. La table des matières qui termine l'ouvrage sera, je l'espère, d'une utilité plus générale. Je dois prévenir le lecteur que je ne l'ai pas faite aussi détaillée pour la partie morale du *Ménagier* que pour la partie matérielle. Je l'ai surtout abrégée pour l'*Histoire de Mellibée* et *le Chemin de pauvreté*, qui ne sont pas de l'auteur du livre et y figurent comme épisodes. *Le Viandier* m'a fourni un très-grand nombre de mots; je n'ai cependant porté à la table les noms des animaux, des végétaux et des mets que lorsque l'endroit indiqué donnoit sur eux quelques détails susceptibles d'être consultés, ou offroit quelque intérêt. J'ai donné aussi dans cette table au moins deux fois chacun des plats cités dans les *menus* parce qu'il pouvoit être utile de faire connoître à quel moment du repas se servoit tel ou tel mets, et aussi parce que certains plats ne sont nommés que là.

Il me reste maintenant à remercier les personnes qui m'ont aidé de leurs conseils, et surtout par la communication ou l'indication des pièces utiles à consulter. Je dois d'abord citer M. Paris, de l'Académie des inscriptions, dont l'amitié m'est si précieuse, et M. Dessalles, des Archives du royaume. Je nommerai aussi M. Léon Tripier qui a collationné avec moi la plus grande partie du premier volume; M. d'Arcq que j'ai eu occasion de mentionner dans une de mes notes, et qui m'a en outre rendu le service de collationner *le Chemin de pauvreté* sur le manuscrit du Roi n° 7201 ; je citerai encore M. Duclos, de la section judiciaire des Archives du royaume. Enfin, l'*Histoire de Mellibée* a été collationnée par M. Borel d'Hauterive sur le manuscrit du Roi n° 7072³·³.

JÉRÔME PICHON.

Paris, 27 mai 1847.

INDICATION DÉTAILLÉE

DE QUELQUES OUVRAGES OU DOCUMENS,

MANUSCRITS OU IMPRIMÉS,

Cités en abrégé dans l'Introduction et les notes du *Ménagier de Paris* [1].

Albéric de Trois-Fontaines.

Chronique attribuée à Albéric, moine de l'abbaye de Trois-Fontaines au XIIIe siècle, et imprimée dans les *Accessiones historicæ* de Leibnitz. Leipsick, 1698, et Hanovre, 1700, in-4°. Voir sur cette chronique l'excellent article de la Bibliothèque historique de la France, T. II, n° 16,803.

Anselme (le Père).

C'est le premier auteur de l'Histoire généalogique des grands officiers de la couronne, revue et augmentée par les Pèces Ange et Simplicien. Je cite la dernière et la plus complète édition de Paris, 1726, en 9 vol. in-folio.

Arch. du Roy., reg. K. 220, 1.

Registre déposé à la section historique des Archives du Royaume, contenant les comptes du duc de Berry pour les années 1370, 1373, etc.

Arcussia (d').

La fauconnerie de Charles d'Arcussia de Capre, seigneur d'Ésparron, divisée en dix parties. Paris, Jean Houzé, 1627, in-4°, fig.

C'est la meilleure édition de cet excellent ouvrage.

La *Fauconnerie du roi* forme la VIe partie.

La *Conférence des fauconniers* en est la VIIe.

Le *Discours de chasse* (ou *Convy pour l'assemblée des fauconniers*), précédé d'un titre spécial daté de 1627, forme la VIIIe partie.

[1] Quand un ouvrage cité en abrégé dans un endroit du livre est indiqué ailleurs avec plus de détail, je ne l'ai pas compris dans cette liste. La table donnera le moyen de retrouver l'endroit où le titre est donné *in extenso*.

I   e

La Xe et dernière partie se compose des *Lettres de Philoïerax à Philofalco*, avec titre daté de 1626.

Ce livre, formé de parties imprimées en différentes années et souvent mal reliées, est difficile à collationner.

Ayala (Pedro Lopez de).

De la Caça de las Aves et de sus plumajes et dolencias et medecinamientos (por Pedro Lopez de Ayala). Ms.

Ce Traité de fauconnerie, dédié à Gonzalo de Meña, évêque de Burgos, fut écrit vers 1386 par Pedro Lopez de Ayala, grand chancelier de Castille, alors prisonnier en Portugal par suite de la bataille d'Aljubarota. L'auteur avoit été en France ; il parle de Charles V, du duc de Bourgogne, du comte de Tancarville, de Bureau de la Rivière ; il cite aussi beaucoup de grands personnages espagnols.

Je parlerai ailleurs avec plus de détail de ce Traité instructif et curieux. Il n'a jamais été imprimé : on en trouve d'assez copieuses citations (mais non textuelles) dans la *Caça d'Altaneria* de Diogo Fernandez Ferreira ; Lisboa, 1616, in-4°, volume écrit en portugais, qui n'est au reste guère plus facile à trouver que les manuscrits d'Ayala.

Il y a à la Bibliothèque royale un manuscrit de l'ouvrage d'Ayala (n° 8166, in-4°), bien écrit, mais incomplet de la fin. Je possède celui qui étoit, en 1803, à la vente de Laserna-Santander, et, en 1843, à celle de M. Huzard. Il est complet et un peu plus ancien que celui du Roi.

Bibliothèque des Théreuticographes, 1763.

Cette *Bibliothèque*, qui n'est pas un ouvrage sans mérite, est des frères Lallemant, libraires de Rouen, et forme le premier volume de l'École de la chasse aux chiens courans de Le Verrier de la Conterie. Rouen, 1763, 2 vol. in-8°.

Bouchet (G.).

Recueil de tous les oiseaux de proye qui servent à la vollerie et fauconnerie, par G. B. ; à Poitiers, par Eng. de Marnef et les Bouchetz frères.

Ce Recueil est le dernier des trois ajoutés par de Marnef et les Bouchet à leur édition de 1567 de la Fauconnerie de Franchières. Guillaume Bouchet s'en avoue l'auteur dans une dédicace qui se lit en tête de quelques exemplaires de cette édition. Le plus grand nombre des exemplaires contient une dédicace toute différente, et signée d'Enguilbert de Marnef.

Breuil (Du).

Théâtre des antiquités de Paris. 1612, in-4°, fig.
Le nom de l'auteur doit être écrit *du Breul*.

Bruyère Champier.

De Re cibaria libri XXII, Jo. Bruyerino Campegio Lugdun. authore. Lugduni, 1560, in-8°.

Calendrier des bergers.

L'édition de ce livre curieux et bizarre que je cite, et dont je possède un exemplaire provenant de M. Huzard, est celle imprimée par Guiot Marchant le 18 avril 1493, qui est très-certainement la même que celle décrite dans le Manuel du libraire comme pouvant être du 18 avril 1488, et encore certainement la même que celle dont un magnifique exemplaire sur vélin existe à la Bibliothèque du Roi. J'en ai acquis la preuve en comparant mon exemplaire à celui de la Bibliothèque royale. La marque de Guiot Marchant a été recouverte par une miniature, et la souscription supprimée.

Champollion, II, 254.

Louis et Charles, ducs d'Orléans. Paris, 1844. 2 vol. in-8°.

Chevaleureux, comte d'Artois.

Le livre du très-chevalereux comte d'Artois et de sa femme. Paris, Techener, 1837, in-4°, figures.

Chevalier de La Tour.

Voy. l'introduction, et sur les éditions imprimées de ce livre, le Manuel du libraire, T. I, p. 649.
J'ai cité cet ouvrage d'après une copie que j'ai fait faire du manuscrit du Roi n° 7403.

Christine de Pisan.

Le Livre des fais et bonnes meurs du sage roy Charles V.
Imprimé dans les tomes I et II de la collection des Mémoires pour servir à l'histoire de France, par Michaud et Poujoulat.

Chroniques de saint Denis, CXII.

Les grandes chroniques de France, selon qu'elles sont conservées en l'église de Saint-Denis, publiées par M. Paulin Paris. Paris, Techener, 1838. 6 vol. in-12 ou 1 vol. in-fol. (CXII est le chiffre du chapitre.)

Collect. Leber, XIX, 35.

Collection des meilleures dissertations, notices, etc., relatifs à l'histoire de France, par MM. Leber, J.-B. Salgues et J. Cohen. Paris, 1826-42. 20 vol. in-8°.

Corrozet, éd. de 1543.

La Fleur des antiquités, singularitez et excellences de Paris. Paris, Pierre Sergent, 1543. in-16.

J'ai publié l'année dernière, dans le Bulletin du bibliophile de Techener, une notice sur cette édition de Corrozet; elle est précieuse à cause d'une liste des rues de Paris par tenans et aboutissans qu'elle contient; on y a ajouté, en outre, presque tout l'opuscule intitulé *les Rues et Églises de Paris.*

Crescens.

Le Livre des prouffits champestres, par Pierre de Crescens, de Boulogne-la-Grasse, traduit du latin par ordre de Charles V. Je me suis servi de l'édition de Galliot du Pré, de 1533, et aussi d'un manuscrit sur papier que je possède de cet ouvrage, et qui appartenoit en 1486 à Jean Budé, audiencier de France.

Dit des Pays.

Voir le Manuel du libraire. J'ai consulté l'édition de cet ouvrage imprimée à la suite du *Dialogue du mondain et du célestin.* In-16, gothique.

Duchesne Montmorency.

Histoire généalogique de la maison de Montmorency et de Laval, par André Duchesne. Paris, 1624, in-fol.

Pr. signifie *Preuves.*

Entretiens de Colbert avec Bouin.

Entretiens de M. Colbert avec Bouin, fameux partisan, sur plusieurs affaires curieuses. Cologne, 1701, 3 parties en un vol. in-12.

Ouvrage de Sandras de Courtilz. Ce Bouin, dont le nom s'écrivoit *Bauyn*, étoit de la famille des Bauyn d'Angervilliers et de Pereuse.

Félibien.

Histoire de la ville de Paris, composée par D. Michel Félibien, reveue, augmentée, mise au jour par D. G. A. Lobineau. Paris, Desprez, 1725. 5 vol. in-fol.

Fréderic II (l'empereur).

Reliqua librorum Friderici II imperatoris de arte venandi cum avibus ; annotationes addidit suas Jo. Gott. Schneider. Lipsiæ, 1788-9. 2 vol. in-4°, fig.

Outre le manuscrit dont je vais parler, je me suis servi de cette édition, qui ne contient rien de plus, quant au texte, que celle de 1596, mais qui est préférable à cause des excellentes notes de Schneider. Il est fâcheux que ce savant n'ait pas pu donner le texte entier de l'ouvrage. On en connoît maintenant deux manuscrits complets, l'un donné à la Bibliothèque Mazarine par M. Leblond : l'autre (du xve siècle), que j'ai fait venir d'Italie en 1837, m'appartient depuis cette époque.

Ce Traité est le plus étendu et le plus curieux que nous ayions sur les oiseaux de proie. Il seroit à désirer qu'on en donnât une édition complète.

G. C.

Ces lettres désignent l'ouvrage intitulé : *le Grand Cuisinier de toutes cuisines*.

Gaces de la Bugne.

C'est le poëme connu sous le titre de *Livre des déduits*, commencé en 1359 à Redefort en Angleterre, et achevé à Paris entre 1373 et 1377 (après la promotion de Pierre d'Orgemont à la dignité de chancelier, et avant la mort du roi Édouard III d'Angleterre), par Gaces de la Bugne, premier chapelain des rois Philippe de Valois, Jean II, Charles V et Charles VI, trésorier de Saint-Francbourg de Senlis, et curé de Molissent, au diocèse de Chartres (où il ne résidoit pas). Il paroît être mort au commencement de 1384, d'après des renseignemens contenus dans les registres du parlement, et que je développerai ailleurs.

Je le nomme *de la Bugne*, et non *de la Bigne* ou *de la Vigne*, comme on le fait habituellement, parce que son nom est constamment écrit ainsi dans les registres du parlement où il figure six ou sept fois.

Gaces de la Bugne est cité dans le Père Anselme (T. VIII, p. 227) sous le nom de *Gacès de Chantepie*; mais il n'a jamais été nommé ainsi. Il dit lui-même dans son poëme qu'il sortoit des familles de la Bugne, d'Aigneaux, de Clinchamp et de Buron, et ne fait aucune mention de celle de Chantepie.

Le Père Anselme ou ses continuateurs auront cru sur parole la personne qui disoit *conserver* son livre.

J'ai travaillé sur l'édition de son ouvrage imprimée à Paris à la suite de Gaston Phébus, par Antoine Vérard, in-fol. gothique, sans date. Les lettres indiquent les cahiers ou feuilles d'impression, et les chiffres le rang que tient dans le cahier le feuillet cité.

Godefroy (Denis).

Histoire de Charles VI, roi de France, par Jean Juvénal des Ursins, archevesque de Rheims, augmentée de plusieurs mémoires, etc., par Denis Godefroy. Paris, de l'Imprimerie royale, 1653, in-fol.

Grand cuisinier de toutes cuisines.

Voy. l'Introduction, p. xxxiii.

Hist. des grands officiers de la Couronne.

Voy. Anselme (le P.).

Inventaire de R. Picque, archevêque de Rheims en 1389. Reims, 1842, in-12.

Ce curieux document fait partie des Mélanges publiés par la Société des Bibliophiles de Reims. Malheureusement il n'a pas été édité très-correctement.

J. Reg. 147, 36 (ou autres chiffres).

Registres du Trésor des Chartes. Le premier chiffre est celui du registre; le second celui de la pièce.

La lettre J. avec un seul numéro (note sur le sire d'Andresel) indique un carton du Trésor des Chartes.

Section historique des Archives du Royaume.

Jugés, xxxii, 94.

Arrêts rendus au civil par le parlement de Paris. Le chiffre romain indique le registre ; le chiffre arabe est le numéro de l'arrêt dans l'année indiquée.

Section judiciaire des Archives du royaume.

Juv. des Ursins, in-fol.

Voyez Godefroy (Denis).

K. 52, 3.

Registre ou plutôt cahier contenant des comptes de la maison du duc d'Anjou.

Section historique des Archives du royaume.

K. reg. 55.

Comptes de la reine Marie d'Anjou, femme de Charles VII.
Section historique des Archives du royaume.

Lebeuf, X, 260.

C'est l'Histoire du diocèse de Paris par ce savant abbé. Paris, 1754-8. 15 vol. in-12. Tome X, page 260.

Legrand d'Aussy.

Histoire de la vie privée des François ; nouvelle édit., avec des notes par J.-B.-B. de Roquefort. Paris, 1815. 3 vol. in-8°.

Maison réglée d'Audiger, 1692.

La Maison réglée et l'Art de diriger la maison d'un grand seigneur et autres. Paris, Legras, 1692. In-12.

Le sieur Audiger, auteur de cet ouvrage rare qui est resté inconnu à Legrand d'Aussy, avoit servi la comtesse de Soissons, le président de Maisons, Colbert, le duc de Saint-Aignan, etc. Son livre contient beaucoup de particularités curieuses, et on y trouve, entre autres choses, le détail des attributions des différens domestiques, et le relevé de la dépense annuelle d'une grande, puis d'une médiocre maison. Louis XIV est même en scène dans ce livre, et on ne voit pas sans étonnement la facilité avec laquelle on abordoit ce prince. Un des endroits les plus curieux de *la Maison réglée* est celui où l'auteur raconte avec grands détails qu'il présenta au roi, le 18 janvier 1660, une caisse de petits pois.

Matinées.

Plaidoieries civiles prononcées aux audiences du matin du parlement de Paris. Le plus ancien registre est de l'année 1395.

Section judiciaire des Archives du royaume.

Modus.

Le Livre du roy Modus et de la royne Racio. Nouvelle édition, avec une préface par Elzéar Blaze. Paris, 1839. Grand in-8, fig.

J'ai cité cette édition, parce qu'elle est la meilleure de ce livre précieux. Elle laisse néanmoins beaucoup à désirer, attendu qu'elle est imprimée dans un caractère soi-disant gothique tout à fait de fantaisie et à peu près illisible, qu'elle contient beaucoup de fautes, et est absolument sans notes. Mais elle vaut encore mieux que les anciennes éditions si rares et si chères, et elle est d'ailleurs la seule qu'on puisse se procurer à un prix modéré.

Il est fâcheux que l'éditeur n'ait pas donné en même temps *le Songe de Pestilence*, espèce de suite mystique du Modus, composée vers 1372, et imprimée très-incorrectement en 1506 sous le titre de *Modus et Ratio de divine contemplation*. J'ai cité le *Songe de Pestilence* d'après une copie que j'en ai faite sur le beau manuscrit du Roi 632¹², lequel devra servir de base à toute nouvelle édition du Roi Modus.

Morais.

Le véritable Fauconnier, par messire C. de Morais, chevalier, seigneur de Fortille, cy-devant chef du héron de la grande fauconnerie. Paris, Quinet, 1683. In-12.

Plaidoieries civiles; — Plaidoieries criminelles du parlement.

Registres contenans les plaidoieries prononcées au civil (ou au criminel) devant le parlement.

Les plus anciens remontent à 1364 pour les plaidoiries civiles, et à 1387 pour les plaidoiries criminelles.

Section judiciaire des Archives du royaume.

Plan de tapisserie.

Plan en perspective de la ville de Paris (au commencement du xvie siècle), gravé par Dheulland en 1756, d'après un autre gravé plus anciennement, qui appartenoit alors à l'abbaye de Saint-Victor. Ce dernier plan étoit le même qu'un autre représenté sur une tapisserie provenant de la maison de Guise, et acquise par la ville de Paris, sous la prévôté de M. Turgot.

Plan de Turgot.

Plan de Paris commencé l'année 1734, dessiné et gravé sous les ordres de messire Michel Étienne Turgot, prévôt des marchands, achevé en 1739, levé par L. Bretez, gravé par Cl. Lucas, et écrit par Aubin. 1 vol. in-folio-atlantico de 21 feuilles.

Quadragésimal spirituel.

Voir, sur les éditions de ce livre bizarre, le Manuel du libraire, T. III, p. 881. Je me suis servi de l'édition de Jehan Janot, in-4° gothique.

R. 122 (ou 123).

Je cite ainsi, dans ma note sur la punition de Paris en 1383, les registres du Trésor des Chartes portant les n°s 122 et 123, etc., dont j'ai parlé au commencement de cette même note. Le second chiffre est celui de la pièce.

Recueil manuscrit des épitaphes de Paris.

Il y a plusieurs copies manuscrites de ce Recueil (fait au xviie siècle) dans les bibliothèques particulières. Le plus beau et le plus complet est à la Bibliothèque du Roi (Cabinet généalogique). Je me suis servi d'un exemplaire en 3 vol. in-4°, qui fait partie de mon cabinet. J'ai vu plusieurs exemplaires de ce Recueil où manquoient les épitaphes de l'église Saint-Séverin.

Reg. du parlement, plaid. civ.

Voy. *Plaidoieries civiles.*

I

Rues et églises de Paris.

Les rues et églises de Paris, avec la dépense qui se fait chacun jour, etc., In-4° gothique. Voy. *Corrozet*.

Sainte-Aulaire.

La fauconnerie de François de Saincte-Aulaire, sieur de La Renodie en Périgort, gentilhomme Lymosin. Paris, 1619. In-4°.

L'auteur de ce livre très-rare dit que son ouvrage a été revu en manuscrit par le connétable de Luynes.

Sauval.

Antiquités de Paris. Paris, 1724. 3 vol. in-fol.

Secousse.

Mémoires pour servir à l'histoire de Charles II, roi de Navarre. Paris, Durand, 1758.—Recueil de pièces servant de preuves aux mémoires, etc. Paris, 1755. 2 vol. in-4°.

Songe de Pestilence.

Voy. *Modus*.

Table des Mémoriaux de la chambre des comptes.

Ces tables sont déposées aux Archives du royaume, et renvoient aux mémoriaux qui n'existent plus depuis les incendies du Palais. Il reste cependant quelques pièces recopiées sur des expéditions ou sur des copies *vidimées* prêtées par des particuliers depuis les incendies, et aussi différens exemplaires d'extraits des mémoriaux faits à diverses époques pour des magistrats.

Taillevent.

Voir, sur les manuscrits connus de cet ouvrage, l'introduction, p. xxxv.

Quand je cite le Taillevent imprimé, je parle de la première des éditions du xv° siècle décrite par M. Brunet, dont je possède le seul exemplaire connu (celui de MM. Baron et Huzard).

Trésor de dom Villevieille.

Extraits de chartes, cartulaires et autres documens historiques recueillis par dom Villevieille, et classés par noms de famille. Ce précieux recueil est aujourd'hui au Cabinet généalogique (partie de la Bibliothèque royale confiée à la surveillance si compétente et si éclairée de M. Léon Lacabane).

Trésor de santé.

Le Thrésor de Santé, ou Message de la vie humaine, divisé en dix livres, lesquels traictent de toutes sortes de viandes et breuvages ; faict par un des plus célèbres et fameux médecins de ce siècle. Lyon, J. A. Huguetan, 1616, in-8º.

Il doit exister des exemplaires de cette édition avec la date de 1607, car le dernier feuillet porte : *A Lyon, de l'imprimerie d'Estienne Servain*, 1607.

Il résulte des termes de la dédicace de cet ouvrage, adressée par le libraire à M. de Villars, premier président au parlement de Dombes, que l'auteur avoit dans ces matières une longue expérience *qui l'avoit approché* (comme médecin?) *de la première et plus chère personne de ce royaume* (du roi?), et n'avoit pas voulu être nommé dans l'édition qu'il supposoit devoir être faite de son livre. Il semble qu'il étoit mort lorsque le libraire écrivoit sa dédicace, et je crois cet ouvrage composé au xviᵉ siècle. Il est curieux et rare, et n'a pas été connu de Legrand d'Aussy.

Trésor des chartes, 90, 131.

Ces mots signifient : Registre 90 du Trésor des Chartes, pièce 131.

Trésor de Vénerie.

Poëme écrit en 1394 par messire Hardouin de Fontaines, chevalier, seigneur de Fontaines-Guérin en Anjou. Je compte donner incessamment une édition avec notes très-détaillées de cet ouvrage intéressant pour l'histoire de la fin du xivᵉ siècle, et aussi pour la province d'Anjou.

Plusieurs feuilles sont déjà imprimées.

Variétés historiques.

Variétés historiques, physiques et littéraires, ou recherches d'un sçavant, etc. Paris, Nyon, 1752. 6 parties en 3 tomes in-12.

Recueil de dissertations déjà imprimées dans des journaux du temps, et qui ne sont pas toutes du même auteur, comme le titre précédent pourroit le faire croire, mais bien de Lebeuf, Boucher d'Argis et autres.

Venette (le carme Jean de), continuateur de Nangis.

M. Géraud, dans l'édition qu'il a donnée, pour la Société de l'Histoire de France, des *Chroniques de G. de Nangis et ses continuateurs jusqu'en* 1368, Paris, 1843-5, 2 vol. in-8°, me semble avoir bien prouvé que le carme Jean de Venette étoit l'auteur de la dernière continuation de Nangis.

Viandier.

Je cite sous ce nom les articles 4 et 5 de la troisième distinction, excepté quand je parle du *Viandier de Taillevent;* dans ce cas, c'est l'ouvrage de Guillaume Tirel. Voy. *Taillevent* dans cette liste, et l'Introduction, p. xxxii.

CORRECTIONS ET ADDITIONS.

Tome I, page 3, ligne 4, au lieu de *au tel*, lisez *autel* (pareil).

Page 4, note, au lieu de *dix-huit*, lisez *dix-sept*.

Page 71, note sur les jeux.

Suivant l'auteur d'un article fort intéressant et bien fait, inséré dans le *Magasin pittoresque* de février 1847, p. 67, sur un volume très-rare (intitulé : *les trente-six Tableaux contenant tous les jeux qui se peurent jamais inventer...* Paris, Nicolas Prévost, 1589, in-4° oblong, aujourd'hui en ma possession), le jeu de *pince-mérille* étoit analogue à celui de *Je te pince sans rire*. On pinçoit le bras en disant : *Mérille* ou *Morille*. La partie de l'estampe du volume original qui me paroît représenter le jeu de *pince-mérille*, est ainsi composée : trois jeunes filles sont assises : un garçon les regarde, et penché vers elles, a la main gauche sur leurs genoux ou au moins tout près. Sa main droite est étendue comme pour repousser ou éloigner quelqu'un. Il tourne le dos à un cinquième joueur placé à distance, qui, le poing gauche sur la hanche et la main droite en avant, montre un ou plusieurs doigts, comme pour indiquer un nombre aux jeunes filles.

Tome I, page 76, *Item* l'en dit aussi que les roynes.... jamais ne baiseront hommes.

Cependant la noblesse, qui s'est en général toujours rapprochée le plus possible des mœurs de la cour, avoit des principes tout différens. En 1395, Jeanne de Champflory, femme de Pierre de Couveignon, écuyer, plaidant contre son mari, dont elle étoit séparée de fait, disoit qu'il étoit devenu jaloux d'elle, *pour ce que, par manière des nobles, elle baisoit ses parens* (*Plaid. civiles*, X, 500 et 604, v°). Henri Estienne cite encore, dans son *Apologie pour Hérodote* (1735, I, 84), un passage des sermons de Menot, relatif au même usage : « Si madamoiselle, dit-il, est en l'église, et arrive « quelque gentillastre, il faut (*pour entretenir les coustumes de no-* « *blesse*), encore que ce soit à l'heure qu'on est en la plus grande

« dévotion, qu'elle se lève parmi tout le peuple, et qu'elle le baise
« bec à bec. *Ad omnes diabolos talis modus faciendi!* » Cette mode
ne fut cependant pas toujours universelle. Sauval raconte (II, 465),
qu'une dame de Blois, faisant hommage d'un fief, refusa de baiser
son suzerain à la bouche, comme c'étoit la coutume entre le seigneur et le vassal. Il en résulta un procès que le suzerain perdit, et
il fut décidé que l'hommage étoit valable.

Tome I, page 131, ligne 1, au lieu de *serait*, lisez *seroit*.
Page 137, note sur Gilles Labat.

Gilles Labat est dit procureur *général* au parlement dans les lettres de rémission qu'il obtint en 1383 : j'ai remarqué, t. II, p. 104,
qu'il ne pouvoit avoir eu cette qualité et qu'il n'étoit très-proba-
blement alors que procureur au parlement, comme il l'étoit encore
en 1385 (et en 1397). Je crois pouvoir expliquer maintenant comment Gilles Labat, qui n'étoit évidemment que *procureur* au parlement, est qualifié de procureur *général* dans un acte émané de la
chancellerie, et qu'il est difficile de supposer fautif. Autrefois le mot
procureur signifioit simplement *fondé de pouvoirs*, et on trouve à chaque instant des gens de toutes qualités comparoissant, signant, etc.,
comme *procureurs* de leurs amis. La qualité de *général* ajouté au
mot procureur signifioit, dans certains cas, que le mandataire étoit
chargé de toutes les affaires du mandant ; mais elle pouvoit signifier aussi, quand elle s'appliquoit à un procureur au parlement ou
au Châtelet, qu'il étoit par état et non par occasion procureur ou mandataire *en général*. Cette assertion me paroît justifiée par le passage
suivant d'une plaidoirie de 1394, qui s'applique, il est vrai, aux procureurs au Châtelet, mais qui permet de supposer que les procureurs
au parlement, placés dans une position supérieure, pouvoient bien
aussi recevoir, dans quelques occasions, l'épithète de *général*. Leur
nombre étant d'ailleurs illimité, on conçoit que cette épithète leur ait
été encore plus utile qu'aux procureurs au Châtelet (limités à quarante), pour se distinguer des procureurs ou mandataires spéciaux :

« Toutes les cours qui ressortissent (au Châtelet) se gouvernent
« selon le stille de chastelet, et pour ce les procureurs qui sont
« *procureurs générals* léans, qui ne font que fait de procuration de-
« vant le prévost, sont advocas ès cours subjetes... En 1378 ou en-
« viron, en Chastelet n'avoit point de nombre (*limité*) de procu-

« reurs , et pour ce que plusieurs inconvéniens s'ensuivoient pour
« la multiplication, par le roy fu ordené qu'il n'y aroit en Chastelet
« que quarante *procureurs généraulx*. Ce fit messire Hugues Aubriot,
« et a duré quinze ans. »

Au reste, les procureurs au Châtelet et au Parlement étoient plus
habituellement dits *procureurs* que procureurs généraux (voir ci-
après remarque sur la page 116, n° 3). Le procureur général est
ordinairement nommé le *procureur général du Roi*, et, le plus souvent, le *procureur du Roi*.

Page 140, note sur le bailli de Tournay, au lieu de
Il est assez difficile, etc., lisez :

Il me semble que le bailli de Tournay, dont parle ici l'auteur du
Ménagier, doit être messire Tristan du Bos , personnage assez important au xiv° siècle, et premier bailli de Tournay. Il avoit d'a-
bord été bailli de Lille, mais il fut rappelé lors du mariage du duc
de Bourgogne, et fait bailli de Vermandois. En 1383, il fut envoyé
par le Roi à Tournay avec le comte de Sancerre et autres réforma-
teurs, et nommé alors bailli de cette ville. Il est dit dans une plaidoirie de novembre 1385 que « le bailli de Tournay étoit du conseil
du roi et *sages homs*, et avoit gouverné plusieurs bailliages, » ce qui
s'applique bien à messire Tristan du Bos, bailli de Lille, puis de
Vermandois, et mentionné plusieurs fois (le 6 novembre 1392, etc.)
comme assistant aux séances du Parlement, où viennent les princes
et le grand conseil. Je crois que c'est bien lui qui figure en qualité
de maître des requêtes dans l'ordonnance de Vernon en date de
février 1388-9 sur l'organisation de la maison du roi. Les requêtes
de l'hôtel suivant partout le roi, il semble difficile qu'il ait pu cu-
muler l'emploi de maître des requêtes avec celui de bailli de Tournay, et il y a lieu de croire qu'il fut nommé maître des requêtes en
même temps qu'Henry Le Manier (voy. p. 140) fut nommé bailli de
Tournay. Il paroît au reste avoir plus marqué comme magistrat que
comme militaire; car les habitans de Tournay, pour prouver qu'ils
pouvoient bien se défendre sans bailli royal, disoient en février 1394-5 que messire Tristan ayant voulu arrêter un certain
Louis Despiés hors de Tournay, avoit vu massacrer les Tournisiens
qui l'accompagnoient, et avoit été obligé de se réfugier dans le clo-
cher de Wertaing. Dix mille habitans de Tournay avoient été , en

armes, le tirer de là pour l'honneur du roi, puis arrêter Louis
Despiés, et brûler la ville qui lui avoit donné asile. En 1395, il étoit
prévôt de l'église d'Arras (*Plaid. civiles*, X, 483, 515). Messire
Tristan du Bos ayant été longtemps bailli de Tournay et étant
souvent venu à Paris, avoit nécessairement eu occasion de se ren-
contrer avec l'auteur du *Ménagier*, magistrat comme lui, ainsi que
je crois l'avoir prouvé dans l'introduction. Il étoit encore maître
des requêtes le 12 novembre 1400 (*Matinées* III), et plaidoit, en
mars 1400-1, pour la terre de Beaucamp, mouvante du seigneur
de Heilly, qu'il avoit achetée en 1398.

Page 149, note sur le Sire d'Andresel.

Des lettres de rémission, accordées en avril 1364 à Jean de Melun seigneur de la Borde le Vicomte, lettres qui se trouvent dans
le registre LXXXIX du *Trésor des Chartes* (pièce n° 755) et qui m'ont
été signalées par M. Grésy, font connoître la nature de la rémission accordée à Jean d'Andresel, et donnent en même temps de
nouveaux détails sur sa position et sa conduite en 1359. Il est dit
dans ces lettres que Jean d'Andresel, capitaine général de Brie,
avoit soudoyé un certain nombre de gens d'armes, pour résister
aux Anglois et Navarrois; mais que la supériorité des forces enne-
mies, et les grands frais qu'entraînoit la réunion d'un corps aussi
considérable l'avoient décidé à le dissoudre, et à renvoyer les gens
d'armes dans leurs garnisons. Il avoit ordonné, du consentement
des habitans du pays, que les gens d'armes seroient payés de leurs
gages au moyen d'un subside levé par feu dans le pays de Brie,
l'impôt payé par chaque localité étant spécialement et directement
affecté au payement d'un corps désigné d'avance; chaque garnison
devoit se tenir prête à marcher au premier ordre. On conçoit qu'un
pareil arrangement ait donné lieu à plusieurs désordres, à plusieurs violences de la part des gens d'armes quand l'imposition ne
leur étoit pas régulièrement payée; c'est ce qui étoit arrivé à Jean
de Melun pour les troupes sous ses ordres, et il me paroît évident
que la lettre de rémission accordée à Jean d'Andresel devoit avoir
(comme je l'avois pressenti) un semblable motif.

On trouve dans Rymer (éd. de 1830 T. III), plusieurs pièces intéressantes sur le séjour de Jean d'Andresel en Angleterre. Il promit d'abord, avec les autres otages, le 20 février 1361-2, sur son

honneur et état de chevalerie, d'être loyal otage au roi d'Angleterre, de taire ses secrets, de demeurer dans une ville ou cité quelconque, et de n'en sortir qu'avec la permission du roi, sauf qu'il
lui étoit permis d'en sortir le matin pour s'ébattre, et d'y rentrer
au soleil couchant.

Le 13 mai 1363, Jean d'Andresel, étant aux Jacobins de Londres,
reçut licence et congé d'aller en France *pour aucunes grosses be-
sognes touchant la paix*. Il promit à cette occasion de ne pas s'ar-
mer contre l'Angleterre pendant le séjour qu'il alloit faire en
France, *et de remettre son corps en otage en la cité de Londres* au
plus tard le jour de la Toussaint. Ce fut au reste malgré le roi
Jean qu'il obtint cette mission. Ce prince avoit écrit le 26 janvier
au roi d'Angleterre, de Villeneuve-lès-Avignon où il étoit alors,
qu'il avoit vu le traité fait entre l'Angleterre d'une part, et le duc
d'Orléans, ses enfans et son conseil de l'autre, et qu'il le confirmoit, sauf qu'il désiroit voir délivrer Pierre d'Alençon, le comte
Dauphin d'Auvergne et le sire de Coucy, au lieu du comte de
Grantpré, du sire de Clere et du *sire d'Andresel*. Le roi d'Angleterre ayant refusé cet échange, le roi lui écrivoit encore, le 13 mars[1],
qu'il confirmoit le traité malgré son refus, mais qu'il n'auroit pas
cru *que de si petit de chose il lui dût faillir*.

Froissart a dit que plusieurs des otages du roi Jean n'exécutè-
rent pas loyalement leurs promesses. Je ne sais si ce reproche est
fondé pour quelques-uns, mais il ne sauroit, en tout cas, s'appliquer au sire d'Andresel. C'est ce que prouve la pièce suivante en
date du 16 juin 1365, qui prononce la mise en liberté définitive
de Jean d'Andresel dans des termes bien honorables pour sa loyauté :

« Le Roy, au noble homme Johan sire d'Andresel, salutz. Par
« contemplation de nostre très-cher et très-amé frère le duc d'Or-
« liens, veuilliantz faire à vous faveur, desport, et grace espécial,
« de nostre certeine science nous confessons que vous avez bien et

---

[1] Rymer date ces pièces de 1363, mais c'est de 1363 nouveau style,
c'est-à-dire en faisant commencer l'année au 1er janvier et non à Pâques.
En effet, suivant la Chronique de Saint-Denis, dont l'exactitude chrono-
logique est irrécusable, le roi Jean, qui étoit entré à Avignon le 20 novembre 1362, s'embarqua à Boulogne le 3 janvier 1363 (1304 nouveau
style) pour retourner en Angleterre, et y mourut le 8 avril suivant.

I

« loialment tenuz par devers nous hostage depuis le temps que
« vous nous estoiez baillée parmy la paix.

    « Et des ore nous vous délivrons pleinement dudit hostage, et vous
« quitons et absolvons par ces présentes lettres de toutes promesse,
« foits, seremens, obligations et convenances que fait nous avez à
« cause dudit hostage.

    « Et volons et consentons et nous pleist que vous soietz des ore
« en avant francs de vostre persone comme quites et délivres à
« plein dudit ostage.

    « Promettans par nostre foy et serement les choses dessusdites
« et chascune d'icelles tenir et garder, et noun venir encontre : toutes
« autres obligations, promesses, convenances... faites à nous et à nos
« heirs par ladite paix et quantque est compris ès lettres sur ceo
« faites demourants toutdis en leur effect, force et vertu; asqueles,
« quant as choses qui ne touchent vostre présente délivrance, nous
« ne volons que aucun préjudice se puisse faire en temps à venir à
« cause de cestes nos letres.

    « Qui furent faites et donnés à nostre chastel de Wyndesore, le
« 16ᵉ jour de juyn, l'an de grâce mil trois cent soixante et quint,
« et de nostre règne le trente neofisme. » (*Rymer, éd.* 1830, t. III,
« p. 604, 685, 694, 700 et 774.)

Tome I, page 171. Supprimez la note 1.

Voir sur les tranchoirs les nombreux passages indiqués à la table.

Tome I, pages 173 et 174, note sur les verrières.

Quoique le verre fût relativement d'un assez haut prix à la fin
du xivᵉ siècle, il me paroît étonnant que l'auteur du *Ménagier*,
évidemment riche, n'ait pas eu de fenêtres vitrées. M. Champol-
lion a cité dans ses *d'Orléans* (IIIᵉ partie, p. 13), divers documens
desquels il résulte qu'un panneau de verre neuf coûtoit 4 sols le
pied (quarré?) quand il étoit peint simplement (portant une devise), et
3 sols 6 deniers quand il étoit sans aucun ornement. En tenant compte
de la dépréciation de l'argent, 3 sols six deniers ne peuvent pas représenter plus de 7 francs de notre monnoie. Il semble donc que
c'étoit une dépense abordable pour les fortunes moyennes. En
1395, Idete des Marès, femme en premières noces de maître Jean
de Fontaines (voir T. II, p. 119), et, en secondes, de Jean Thomas,

et fille du célèbre Jean des Marès décapité en 1383, louoit 20 francs par an une maison dans laquelle il y avoit des fenêtres vitrées (voir mon *Mémoire sur les Maillotins*). Comment donc l'auteur du *Ménagier* se contentoit-il de parchemin?

Tome I, page 174, ligne 1, Table dréciées.

Les tables étoient donc alors seulement posées sur des tréteaux.

Tome I, page 221, note 1re, sans doute l'auteur du *Liber de amore*.

Je n'ai cependant pas trouvé ces passages dans le *Livre d'amours auquel est relatée la grant amour et façon par laquelle Pamphille peut jouyr de Galathée, et le moyen qu'en fist la maquerelle*. Paris, Vérard, 1494, in-fol. — Les passages cités dans le *Ménagier* doivent donc être tirés d'un des autres auteurs cités dans le Manuel du Libraire au mot *Pamphile*.

Tome II, page 32, vers 1, Et de ceulx qui vestent les rois.

On lit dans Christine de Pisan, p. 93 de l'édition Poujoulat :

« Il rencontra un de ces ribaulz *vestus d'une roiz* qui par chemin « souloyent aler. »

L'auteur de la traduction qui est au bas de la page a rendu ce mot par *blouse*. Je ne sais sur quoi il a fondé cette interprétation.

Tome II, page 38, colonne 1, vers 22, ... en el.

Dans ce lieu, là dedans.

Tome II, page 59, ligne 20, ... de males sanglantes fièvres.

L'épithète de sanglant étoit fréquemment employée dans les invectives, sans qu'on puisse bien s'en expliquer le motif. C'est ainsi qu'on voit dans le récit d'une querelle de Pierre de Lesclat, célèbre conseiller au parlement et confident du duc de Berry, avec Raoul Drobille, procureur au parlement, ce dernier dire à Pierre : *Je ne doubte toy ne ton povoir! un sanglant é.... en ta gorge! Je crois que c'est de là qu'est restée l'expression d'injure sanglante.*

Tome II, page 64, ligne 12, Par engins d'aisselles.

Ce doit être sans doute le piége connu sous le nom de *quatre-de-chiffre*.

Tome II, page 73, ligne 6, Ne bube ne malen.

Peut-être faut-il lire *mal en* (mal dedans, *malum intùs*).

Tome II, page 89, ligne 7, D'autre part, de l'eaue.

Mettez deux points après *l'eaue*.

Tome II, page 90, ligne 24, La saison des truites commence en....

Suppléez *mars ou mai*, suivant ce qui est dit p. 190.

Tome II, pages 94 et 97.

Les menus VI et XII sont les mêmes, à quelques variantes près.

Tome II, page 96, menu X.

C'est un dîner de poisson et non de chair, et ce menu est, à très-peu de chose près, le même que le XXIVᵉ.

Tome II, page 99, menu XV, Brouet lardé.

Peut-être est-ce une faute pour *bouli lardé*.

Ib. **Cine (cygne).**

Ce pourroit être civé.

Tome II, page 100, menu XVI, Drois au persil.

On appeloit *droits*, en fait de venaison, certains morceaux recherchés qu'on mettoit à part pour le seigneur ou maître d'équipage quand on défaisoit le cerf.

Tome II, page 103, n. 1.

Au lieu de *gros poisson salé*, lisez : marsouin, dit encore en anglois *purpoise*. Voy. p. 198.

Tome II, pages 104 et 105, note sur l'abbé de Lagny.

J'ai encore vu un abbé de Lagny assistant à l'ouverture du parlement le 2 janvier 1387-8.

L'abbé nommé dans le *Ménagier* ne peut être le second (Pierre II)

cité dans la *Gallia christiana*. Il est parlé en effet, dans une plaidoierie du 18 mai 1391, du prieur de Saint-Thibaut, *à présent*
abbé de Lagny. Ces mots indiquent que ce prieur étoit devenu abbé
en 1390 ou 91. L'abbé de Lagny vivant en 1379 n'étoit donc plus
à la tête de cette abbaye en 1396.

Tome II, page 113, note sur la Pierre-au-Lait.

La position que j'ai assignée à ce lieu est confirmée par deux
passages des comptes de la prévôté de Paris donnés par Sauval
(III, 279 et 348), dans lesquels cet emplacement est dit tenir à la
ruelle Jean Lecomte (rue Trognon, comme l'a dit Jaillot, — voir Corrozet, 1543, — et non rue d'Avignon, comme l'a cru M. Géraud),
et faire face à la ruelle du porche Saint-Jacques. Remarquons encore que cette position est encore la même que celle indiquée par
Jaillot pour la fin du xviiie siècle (Voy. Paris sous Philippe le Bel,
p. 257).

Il est parlé à plusieurs reprises de la Pierre-au-Lait dans les contes
d'Eutrapel. Noël du Fail, auteur de ce curieux ouvrage, dit que
c'étoit de son temps un lieu mal hanté et habité par des escrocs
(f° 42 de l'éd. de 1585). Il appelle aussi échevins de la *Pierre-au-
Lait* des gens habiles à tricher au jeu.

Tome II, page 116, hôtel de Beauvais.

Sauval a dit, t. II, p. 109, qu'il ignoroit où étoit l'hôtel des
évêques de Beauvais. Il paroît qu'il le découvrit depuis, car on lit
au tome III de ses *Antiquités de Paris*, p. 260, dans les comptes de
la prévôté de Paris que cet hôtel étoit rue du *Meurier* (du franc
mûrier). Cette rue étant parallèle et à peu de distance de celle des
Billettes, il y a lieu de croire que l'hôtel de Beauvais avoit des
portes sur chacune de ces rues.

Tome II, page 116, note 3.

Ce Jean Duchesne est qualifié procureur général (et ailleurs *procureur;* voy. p. LXXVIII) au Châtelet, dans un arrêt du 5 février
1400-1, qui confirma une sentence du prévôt de Paris dont il avoit
appelé. Il avoit demandé à rembourser, moyennant 42 florins à l'écu,
60 sous ou 3 livres de rente qu'il payoit annuellement à Louis Blanchet, seigneur de la Queue en Brie et premier secrétaire du roi,
sur une maison avec dépendances qu'il avoit à Romainville.

Tome II, p. 118, note 3.

Ajoutez : Le Ms. du roi, fonds latin, 4641 B, contient la béné-
diction et le formulaire du cérémonial usités en cette occasion ; je
les donne ici, quoiqu'ils puissent se trouver dans d'anciens ouvrages
liturgiques.

« *Benedictio thalami ad nuptias et als.* (aliàs?)

« Benedic, Domine, thalamum hunc et omnes habitantes in eo,
ut in tua voluntate permaneant, requiescant et multiplicentur in
longitudinem dierum. Per Christum, etc.

« *Tunc thurificet thalamum in matrimonio, postea sponsum et spon-
sam sedentes vel jacentes in lecto suo. Benedicentur dicendo :*

« Benedic, Domine, adolescentulos istos ; sicut benedixisti Tho-
biam et Sarram filiam Raguelis, ita benedicere eos digneris, Domine, ut in nomine tuî vivant et senescant, et multiplicentur in
longitudinem dierum. Per Christum, etc.

« Benedictio Dei omnipotentis, Patris et Filii et Spiritus sancti des-
cendat super vos et maneat semper vobiscum. In nomine Patris, etc. »

Tome II, p. 119, l. 20, Maître Jean de Fontaines.

C'est sans doute le gendre du célèbre Jean des Marès. (Voir ci-
dessus remarque sur la page 173 du tome I.)

Tome II, p. 129, l. 10.

Supprimez la virgule après *Nota.*

Tome II, page 134, note 1.

Élire ne peut signifier ici *écosser,* puisqu'il s'agit de vieux pois,
mais bien *choisir, éplucher.*

Tome II, page 139, ligne 9, L'en connoît les fèves des marais.... et les fèves des champs, etc.

Je pense que les fèves des champs sont les *haricots* d'aujourd'hui,
désignés encore quelquefois sous le nom de *fèves.*

Tome II, p. 154, note 3.

Lisez *feuillet* d iv v°, au lieu de *feuille,* etc.

Tome II, p. 181, l. 26, le Saupiquet.

Il y avoit en 1401, à Melun, une prison dite *Saupiquet,* (sans doute par une allusion facétieuse à cette sauce) *dans laquelle on ne se pouvoit tourner* (Matinées III, 68).

Tome II, page 181, note 2.

Ajoutez : Ou jaunie par la cuisson? L'acception la plus ordinaire du mot tanné est celle de *couleur de tan* (feuille morte).

Tome II, p. 202, note 3, sur le mot *auques*, au lieu de *presque* lisez *aussi*.

Tome II, page 251, n. 5, Et des poales à Villedieu.

Ce bourg de Normandie est encore nommé sur les cartes *Villè-dieu-les-poëles*. Il y a à la Bibliothèque royale (Manuscrits) d'anciens statuts des poëliers de Villedieu.

Tome II, p. 253, n. 5, Dans une curieuse chanson....

Voici le dernier couplet qui paroît avoir été omis par une méprise de l'imprimeur dans les *Chroniques de Saint-Denis* :

> L'an mil ccc iiii^{xx}, ·
> La veille de la Chandeleur,
> Par les clers et maistres divins
> Fus emprisonnés à douleur.
> Je croy souvent mues couleur
> Quant ne pues aler çà ne là ;
> *Envis muert qui apris ne l'a.*

On trouve à la suite de cette pièce deux rondeaux relatifs à l'infortuné prévôt.

Rondel à responce H. Aubriot.

> Cent mil fois je vous mercy
> De vostre vraie escripture.
> Semblant me monstrez d'amer, cy :
> Cent mil, etc.
> Mais je ne puis trouver mercy,
> L'université m'est trop dure :
> Cent mil, etc.

Autre Rondel.

> Je croy bien que c'est par mon vice
> Que Dieu cy durement m'acule. ·

Oncques-mais d'homme ne vy ce ;
Je crois bien, etc.
Car je ressemble à l'escrevisse :
Quand je cuide aler je recule.
Je crois bien, etc.

Tome II, page 318, note 4, ligne 9, Suivoient en volant les chiens pendant la quête.

Cette remarque ne s'applique qu'au vol des champs, ou chasse de la perdrix, car, pour d'autres chasses, celles au héron ou au milan par exemple, cela se passoit différemment. On en peut voir le détail dans d'Arcussia.

Tome II, page 322, note 4.

Ajoutez : Ou peut-être comme on l'a expliqué au commencement de ce traité.

Tome II, TABLE.

A l'article : *Additions faites au*, etc., ajoutez : *b*, 245. — Aux articles AUBRIOT, *Sa maison* et AYALA, ajoutez : *b*, 380. — Ajoutez : *b*, 381, aux articles Bos (Tristan du), *Flandres* et FROISSART, et *b*, 382, à *Estampes* et à *Gingembre*. — Après BOILEAU, etc., ajoutez : BONAMY, cité, *b*, 380.

(Voir page 380 du tome II, un *supplément aux corrections*).

BIBLIOTHÈQUE NATIONALE — R F — IMPRIMÉS

LE MÉNAGIER
DE PARIS.

PROLOGUE.

Hère seur, pour ce que vous estant en l'aage de quinze ans et la sepmaine que vous et moy feusmes espousés, me priastes que je espargnasse à vostre jeunesse et à vostre petit et ygnorant service jusques à ce que vous eussiez plus veu et apris; à laquelle appresure vous me promectiez de entendre songneusement et mectre toute vostre cure et diligence pour ma paix et amour garder, si comme vous disiez bien saigement par plus sage conseil, ce

1   A

croy-je bien, que le vostre, en moy priant humblement
en nostre lit, comme en suis recors, que pour l'amour
de Dieu je ne vous voulsisse mie laidement corrigier
devant la gent estrange ne devant nostre gent aussy,
mais vous corrigasse chascune nuit ou de jour en jour
en nostre chambre et vous ramentéusse les desconte-
nances ou simplesses de la journée ou journées passées
et vous chastiasse se il me plaisoit, et lors vous ne
fauldriez point à vous amender selon ma doctrine et
correction et feriez tout vostre povoir selon ma voulenté, si comme vous disiez. Si ay tenu à grant bien
et vous loe et sçay bon gré de ce que vous m'en avez
dit et m'en est depuis souventes fois souvenu. Et sachez
sur ce, chère seur, que tout quanques je sçay que vous
aiez fait puis que nous fusmes mariés jusques cy et tout
quanques vous ferez en bonne intention m'a esté et est
bon et me plaist et m'a bien pleu et plaira. Car vostre
jeunesse vous excuse d'estre bien saige et vous excusera
encores en toutes choses que vous ferez en intention
de faire bien et sans mon desplaisir. Et sachiez que
je ne pren pas desplaisir, mais plaisir, en ce que vous
aurez à labourer rosiers, à garder violettes, faire chap-
peaulx, et aussi en vostre dancer et en vostre chanter
et vueil bien que le continuez entre nos amis et nos pareilz et n'est que bien et onnesteté de ainsi passer
l'aage de vostre adolescence féminine, toutesvoies sans
désirer ne vous offrir à repairier en festes ne dances de
trop grans seigneurs, car ce ne vous est mie convenable, ne afférant à vostre estat, ne au mien. Et quant au
service que vous dictes que vous me feriez voulentiers
plus grant que vous ne faictes se vous le sceussiez faire
et que je le vous apreigne, sachez, chère seur, qu'il me

souffist bien que vous me faciez au tel service comme vos bonnes voisines font à leurs mariz qui sont pareilz à nous et de nostre estat et comme vos parentes font à leurs mariz de pareil estat que nous sommes. Si vous en conseillez privéement à elles et après leur conseil si en faictes ou plus ou moins selon vostre vouloir. Car je ne suis point si oultrecuidé à ce que je sens de vous et de vostre bien que ce que vous en ferez ne me souffise assez et de tous autres services aussi, mais que il n'y ait barat, mesprisement ou desdaing, mais de ce vous gaittiez. Car jasoit-ce, belle seur, que je congnoisse bien que vous soiez de greigneur lignaige que je ne suis, toutesvoies ce ne vous garantiroit mie, car, par Dieu, les femmes de vostre lignaige sont si bonnes que sans moy et par elles mesmes seriez-vous asprement corrigée se elles le savoient par moi ou autrement; mais en vous ne fais-je point de doubte; je suis tout asseuré de vostre bien. Et toutesvoies, jasoit-ce, comme j'ay dit, que à moy ne appartiengne fors un petit de service, si vouldroie-je bien que vous sceussiez du bien et de l'onneur et de service à grant planté et foison et plus que à moy n'appartient, ou pour servir autre mary se vous l'avez après moy, ou pour donner plus grant doctrine à vos filles, amies ou autres, se il vous plaist et en ont besoing. Et tant plus saurez, tant plus d'onneur y aurez et plus loés en seront vos parens et moy aussi et autres entour qui vous aurez esté nourrie. Et pour vostre onneur et amour, et non mie pour moy servir, (car à moy ne convient mie service fors le commun, encores sur le moins) ayant piteuse et charitable compassion de vous qui n'avez, de long temps a, père ne mère, ne icy aucunes de vos

parentes près de vous, ne à qui de vos privées nécessités vous puissiez avoir conseil ne recours fors à
moy seul pour qui vous avez esté traicte de vostre
parenté et du païs de vostre nativité, ay pensé plusieurs fois et intervalles se je peusse ou sceusse trouver de moy mesmes aucune générale introduction légière pour vous aprendre et par laquelle, sans moy
donner telle charge comme dessus est dit, par vous
mesmes vous peussiez introduire parmy vostre paine
et labour. Et à la fin me semble que se vostre affection y est telle comme vous m'avez monstré le semblant
par vos bonnes paroles, il se peut acomplir en ceste
manière, c'est assavoir que une leçon générale vous
sera par moy escripte, et à vous baillée sur trois distinctions contenans dix-neuf[1] articles principalment.

LA PREMIÈRE DISTINCTION.

La première distinction d'icelles trois est nécessaire
pour acquérir l'amour de Dieu et la salvacion de vostre
âme et aussi nécessaire pour acquérir l'amour de vostre
mary et donner à vous en ce monde la paix que l'en
doit avoir en mariaige. Et pour ce que ces deux choses,
c'est assavoir la salvacion de l'âme et la paix du mary,
sont les deux choses plus principalment nécessaires
qui soient, pour ce sont-elles mises cy premièrement.
Et contient icelle première distinction neuf articles.

Le premier article parle de saluer et regracier Nostre
Seigneur et sa benoite mère à vostre esveillier et à vostre
lever et de vous atourner convenablement.

___

[1] Il n'y en a que dix-huit.

Le second article est de vous accompaigner convenablement, aler à l'église, eslire place, vous saigement contenir, oïr messe et vous confesser.

Le tiers article est que vous amez Dieu et sa benoite mère et continuellement les servez et vous mectez et tenez en leur grâce.

Le quart article est que vous gardez continence et vivez chastement à l'exemple Susanne, Lucresse et autres.

Le quint article que vous soiez amoureuse de vostre mary (soit moy ou autre) à l'exemple de Sarre, Rébecque, Rachel.

Le sixiesme article que vous soiez à lui humble et obéissant à l'exemple de Grisilidis, de celle qui ne voult rescourre son mary de noyer, et la mère Dieu qui respondit *fiat*, etc., de Lucifer, du puys, du bailly de Tournay, des religieux et des mariés, de madame d'Andresel, de Chaumont, de la Romaine.

Le septiesme que vous soiez curieuse et songneuse de sa personne.

Le huitiesme que vous soiez taisant pour celer ses secrets à l'exemple de Papire, de celle qui pont huit eufz, de celle de Venise, de celle qui revint de Saint Jaques et de l'advocat.

Le neuviesme et derrenier article est que se vostre mary s'essoie de foloyer ou foloye, que sans rigueur mais doulcement, saigement et humblement vous l'en retrayez comme Mellibée et dame Jehanne la Quintine.

LA SECONDE DISTINCTION.

La seconde distinction est nécessaire pour le prouffit du mesnage acroistre, acquérir amis et sauver le sien; pour secourir soy et aider contre les males fortunes de la vieillesse à venir, et contient six articles.

Le premier article est que vous aiez soing de vostre mesnaige, diligence et persévérance et regard au labour : mectez peine à y prendre plaisir et je feray ainsi d'autre part afin d'advenir au chastel dont il est parlé.

Le second article est que au moins vous prenez vostre esbatement et vous sachiez aucun peu congnoistre en curtilliage et jardinaige, enter en la saison et garder roses l'iver.

Le tiers article est que vous sachiez choisir varlets, portefais, aides ou autres fortes gens pour faire les dures besongnes qui d'eure en autre se pevent achever et aussi laboureurs, etc. Et en oultre cousturiers, cordouaniers, boulengiers, pasticiers, etc. Et par espécial varlets et chambrières d'ostel embesongner à grains tribler et remuer, robes nectier, éventer et essorer, commander à vos gens de penser des brebis, des chevaulx : garder et garir vins.

Le quart article est que vous, comme souverain maistre de vostre hostel, sachiez ordonner disners, souppers, mès et assietes, congnoistre le fait du bouchier, du poullaillier et savoir congnoistre les espices.

Le quint article que vous sachiez commander, ordonner, deviser et faire faire toutes manières de potaiges, civés, saulses et toutes autres viandes; idem pour malades.

LA TROISIÈME DISTINCTION.

La troisiesme distinction est de jeux et esbatemens aucunement plaisans pour avoir contenance et manière de parler et tenir compaignie à gens et contient trois articles.

Le premier article est tout de demandes d'esbatemens qui par le sort des dez, par rocs et par roys sont avérées et respondues par estrange manière.

Le deuxiesme article est de savoir nourrir et faire voler l'esprivier.

Le tiers article est d'aucunes autres demandes qui regardent compte et nombre et sont subtilz à trouver ou à deviner[1].

[1] Le second article relatif à la chasse de l'épervier est le seul qu'on trouve dans les trois manuscrits du *Ménagier*, encore est-il mal placé entre les troisième et quatrième articles de la seconde distinction. Cette circonstance pourroit faire croire que l'auteur n'a pas suivi jusqu'au bout de son livre le plan et la division établis ci-dessus, et qu'il a peut-être omis de traiter le sujet des premier et troisième articles de la troisième distinction.

On comprend de quel genre pouvoient être les ébattemens du troisième article, et on a dans le *Dodechedron de fortune* l'exemple de demandes *avérées et répondues par le sort des dés*. Mais que faut-il entendre par *rocs* et par *rois*? On sait que le Roc a été remplacé par la Tour dans le jeu d'échecs, et n'existe plus que comme pièce héraldique dans les armoiries de quelques familles. Étoit-ce donc à l'aide des rocs et des rois d'échecs que ces demandes d'ébattemens étoient répondues?

Il est parlé dans le *Chevalier de la Tour* (chap. 124 du ms. du roi, 7403) de chevaliers et dames jouant au *roy qui ne ment pour dire vérité du nom de s'amie*. C'est peut-être d'un jeu analogue que l'auteur du *Ménagier* a parlé ou comptoit parler dans cet article.

LE MÉNAGIER DE PARIS.

PREMIÈRE DISTINCTION.

ARTICLE PREMIER.

LE commencement et premier article de la première distinction parle de adourer et du lever; lequel vostre lever doit estre entendu matin. Et matin, en l'entendement que l'en peut prendre selon la matière dont nous avons à traictier, est dit de matines. Car ainsi comme entre nous gens ruraulx disons le jour depuis l'aube du jour jusques à la nuit, ou du soleil levant jusques à soleil couchant, les clercs qui

prennent plus subtillement dient que c'est le jour arti-
ficiel; mais le jour naturel qui tousjours a vint quatre
heures se commence à mienuit et fine à la mienuit en-
suivant. Et pour ce que j'ay dit que matin est dit de matines, je l'entens avoir dit pour ce que adonc sonnent
les matines pour faire relever les religieux pour dire matines et loenges à Dieu, et non mie pour ce que je
vueille dire que vous, belle seur, ne les femmes qui sont
mariées, vous doiez lever à celle heure. Mais je le vueille
bien avoir dit pour ce que se à ycelle heure vous oez
sonner matines vous louez adont et saluez Nostre Seigneur d'aucun salut, prière ou oroison avant ce que
vous vous rendormez; car à ce propos sont cy après
propres oroisons ou prières. Car, soit à celle heure de
matin ou au matin du jour, j'ay cy escript deux oroisons pour vous à dire à Nostre Seigneur, et deux autres
à Nostre Dame propres pour esveiller ou lever. Et premier s'ensuit celle de mienuit par laquelle, en ycelle
disant, vous regraciez Nostre Seigneur de ce que de sa
grâce il vous a donné venir jusques à celle heure. Et
direz ainsi :

Gracias ago tibi, Domine, etc.

C'est à dire en françois : Beau sire Dieu tout puissant qui es un seul en Trinité, qui estois, es et seras
en toutes choses Dieu benoist par les siècles, je te rens
grâce de ce que tu m'as daigné trespasser dès le commencement de ceste nuit jusques aux heures mati-
naulx, et maintenant je te requiers que tu me daignes,
par ta sainte miséricorde, ce jour trespasser sans pes-
chié, tellement que au vespre je te puisse comme à

mon Dieu et à mon Seigneur regracier, adourer et donner salut.

Item s'ensuit l'autre oroison à Nostre Seigneur en disant :

Domine, sancte pater, etc.

C'est à dire en françois : Beau sire Dieu tout puissant et père pardurable qui m'as donné parvenir au commencement de ceste journée par ta saincte vertu, garde moy d'encourir en aucun péril, si que je ne puisse décliner à aucun mortel péchié, et que par ton doulx atrempement ma pensée soit adrécée à ta saincte justice et voulenté faire.

Item s'ensuit les deux oroisons à Nostre Dame, et premièrement :

Sancta Maria, mater Domini, etc.

C'est à dire en françois : Marie, sainte mère de Nostre Seigneur Jhesu-Crist, ès mains de ton benoit filz et de toy commandé-je huy et tout temps mon âme, mon corps et mon sens. Sire, garde moy de tous vices, de tous péchiés et de toute temptacion d'ennemy et me délivre de tous périlz. Sire doulx Jhesu-Crist, aide moy et me donne santé d'âme et de corps, donne moy voulenté de bien faire, en ce siècle vivre justement et bien persévérer. Octroie moy rémission de tous mes péchiés. Sire, sauve moy en veillant, garde moy en dormant afin que je dorme en paix et veille en toy en la gloire de paradis.

Item s'ensuit l'autre oroison à Nostre Dame qui est toute en françois :

O très certaine espérance, dame deffenderesse de

tous ceulx qui s'y attendent! Glorieuse vierge Marie,
je te prie maintenant, que en icelle heure que mes
yeulx seront si aggravés de l'obscureté de la mort que
je ne pourray veoir la clarté de ce siècle, ne ne pourray
mouvoir la langue pour toy prier ne pour toy appeller et que mon chiétif cuer qui est si foible tremblera
pour la paour des ennemis d'enfer et sera si angoisseu-
sement esbahis que tous les membres de mon corps de-
fondront en sueur pour la peine de l'angoisse de la
mort, lors, dame très doulce et très piteuse, me daignes regarder en pitié et moy aidier à voir avec toy la
compaignie des anges et aussi la chevalerie de paradis, et que les ennemis troublés et espoventés de ton
secours ne puissent avoir aucun regart, présumpcion
ou souspeçon de mal à l'encontre de moy, ne aucune
espérance ou puissance de moy traire ou mettre hors de
ta compaignie. Mais, très débonnaire dame, te plaise
lors à souvenir de la prière que je te fais orendroit,
et reçoy m'âme en ta benoite foy, en ta garde et en
ta deffense; et la présente à ton glorieux filz pour
estre vestue de la robe de gloire et accompaignée à
la joieuse feste des anges et de tous les sains. O dame
des anges! O porte de paradis! O dame des patriarches, des prophètes, des apostres, des martirs, des
confesseurs, des vierges et de tous les sains et sainctes! —
O estoille de matin plus resplendissant que le soleil et
plus blanche que la noif! Je joing mes mains et eslieve
mes yeulx et fléchis mes genoulz devant toy! Dame
très débonnaire, pour icelle joie que tu eus quant ta
sainte âme se parti de ton corps sans doubte et sans
paour et fut portée présens les anges et archanges et en
chantant présentée à ton glorieux filz et receue et hé-

bergée en la joie pardurable, je te prie que tu me se-
coures et me viengnes au devant en icelle heure qui
tant fait à doubter. Quant la mort me sera si près,
dame, soies à m'âme confort et refuge et entens curieusement à la garder, si que les ennemis très crueux
d'enfer qui tant sont horribles à veoir ne me puissent
mettre au devant les péchiés que j'ay fais, mais iceulx
soient premièrement à ta prière à moy pardonnés et
effaciés par ton benoit enfant, et soit mon âme par
toy, très doulce dame, présentée à ton benoit fils et
à ta prière mise à la possession du repos pardurable et
de la joie qui jamais ne fauldra ! Amen.

Ces oroisons povez-vous dire à matines, ou à vostre
esveillier du matin, ou à l'un et à l'autre, en vous levant et vestant, et après vostre vestir, tout est bien,
et que ce soit à jeun et avant toute autre besongne.
Mais pour ce que j'ay dit en vous vestant, je vueil
en cest endroit un petit parler de vestemens. Sur
quoy, chère seur, sachiez que se vous voulez ouvrer
de mon conseil, vous aurez grant regard et grant advis
aux facultés et puissances de vous et de moy selon
l'estat de vos parens et des miens entour qui vous
aurez à fréquenter et repairier chascun jour. Gardez
que vous soiez honnestement vestue, sans induire nouvelles devises et sans trop ou pou de bouban. Et avant
que vous partiez de vostre chambre ou ostel aiez pa-
ravant avisé que le colet de vostre chemise, de vostre
blanchet ou de vostre coste ou surcot [1] ne saillent

---

[1] *Chemise*. Ce mot avoit alors la même signification qu'aujourd'hui.
Voir Du Cange au mot *Camisa*. — *Blanchet*, vêtement court, sorte de
camisole de drap ou flanelle blanche qu'on mettoit par-dessus la chemise.
Ce mot est encore cité dans cette acception par le dictionnaire de Tré-

l'un sur l'autre, comme il est d'aucunes yvrongnes, foles
ou non sachans qui ne tiennent compte de leur honneur ne de l'onnesteté de leur estat ne de leurs maris,
et vont les yeulx ouvers, la teste espoventablement levée comme un lyon, leurs cheveulx saillans hors de
leurs coiffes, et les colez de leurs chemises et cottes
l'un sur l'autre et marchent hommassement et se
maintiennent laidement devant la gent sans en avoir
honte. Et quant l'en leur en parle, elles s'excusent sur
diligence et humilité et dient qu'ils sont si diligens, la-
bourieuses et si humaines qu'elles ne tiennent compte
d'elles, mais elles mentent : elles tiennent bien si grant
compte d'elles que s'elles estoient en une compaignie
d'onneur, elles ne vouldroient mie estre moins servies
que les sages leurs pareilles en lignaige, ne avoir moins
des salutacions, des inclinacions, des réverences et du
hault parler que les autres, mais plus, et si n'en sont
pas dignes quant elles ne scevent garder l'onnesteté de
l'estat, non mie seulement d'elles, mais au moins de
leurs maris et de leur lignaige à qui elles font vergongne.
Gardez donc, belle seur, que vos cheveulx, vostre
coiffe, vostre cueuvrechief et vostre chapperon et le

voux, Blanchet signifioit par extension le drap blanc dont étoit fait le vêtement du même nom. — *Coste*, qui seroit mieux écrit cotte, comme au-
dessous, signifie ici robe, voir Du Cange, citation de la Vie des Pères, à
Surcotium. — *Surcot*, vêtement de dessus; mais en général moins chaud et plus
habillé que la houppelande. J'ai vu dans les *Plaidoiries criminelles du parlement* une bourgeoise *venant d'une noce pour laquelle elle avoit vestu un
surcot*, à qui une de ses parentes dit *qu'il est tard*, qu'elle dépouille son
surcot et que elle lui baillera *une houpelande et un chaperon.* (Avril 1404-5.)
* La coiffe enveloppoit toute la tête et étoit placée immédiatement sur
les cheveux. Le mot de *cueuvrechief* paroit désigner ici une sorte de bonnet
placé sous le chaperon. Les couvrechef et coiffes étoient d'étoffe légère.
Un inventaire dressé en 1384 des biens meubles de Jacqueline de Charny,

surplus de vos atours soient bien arengéement et simplement ordenés et telement que aucuns de ceulx qui
vous verront ne s'en puissent rire ne moquer, mais
doit-l'en faire de vous exemple de bon arroy, de sim-
plesse et de honnesteté à toutes les autres ; et ce vous
doit souffire quant à ce premier article.

LE SECOND ARTICLE.

Le second article dit que à l'aler en ville ou au
moustier vous accompaigniez convenablement selon
vostre estat et par espécial avec preudes femmes et fuiez
compaignie souspeçonneuse et jamais femme souspeçonneuse ne approchiez, ne ne souffrez en vostre compaignie ; et en alant ayant la teste droite, les paupières
basses et arrestées et la veue droit devant vous quatre
toises et bas à terre, sans regarder ou espandre vostre
regard à homme ne à femme qui soit à destre ou à
senestre, ne regarder hault, ne vostre regard changer en divers lieux muablement, ne rire, ne arrester
à parler à aucun sur les rues. Et se vous estes venue
à l'église, eslisez un lieu secret et solitaire devant un
bel autel ou bel ymaige, et illec prenez place et vous y
arrestez sans changer divers lieux, ne aler çà ne là[1],

femme de Jehan Saugete, écuyer, mentionne *quinze quevrechiefs de soie
et trois de lin pour atour et dix-neuf coiffes de soie jaune, de cendal et de
toile ou fil*. (Reg. du P. Jugés xxxii, 94.) Quant au chaperon, dont la
forme a varié, celui dont il s'agit ici me paroit devoir être la coiffure que
porte la femme dans la planche de la page 9. L'auteur de la plaidoirie
citée page 14 parle d'un amant qui coupa un morceau du chaperon de
sa maîtresse pour avoir un souvenir d'elle. La forme du chaperon représenté dans la planche fait bien voir comment cela étoit possible.

[1] Il sembleroit par ces mots qu'on n'avoit pas alors de bancs *réservés*

et aiez la teste droite et les bolièvres tousjours mouvans en disant oroisons ou prières. Aiez aussi continuellement vostre regart sur vostre livre ou au visaige de l'imaige sans regarder homme ne femme, peinture ne autre chose, et sans papelardie ou fiction, ayez le cuer au ciel et aourez de tout vostre cuer; et en faisant ainsi oyez messe chascun jour et vous confessez souvent; et s'ainsi le faites et persévérez, honneur vous sourdra et tout bien vous vendra. Et ce que dit est dessus doit souffire quant à ce commencement, car les bonnes preudes femmes entour qui vous repairerez, les bons exemples que vous prendrez à elles tant par leurs fais comme par leur doctrine, les bons vieulz prestres saiges et preudomes à qui vous vous confesserez et le bon sens naturel que Dieu vous a donné vous attraira et donra le remenant quant à ce second article.

LE TIERS ARTICLE.

Le tiers article dit que vous devez amer Dieu et vous tenir en sa grâce. Sur quoy je vous conseille que incontinent et toutes oeuvres laissées, vous vous dési-

dans les églises. La mention la plus ancienne que j'aie vu de cette attribution individuelle des bancs aux paroissiens est dans une délibération du conseil de fabrique de Saint-André-des-Ars, en date du 2 février 1577, qui parle des bancs affectés aux paroissiens, et de ceux qui *d'ancienneté* ont coutume de s'y mettre. Les églises collégiales n'avoient de bancs qu'autant qu'elles étoient en même temps paroissiales, c'est-à-dire qu'il y avoit des fonts baptismaux, et qu'on y faisoit le prône. (*Traité des Droits honorifiques*, par Maréchal, 1762, tom. I, p. 278 et 284). On m'a affirmé qu'avant la révolution il n'y avoit pas de bancs dans l'église cathédrale de Paris.

stez de boire ou mangier à nuit ou vespre, se très petit non, et vous ostez de toutes pensées terriennes et mondaines et vous mettez et tenez alant et venant en un lieu secret, solitaire et loing de gens et ne pensez à riens fors à demain bien matin oïr vostre messe, et après ce rendre compte à vostre confesseur de tous vos péchiés par bonne, meure et attrempée confession. Et pour ce que ces deux choses d'oïr messe et de confession sont aucunement différans, nous parlerons premièrement de la messe et secondement de la confession.

Et quant est de la messe, chère seur, sachiez que la messe a plusieurs dignités en drois estas ou degrés dont il nous convient parler et vous esclarcir. Et premièrement, après ce que le prestre est revestu et dit son *Confiteor* et mis en bon estat, il commence sa messe : et ce appelle-l'en *l'Introite* de la messe ; c'est le commencement ou entrée de la messe, ouquel endroit doit lors chascun homs et chascune femme refraindre ses pensées endroit lui et qu'il ne pense à chose mondaine qu'il ait oncques mais veue ne oye, car quant li homs ou la femme est au moustier pour oïr le service divin, son cuer ne doit mie estre en sa maison ne és champs, ne és autres choses mondaines et si ne doit mie penser és choses temporelles, mais à Dieu proprement, seulement et nuement, et à lui prier dévotement. Après *l'Introite* chantée ou dicte, l'en dit par neuf fois : *Kirie eleison, Christe eleison*, en signifiance qu'il y a en paradis neuf paires d'anges que l'en dit *gérarchies*, et de chascune paire ou gérarchie viennent à celle messe une quantité et non mie toute l'ordre, mais de chascune une partie. Si doit chascun prier à ces sains anges qu'ils prient pour lui à Nostre Seigneur, en disant :

O vous, sains anges, qui descendez de la gloire au Sauveur, pour lui ministrer et servir en terre, priez lui qu'il nous pardonne nos péchiés et nous envoie sa grâce.

Après, dit-on *Gloria in excelsis Deo ;* lors doit-on louer doulcement Nostre Seigneur en disant : Très doulx Dieu, glorieux et honnourés soiez-vous, loés soiez-vous, benoit soiez-vous, adourés soiez-vous, etc. Après dit-on les oroisons des Sains et de Nostre Dame. Si doit-on prier à la très doulce mère Dieu et aux Sains qu'ils prient pour nous, en disant : Très glorieuse mère Dieu qui estes moienne entre vostre doulz fils et les pécheurs repentans, priez pour moy à vostre enfant, et vous, benois Sains de qui on fait mémoire, aidiez moy et priez avec la dame des anges que Dieu par sa grâce me pardoint mes forfais et enlumine mon cuer de sa grâce. Après ce, dit-on l'*Épitre* qui est ainsi comme donner remembrance que un messaige vient qui apporte lettres faisans mencion que le sire de tout le monde viendra prouchainement. Après ce chante-l'en le *grée*[1] ou l'*alléluye* ou le *traict* en karesme et dit-on la *séquence* : c'est démonstrance que ce sont les ménestriers qui viennent devant et monstrent que le Seigneur est jà sur le chemin, et qui cornent pour resjoïr les cuers de ceulx qui attendent et ont espérance en la venue du souverain Seigneur. Après lit-on l'*Euvangille ;* c'est adonc la plus vraie et prouchaine messaigerie : car ce sont les bannières, les pannons et l'estendart qui monstrent certainement que adoncques le Seigneur est près, et lors se doit chascun taire et soy tenir droit,

---

[1] Var. B *Gréel*, Graduel.

mettre s'entente à oïr et retenir ce que l'Euvangille dit, car ce sont les propres paroles que Nostre Seigneur dist de sa bouche et lesquelles paroles nous enseignent à vivre, se nous voulons estre de la mesnie à icellui souverain Seigneur. Et pour ce doit estre chascun curieux et ententif à oïr icelles paroles de l'Euvangille et à icelles retenir. Après fait-on l'offrande en laquelle on doit offrir en la main du prestre aucune chose en signifiance que l'en offre son cuer à Dieu, en disant : Sainte Trinité, recevez mon cuer que je vous offre : si le faites riche de vostre grâce. Et en ce disant doit-l'en bailler son offrande. Après ce, quant le prestre se retourne de l'autel il dit que l'en prie pour lui : si en doit-l'en diligemment prier, car il entre en nos besongnes et fait oroisons pour nous.

Après ce, dit le prestre : *Per omnia secula seculorum :* Et puis : *Sursum corda.* C'est à dire : levez vos cuers à Dieu. Et le clerc et les autres respondent : *Habemus ad Dominum :* nous les avons à Nostre Seigneur. Dont doit-l'en appareillier et avoir son oeil au prestre. Après ce, chante-l'en la louenge des anges, c'est assavoir : *Sanctus, sanctus, sanctus.* Dont descendent les anges pour appareillier, avironner et garder la table sur laquelle Dieu descendra et par son seul regard repaistra ses amis et adonc entend-l'en à veoir sa venue et se doit-l'en appareillier ainsi comme bons amoureux subgiez s'appareillent quant le Roy entre en sa cité, et le doit-l'en amoureusement et en grant joie de cuer regarder et recevoir, et en le regardant regracier sa venue et luy donner louenges et salus, et en pensée et à basse voix lui faire ses requestes pour obtenir rémissions et pardons des meffais passés ; car il vient çà bas pour trois choses :

l'une, pour tout pardonner, se nous en sommes dignes ; la deuxiesme pour nous donner sa grâce, se nous le savons requérir ; la tierce pour nous retraire du chemin d'enfer.

Après est la *Paternostre* qui nous enseigne que nous le devons appeller père et lui prier qu'il nous pardonne nos meffais ainsi comme nous pardonnons à nos malfaiteurs les leurs, et aussi lui prions qu'il ne nous laisse point péchier ne estre temptés, mais nous délivre de mal ; *amen.* Après on dit *Agnus Dei* par trois fois et prie-l'en à Dieu qu'il ait mercy de nous et qu'il nous donne paix ; qui peut estre entendu paix entre le corps et l'âme, que le corps soit obéissant à l'âme : ou paix entre nous et nos adversaires ; et pour ce prent-l'en la paix. Après chante-l'en le *post-communion* et alors on doit dire et déprier Nostre Seigneur qu'il ne se vueille mie retraire de nous, ne nous laissier comme orphelins et sans père. Après dit-l'en les derrenières oroisons et adonc se doit-on retraire et recommander à la benoite vierge Marie et à elle requerre qu'elle vueille déprier son benoit chier enfant qu'il vueille demourer avec nous. Et quant tout est dit et achevé et le prestre dévestu, adonc doit-l'en icellui Seigneur remercier de ce qu'il nous a donné sens et entendement d'avoir oy sa benoite messe et veu son benoit sacrement qui donne remembrance de sa benoite nativité et de sa benoite passion et de sa benoite résurrection, et luy requérir qu'en persévérant au surplus, il nous doint vraye et parfaicte rémission. Et adoncques, chère seur, vous mettez toute seule, les yeux enclins à la terre, le cuer au ciel, pensez de tout vostre cuer très ententivement et cordialment à tous vos péchiés pour vous en deschargier et délivrer à celle heure. Mais pour vous adviser dès maintenant comment ce sera fait adonc, je vous en traicteray un petit selon se que j'en sçay et croy.

Chère seur, veulliez de par moy sur ce savoir que quiconques soit homme ou femme qui vueille à droit ses péchiés confesser au sauvement de l'âme de lui ou d'elle, il doit savoir que trois choses lui sont nécessaires ; c'est assavoir, contriction, confession et satisfacion ; et doit-il ou elle savoir que contriction requiert douleur de cuer en grans gémissemens et repentances et convient que en grant contriction et très humblement le pécheur requière pardon et mercy et déprie très affectueusement nostre créateur et souverain Seigneur qu'il lui vueille pardonner ce en quoy il l'a peu courroucier et offendre. Et sache le pécheur que sans contriction sa prière ne vault riens, puis qu'il ait sa pensée et son cuer ailleurs. Et, chère seur, vous en povez prendre exemple par un à qui l'en promist donner un cheval pour dire une *paternostre*, mais qu'il ne pensast autre part, et en disant la *paternostre*, il se pensa se cellui qui lui donnoit le cheval lui laisseroit la selle, et ainsi le maleureux perdit tout. Ainsi est-il de celui qui déprie Nostre Seigneur et ne pense point à sa prière ne à cellui qu'il déprie, et si a jà, par aventure, fait telle chose dont il a desservi à estre pendu au gibet d'enfer et si s'endort en ce péchié et n'en tient compte, et s'il estoit jugié en ce chétif monde par un petit prévost à estre pendu au gibet de fust ou de pierre, ou à paier une grosse amende qui est moins, et il cuidoit reschapper pour avoir contriction, pour plourer et pour prier le prévost ou juge, comment il le prieroit de bon cuer, en grans pleurs, en gémissemens et grans contrictions de

cuer sans penser autre part, et il ne peut mie plourer
ne prier du cuer le grant seigneur, son souverain et son
créateur qui des haultes fenestres de sa pourvéance où
il est lassus voit toute l'affection du cuer d'icellui pécheur ! Et si scet bien le pécheur que icellui Seigneur
est si piteux et si miséricors que pour très petite prière,
mais qu'elle fust de cuer contrict et repentant, il aroit
tout pardonné ; voire mesmes se la sentence estoit jà
donnée contre le pécheur, et fust ores icellui pécheur
condempné à mort, or puet icellui souverain tout
rappeller et quicte:, et il n'est prévost ne juge par deçà
qui pour plourer ne pour prière que le condempné
sceust faire, peust rappeller le jugement qu'il auroit
fait contre lui. Or regardez doncques, belle seur, quelle
comparoison est cy ! Et encores est-ce pis, car quant un
homs est condempné à mort par le souverain juge,
puis qu'il ne rappelle sa sentence, c'est à entendre
que la peine de sa mort est perpétuelle et pardurable,
et quant il est condempné par un prévost, la peine
de sa mort ne dure que un moment ; dont, belle seur,
n'est-il point de comparoison ne entre la puissance
des juges, ne entre la peine des jugemens. Et pour ce
vault-il mieulx, belle seur, plourer et avoir contriction
et adrécier sa prière à cellui qui a puissance souveraine
et absolue que à cellui qui n'a puissance fors que ordonnée et sur certaine forme qu'il ne peut passer. Car
icellui juge souverain est cellui qui à la fin nous exami-
nera et jugera. Et adonc, belle seur, quel compte lui
rendrons-nous des biens de fortune et de nature qu'il
nous a bailliés en garde et nous avons tout folement
despendu et mis à nostre usaige et à nostre délit, sans
en avoir riens baillié ne aumosné à lui ne aux souffre-

teux honteux et paciens qui pour l'amour et ou nom de lui nous en ont demandé ? Se en ce cas il nous argue de larrecin, que nous l'avons en ce desrobé, que respondrons-nous ? Item de nostre âme sa fille qu'il nous bailla saine et nette, sans tache et sans ordure, laquelle nous avons empoisonnée par les buvraiges du péché mortel, se il nous argue de murtre, en disant que nous avons tué sa fille que il nous avoit baillié en garde, quelle deffence arons-nous ? Item de nostre cuer, nostre corps qui est le chastel dont il nous avoit baillié la garde et nous l'avons livré à son ennemy, c'est le Déable d'enfer, quelle excusacion arons-nous ? Certes, belle seur, je ne voy mie que, se la benoite vierge Marie sa mère ne nous sequeurt comme advocate, que par le bon jugement d'icelui souverain juge nous ne soions pugnis et enchaînés au gibet d'enfer pardurablement comme larrons, comme murtriers et comme traictres, se les chaudes larmes de la contriction de nostre cuer ne chassent l'ennemy hors de nous en nostre présente vie ; mais ce se puet ainsi légièrement faire comme l'eaue chaude chasse le chien de la cuisine.

Après la contriction vient la confession qui a six condicions, ou elle ne vault riens. La première condicion de confession est que la confession soit faicte sagement : c'est à dire sagement en deux manières, qui est à entendre que le pécheur ou pécheresse eslise confesseur saige et preudomme. Et donc le pécheur doit avoir exemple et regart à ce que toute créature malade convoite sa santé, et pour sa santé recouvrer et avoir, désire plus à trouver le meilleur phisicien que le moins bon. Et doit icellui pécheur avoir regard que, puis que créature doit désirer la santé du corps qui est estour lourgable [1] et trespassable, par plus forte raison doit-il curer [2] de la noble âme qui est ordonnée à recevoir le bien perpétuel ou le mal pardurable. Et pour ce doit eslire très bon, très saige et très excellent phisicien pour recouvrer tantost la santé de l'âme qui est bléciée et malade, car s'il en prent un à l'aventure qui ne lui sache donner le remède de sa garison, il s'ensuit mort. Et vous le véez par exemple, car quant un aveugle maine l'autre, ce n'est pas de merveille se ils chéent tous deux en une fosse ; dont doit le pécheur ou pécheresse faire pourvéance d'un très saige et très clervoyant conseillier qui de tous ses péchiés lui sache donner remède et conseil et qui sache discerner entre l'un péchié et l'autre pour remède donner et que icellui confesseur ait toute sa pensée et son entente à oyr et concevoir ce que le pécheur lui dira, et aussi qu'il ait puissance d'absoldre. Et lors doit icellui pécheur estre avisé et avoir pensé par avant longuement et ententivement à tous ses péchiés, comme j'ay devant dit, pour savoir les tous dire et compter par ordre, et par membres et par poins les deviser à son confesseur et conseillier, et doit avoir douleur au cuer de ce qu'il fist le péchié et grant paour de la vengence de Nostre Seigneur, grant honte et grant repentence d'iceulx péchiés et avoir ferme espérance et voulenté certaine de soy amender et de jamais au péchié non retourner, mais les haïr comme venin, et avoir désir de voulentiers recevoir pour sa garison et santé recouvrer et faire joyeusement la pénitence que le confesseur lui vouldra enchargier.

---

[1] *Estour*, secours, nourriture du corps, et généralement tout ce qui sert à la vie. (V. Du Cange, au mot *Estorium*); *lourgable*, susceptible d'être consommé, de *lurcare*, dévorer. — [2] Avoir soin.

La seconde condicion de confession est que si tost que l'en est cheu en péchié l'en s'en doit hastivement et tost confesser. Car tu ne scez quant Dieu te touldra la parole et la santé, et pour ce est-il bon que on s'en confesse souvent. Les truans le preuvent assez qui de jour en jour et de heure en heure monstrent leurs plaies aux bonnes gens pour avoir nouvelle aumosne ; les bléciés monstrent de jour en jour leurs navreures aux mires pour avoir chascun jour hastif et nouveau remède de garison ; aussi doit le pécheur tantost monstrer et descouvrir son péchié pour avoir nouveau remède et plus plénière miséricorde.

La tierce condicion de confession est que on se doit du tout entièrement confesser et tout descouvrir à une fois et convient monstrer et ouvrir au mire toute la plaie ; il convient tout dire en très grant humilité et repentence et n'en riens oublier ne laissier derrière, et quelque gros morcel qui y soit, il convient qu'il passe oultre le neu de la gorge. Et se l'orgueilleux cuer du pécheur ne le veult endurer, face le signe de la croix devant sa bouche afin que l'ennemy qui lui estoupe les conduis de la parolle s'en aille ; et adonc le pécheur se contraigne à dire l'ort péchié qui tue son âme, car s'il atent plus, il l'oubliera par son attente, et ainsi ne s'en confessera jamais et par ce demourra en tel péril que pour cause de ce péchié où il sera demouré et dont il ne luy aura souvenu il ne fera jamais bien qui ne lui soit estaint vers Dieu, s'il n'y met sa grâce. Regardez doncques quel pardon il pourra jamais impétrer par jeûnes, par aumosnes, ne par travail de pelerinaiges qu'il face, quant il n'est confès entièrement ? Regardez comment il qui n'est vray confès, comment osera-il recevoir son créateur, et s'il ne le reçoit, comment il se déçoit et en quel péril il se met? Par aventure il cele à celle fois icellui péchié cuidant s'en confesser une autre fois bien brief, et il ne regarde mie qu'il est en la puissance de Dieu de lui tollir la parole quant il lui plaira, ou de le faire morir soudainement quant il vouldra. Ores s'ainsi est, il sera dampné par sa négligence et au jour du jugement il ne sara sur ce que respondre.

La quarte condicion de confession est que l'en se doit ordonnéement confesser et dire ses péchiés par ordre et selon ce que la théologie les met, et doivent estre mis l'un après l'autre sans trehoigner[1] ne entre-veschier[2], ne mettre le derrière devant, sans riens po-lir ne farder, sans lui deffendre et sans autruy accuser. Et doit le pécheur dire la condicion du péchié, com-ment il le pensa, quelle fut la cause et le mouvement de son penser, comment depuis il a pourchacié, fait, dit, ou fait faire . le temps, le lieu, pourquoy et com-ment il le fist : se le péchié qu'il fist est selon nature ou s'il est fait contre nature, s'il le fist sachamment ou ygnoramment, et doit icellui pécheur dire tout ce qui par icellui, les circonstances et dépendances peut grever son âme.

La quinte condicion est que on doit confesser tous ses péchiés à une fois, et à un confesseur et non pas à plusieurs confesseurs. L'en ne doit pas partir ses péchiés en deux parties pour dire l'une partie à un confesseur et l'autre partie à un autre, car la confession ainsi ma-licieusement faite ne seroit pas valable, mais seriez

[1] Je n'ai jamais vu ce mot : seroit-il ici pour *trahaigner*, traîner, tergi-verser? — [2] *Reverchier* signifie retourner : je crois qu'*entreveschier* veut dire *intervertir*.

plus grant pécheur en tant comme vous mectriez paine de enginier vostre confesseur qui représente la personne de Nostre Seigneur Jhesu-Crist.

La sixiesme condicion est que on se doit confesser dévotement, et très humblement avoir les yeulx vers la terre en signe de honte et de vergongne que l'en a de son péchié, et la pensée et le regart du cuer au ciel, car vous devez penser que vous parlez à Dieu et devez adrécier vostre cuer et vos parolles à lui, et à lui requérir pardon et miséricorde. Car c'est cellui qui voit tout le parfont de la voulenté de vostre cuer, ne le prestre n'y a fors que l'oreille.

Or avez-vous oy, chère seur, comment on se doit confesser; mais sachiez qu'il y a cinq choses qui empeschent confession; c'est assavoir : honte de confesser le péchié, mauvaise paour de faire grant pénitance, espérance de longuement vivre, et despérance de ce que l'en a si grant plaisir au péchié qu'on ne s'en puet partir ne repentir, et se pense-on que pour riens se confesseroit-on pour tantost rencheoir; et de ce c'est la mort.

Après la confession vient satisfacion que on doit faire selon l'arbitrage et le conseil du sage confesseur, qui se fait en trois manières; c'est assavoir en jeûne, en aumosne ou en oroison selon ce que vous orrez cy après.

Je avoie ci-devant dit que à vous confesser vous estoient nécessaires trois choses; c'est assavoir contriction, confession et satisfacion, ores vous ay-je monstré et enseigné de mon povoir qu'est contricion, et en après qu'est confession et comment elle se doit faire, et vous ay un petit touchié des cinq choses qui l'empeschent moult, auxquelles vous aurez regart et en

aurez souvenance s'il vous plaist, quant temps et lieu
sera; et au derrain vous ay monstré qu'est satisfacion.
Or vous monstreray-je pour prendre vostre advis[1] en
quoy vous povez avoir péchié; et prendrons premièrement les noms et les condicions des sept péchiés mortels
qui sont telement mauvais que auques[2] tous les péchiés
qui sont s'en dépendent, et les appelle-l'en mortels
pour la mort à quoy l'âme est traicte quant l'ennemi
peut le cuer embesongnier à l'ouvraige d'iceulx. Et
aussi, pour vous d'ores-en-avant contregarder d'iceulx
péchiés, vous monstreray et enseigneray les noms et la
puissance des sept vertus qui sont contraires aux sept
péchiés dessusdis et sont propres médicine et remède
contre iceulx péchiés quant le péchié est jà advenu, et
si contraires à iceulx péchiés que tantost que la vertu
vient, le péchié s'enfuit du tout.

Et premièrement s'ensuivent les noms des vices
desquels vous vous povez confesser se vous y avez erré,
et les noms des vertus sont après, pour icelles vertus
continuer par vous d'ores-en-avant :

Orgueil	est le péchié, la vertu contraire est	Humilité.
Envie	est le péchié, la vertu contraire est	Amitié.
Ire	est le péchié, la vertu contraire est	Débonnaireté.
Paresse	est le péchié, la vertu contraire est	Diligence.
Avarice	est le péchié, la vertu contraire est	Largesse.
Gloutonnie	est le péchié, la vertu contraire est	Sobriété.
Luxure	est le péchié, la vertu contraire est	Chasteté[3].

Or avez-vous oy cydessus les noms des sept péchiés
mortels et aussi des sept vertus qui donnent remède,

---

[1] Pour fixer votre idée, pour connoître. — [2] Aussi, également. — Var.
B presque. — [3] Cette nomenclature des vices et des vertus contraires se retrouve dans plusieurs ouvrages du moyen âge. Elle est avec de grands

or orrez-vous la condicion d'iceulx péchiés de l'un après l'autre et premièrement des sept péchiés, et à la fin d'iceulx trouverez les vertus qui aux péchiés sont contraires et les condicions d'icelles vertus.

Orgueil est la racine et commencement de tous autres péchiés. Le péchié d'orgueil a cinq branches. C'est assavoir : inobédience, jactence, ypocrisie, discorde et singularité.

Inobédience est la première branche, et par celle la personne pert Dieu et laisse ses commandemens et en désobéissant à Dieu elle fait la voulenté de la char, et acomplist ce que son cuer désire contre Dieu et contre raison; et tout ce vient d'orgueil.

La seconde branche qui vient d'orgueil est jactence; c'est quant la personne est haulsée et eslevée par orgueil ou des biens ou des maulx qu'elle a fais ou fait ou pourroit faire. Mais bien et mal, ces deux choses ne viennent pas de nous. Car le bien que créature fait vient de Dieu qui est bon et de sa grâce, et le mal vient de la mauvaise condicion de créature et de sa mauvaise nature, pour ce que elle se trait à la condicion de l'ennemy qui est mauvais. Et certes quant personne fait bien, pour ce qu'il vient de la bonne pourvéance de Dieu qui est bon, il en doit avoir l'onneur et la gloire, et la personne faisant bien en doit avoir le prouffit; et du mal nous devons haïr l'ennemy qui nous attrait et maine à ce par orgueil.

La tierce branche qui vient d'orgueil est ypocrisie.

développemens dans le *Calendrier des Bergers*, et elle a donné lieu à une sorte de roman allégorique curieux et bien écrit dans la suite mystique du Modus et Ratio, intitulée *le Songe de Pestilence*, et imprimée sous le titre de *Modus et Ratio de divine contemplacion*.

ypocrisie est quant la personne fait semblant par dehors qu'elle est pleine de vertus par dedens et qu'elle fait et dit plus de biens qu'elle ne fait. Et quant elle voit que l'en cuide qu'elle soit bonne, elle y prent grant plaisir et vaine gloire. Vaine gloire est le denier au Déable dont il achète toutes les belles denrées en la foire de ce monde et les denrées sont les biens que Dieu a donné à homme et à femme, c'est assavoir les biens de nature, les biens de fortune et les biens de grâce. Les biens de nature viennent du corps et sont beauté, bonté, bon langaige, bon sens pour entendre, bon engin pour retenir. Les biens de fortune sont richesses, haultesses, honneurs et prospérités ; et les biens de grâce sont vertus et bonnes oeuvres. Tous ces biens vend l'orgueilleux au Déable pour le faulx denier de vaine gloire. Tous ces biens abat le vent de vaine gloire. Et dois savoir que en ces biens de grâce qui sont vertus et bonnes oeuvres, comme dit est, est l'omme ou femme par le Déable tempté en trois manières. L'une quant la créature s'esjoïst des biens qu'elle fait ; l'autre quant la créature aime à estre loée de ses oeuvres, et la tierce quant la créature fait les biens en intencion d'avoir le los et d'estre tenu pour preudomme. Et teles personnes ypocrites ressemblent l'ort fumier lait et puant que l'en cuevre de drap d'or et de soie pour ressembler estre plus honnoré et mieulx prisié. Ainsi se cuevrent tels ypocrites qui mettent la bonne couverture dehors en intencion d'acquérir amis pour avoir plus grant bien ou plus grant office qu'ils n'ont et dont ils ne sont dignes, et tel bien que autruy possede qui plus en est digne que eulx. Et de ce advient souvent qu'ils désirent et pourchassent la mort de cellui qui tient l'office à quoy ils béent et ainsi deviennent mauvais murtriers. Quant il advient qu'ils vivent longuement en telle espérance et n'en pevent venir à chief, ains meurent en celle folie bée[1] où ils frisent[2] et ardent tous en tel convoiteux espoir, ils chéent tout droit ou font de la paelle[3] ou le Déable fait les fritures d'enfer. Ainsi leur bienfait[4] est perdu et ne leur vault pour ce qu'ils le font en male intencion. Hélas ! faulse monnoie dont vient ceste[4] Et ceste troisième branche d'ipocrisie vient d'orgueil.

La quarte branche qui vient d'orgueil si est discorde ou contencion. C'est à dire quant une personne ne se veult acorder au fait et au dit des autres personnes et si veult que ce qu'il dit ou fait soit tenu pour ferme et vray, soit voir[5] ou mensonge, et ce que autre et plus sage de luy dira soit de nulle value ; et tout ce fait vient d'orgueil.

La quinte branche qui vient d'orgueil si est singularité ; c'est à dire quant la personne fait ou dit ce que nul autre ne saroit dire ou faire et veult surmonter et estre singulier en dis et en fais excellentement en tout, dont il se fait haïr et pour ce dit-l'en que orgueilleux ne sera jà sans plait[6], et non est-il. Et tout ce vient d'orgueil, c'est assavoir inobédience, jacteuce, ypocrisie, discorde, et singularité.

Le pécheur ou pécheresse doit commencer sa confession en ceste manière : Sire qui estes vicaire et lieutenant de Dieu, je me confesse à Dieu le tout puissant et à la benoite vierge Marie et à tous les Sains de paradis, et à vous, chier père, de tous mes péchiés les-

[1] Vif désir. — [2] Brûlent (de frire). V. ci-après *le Viandier*. — [3] Poêle à frire. — [4] Il paraît manquer quelque chose, comme *perte des âmes*. — [5] Vrai. — [6] Procès.

quels j'ay fais en moult de manières. Premièrement
d'orgueil : j'ay esté orgueilleux ou orgueilleuse et ay eu
vaine gloire de ma beauté, de ma force, de ma louenge,
de mon excellent aournement, et de l'abilité de mes
membres et en ay donné matière et exemple de péchier
à moult de hommes et de femmes qui me regardoient
si orgueilleusement et quant je véoie que on me regardoit je considéroie la puissance que mes successeurs
auroient en leur temps, et aussi ma puissance, ma richesse, mon estat, mes amis et mon lignaige, et comme
il me sembloit que nul ne povoit à moy de toutes ces
choses que j'ay cy devant dictes [1], et par ce péchié d'orgueil je suis cheu ou cheue ès branches [2].

La première branche d'orgueil si est inobédience ;
car par orgueil j'ay désobéy à Dieu et ne luy ay pas
porté honneur ne révérence comme à mon créateur
qui m'a fait ou faicte et ma donné les biens de grâce de
nature et de fortune dont j'ay méserré [3] et mal usé et
les ay mis et despendus en mauvais usaiges comme en
vanités et honneurs du monde, sans lui recongnoistre
ou mercier, ne pour luy aux povres riens donner, ains
les ay eu en desdaing et en despit et pour ce qu'ils me
sembloient tous deffigurés et tous puans je ne les laissoie
aprouchier de moy, ains me tournoie de l'autre part,
afin que je ne les véisse. Je n'ay pas porté honneur ne
révérence à mes amis qui sont de mon sang et de ma
char, espécialment à mes père et mère et les prédécesseurs dont je suis venu, à mes frères et seurs naturels, à
mon mary et autres bienfaicteurs et souverains, ne à
mes autres frères et seurs d'Ève et d'Adam, car je n'ay

---

[1] Manque *se comparer.* — [2] *... d'icelui.* — [3] Mal erré, *male erravi.*

nul autre prisié fors moy tant seulement. Et quant on
m'a voulu monstrer mon bien et corrigier de mon mal
quant je l'ay eu fait, je ne l'ay voulu souffrir, ains ay
eu en indignacion et en despit ceulx qui m'ont ce
monstré et leur ay esté pire après et plus fel que devant, et leur en ay mis sus blasme et vilenie grande
en derrière d'eulx; j'ay sur eulx parlé vilainement, et
tout ce m'est venu d'orgueil et de sa branche de inobédience.

Par jactence, qui est la seconde branche d'orgueil,
j'ay diligemment escouté le maldire d'autruy et si l'ay
creu et voulentiers raconté ou plus vilain entendement [1]. Et aucune fois, pour vengence ou pour mal,
ay-je dit sur autruy ce dont je ne sçavoie riens. Je me
suis eslevé ou eslevée et vanté de mes maulx que j'avoie
fais et dis et y prenoie grant gloire. Et se on disoit aucune chose de moy qui appartenist à sens, à bon los, ou
beauté et on le deist en ma présence et à mon ouie et
que ce ne fust à moy, je ne me excusoie pas, qu'il ne
feust en moy, ains me taisoie pour moy accorder et m'y
délictoie et prenoie grant plaisance. Je me suis eslevé
ou eslevée et ay eu orgueil des grans despens que j'ay
aucune fois fais et des grans oultraiges et superfluités,
comme de viandes grandes et oultrageuses, comme à
donner grans mengiers et belles chambres, assembler
grans compaignies, donner joyaulx aux dames et aux
seigneurs et à leurs officiers ou ménestriers pour estre
alosé [2] d'eulx et pour dire de moy que je fusse noble et
vaillant et large; certes de povres créatures ne me cha-
loit-il [3] rien. Certes, Sire, j'ay affermé aucunes choses
estre vrayes de quoy je n'estoie mie certain et ce faisoie-

---

[1] Sous son plus mauvais jour. — [2] Loué. — [3] Je ne me souciois pas.

je pour plaire aux gens présens qui devant moy estoient et en parloient et tout ce ay-je fait par jactence.

Par ypocrisie, je me suis faint le saint home ou sainte femme et monstré grant semblant de l'estre et mis grant peine de en acquérir le nom devant les gens, et toutes-voies ne me suis-je point tenu de péchier et d'en faire assez quant j'ay veu que je l'ay peu faire couvertement et en repostaille [1], et certes aussy ay-je fait du bien aux povres et des pénitences devant les gens plus pour en avoir leur nom [2] et leur louenge que pour la grâce de Dieu. Et aussi par plusieurs fois monstroie-je par dehors d'estre en voulenté de tel bien faire dont mon cuer n'avoit voulenté, et ce faisoie-je pour avoir le nom du peuple, jasoit-ce que je sceusse bien que c'estoit fait au desplaisir de mon créateur. Et aussi me suis-je offert à moult de gens de faire telle chose pour eulx dont je n'avoie nul talent ne nul corage, et oultre je tenoie [3] de moy mesmes moult de biens qui n'y estoient mie, et se aucun peu en y avoit, il ne me souvenoit ne me vou-loit souvenir qu'il venist de Dieu, si comme j'ay dit devant, ne à Dieu n'en savoie-je nul gré; et tout ce faisoie-je par ypocrisie avec grant orgueil.

J'ay esté ferme en discorde et en contencion, qui est la quarte branche d'orgueil. Car se je commençasse à soustenir aucune chose ou le fait d'aucune personne, pour soustenir son bien ou pour destruire un autre, où je me mectoie en grant peine de la défendre ou con-fondre, feust droit ou tort, j'ay en injuriant autruy ra-conté aucune fois aucunes choses mensongières et les ay affermées estre vraies pour faire à aucunes gens leur

[1] En secret. — [2] De la gloire auprès d'eux, pour qu'ils parlassent de moi. — [3] Je pensois.

gré et leur faire plaisir; j'ay par despit esmeu aucunes
fois aucunes personnes à ire, à courroux et à discorde
dont moult de maulx venoient aucunes fois depuis ; et
d'autres ay-je fait jurer, parjurer et fait mentir, et par
les discordes que j'ay mues et les mensongières paroles
que j'ay dictes estre vraies et affermées et fait jurer et affermer, j'en ay plusieurs personnes moult scandalisées
et courroucées par ma désordonnance. Quant je me
suis aucune fois confessé, en ma confession je me suis
excusé et mectoie mon excusation premièrement, et
après coulouroie en ma faveur la cause de mon péchié,
ou je mectoie ma deffaulte sur une autre personne et
disoie qu'elle avoit fait la faulte de laquelle j'estoie le
plus coulpable, ne je ne m'encusoie pas, ains disoie : *tel
me le fist faire et je ne m'en donnoie garde*, et en celle
manière disoie-je pour moy excuser de mes péchiés
lesquels me sembloient trop griefs, et oultre je laissoie
et taisoie les grans et orribles péchiés, et encores des
petis et des légiers que je disoie ne disoie-je mie les
circonstances qui estoient appartenans à iceulx péchiés,
si comme les personnes, le temps et le lieu, etc. J'ay
longuement demouré en mon péchié et par longue
demeure je suis cheue ès autres mortels péchiés. A l'un
de mes confesseurs[1], et à l'autre qui par aventure me
plaisoit mieulx, je disoie les autres plus grans péchiés
en intencion d'estre de luy moins corrigié et avoir
maindre pénitence pour la familiarité que j'avoie avec
luy ou qu'il povoit avoir en moy. J'ay désiré vaine
gloire en quérant les honneurs et estre pareil aux plus
grans ès vestemens, ès autres choses aussi, et ay eu

---

[1] Il paroit manquer quelque chose comme : *Je disois mes péchés les
moins grands.*

gloire d'estre des haultes personnes honnoré, d'avoir
leur grâce, estre haultement saluée et que honneur et
grant révérence me fust portée pour ma beauté, pour
ma richesse, pour ma noblesse, pour mon lignaige,
pour estre joliement acesmée [1], pour moult bien chanter, dancer et doulcement rire, jouer et parler. J'ay
voulu et souffert estre la plus honnorée partout : j'ai
esté preste à oïr divers instrumens et mélodies, enchan-
temens, as parties [2] et autres plusieurs jeux qui sont gou-
liardois [3], désordonnés et lesquels n'estoient pas de Dieu
ne de raison, car je rioie et me tenoie moult orgueilleusement et en grant esbatement. J'ay voulu avoir et
user de vengence et avoir punicion de ceulx que j'ay
seulement pensé qu'ils m'avoient voulu mal ou mal fait
et en ay voulu avoir haultement et estroitement mon
désir acompli, feust tort ou droit, sans les espargner,
ne avoir d'eulx aucune mercy, et ce, chier père, ay-je
fait par mon orgueil et m'en repens ; si vous en requier
pardon et pénitence.

Après s'ensuit le péchié d'envie, lequel descent d'orgueil. En envie a cinq branches. C'est assavoir : haine,
machinacion, murmuracion, détraction et estre lié [4] du
mal d'autruy et courroucié du bien d'autruy. Envie est
née du péchié d'orgueil, car quant une personne est
orgueilleuse elle ne veult avoir nul pareil semblable à
lui, ains a envie se aucun autre est le plus hault ou aussi
hault que lui en aucune chose, ou en aucuns biens, ou
grâces, ou en sciences, ou qu'elle vaille mieulx que
lui, et pour ce elle l'a en grant haine et la het et s'efforce tousjours de impétrer [5] la louenge et le bien d'au-

---

[1] Parée. — [2] Ce mot n'est que dans B. Faut-il lire à *parties* ? — [3] Gour-
mands et par extension débauchés. — [4] Joyeux. — [5] *Empêcher* vaudroit mieux.

truy par sa parole et par son blasme : et c'est la première branche d'envie.

La seconde branche d'envie si est machinacion : c'est
à dire quant une personne porte mauvaises paroles
d'aucunes personnes par envie et recorde mal de l'une
personne à l'autre par mauvaises acoustumances en
apetissant le bien d'autruy et en accroissant le mal.

La tierce branche est murmuracion : c'est à dire que
le cuer murmure de ce que plus grant maistre de lui
lui commande, ou que on ne lui dit ou de ce que on
ne lui fait pas ainsi comme aux autres, ou elle n'en ose
parler.

La quarte branche d'envie si est détraction : c'est à
dire quant une personne dit mal et parle en derrière
et dit ce qu'il scet de lui et ce qu'il ne scet pas, et qu'il
contreuve et pense comment il pourra dire chose par
quoy il pourra nuire et grever celluy de qui il parle, et
quant il oit mal dire de cellui, il aide à son povoir de le
accroistre et exaulcer, et de ce parle moult griefment
quant il voit son point, pour ce qu'il scet qu'il ne le
peut en nulle manière plus dommagier et scet qu'il ne
lui peut restituer sa bonne renommée qu'il luy oste,
et ainsi lui mesmes se met à mort.

La quinte branche si est d'avoir joie du mal d'autruy
ou de son empeschement et destruire à son povoir le
bien quand il scet qu'il doit venir à autruy, et de ce
bien il est triste et dolent. Et de toutes ces choses tu
dois dire en ta confession : Sire, en toutes ces choses
que j'ay cy devant nommées j'ay moult grandement
péchié ; car, de mon cuer je l'ay pensé, et de mon
mauvais couraige je l'ay fait, et de ma faulse bouche je
l'ay dit et semé partout où j'ai peu, et se je ay bien dit

de lui ou d'un autre, je l'ay dit faintement et par faintise, et toutesvoies m'en suis-je mocqué ; voire et de
ceulx de qui je deusse le bien et l'onneur garder et le
peusse bien avoir fait se je voulsisse, je l'ay trestourné
et converti à mal ; et, quant je véoie qui mal en disoit
je me mectoie et aloie avec, et me consentoie au mal
dire et affermer à mon povoir du cuer, de la bouche
et du corps. Et tout, chier père, ay-je fait par mon envie et m'en repens, si vous en requier pardon.

Après envie vient le péchié d'ire qui descent d'envie.
Ou péchié d'ire a cinq branches, c'est assavoir : haine,
contencion, présumpcion, indignacion et juracion.
Haine est quant aucune personne ne puet mectre autruy en sa subjection ou qu'elle ne puet commander et
suppéditer cellui qu'elle vouldroit bien comme plus
grant de lui et en vouldroit avoir la seignourie et la
subjection, elle en est dolente et courroucée et en a le
cuer enflé. C'est la première branche d'ire. La seconde
branche d'ire si est quant en parlant la personne a le
cuer enflé à mal faire et dire et quant elle parle laidement et désordonnéement par ire contre aucun autre.
La tierce branche de ire si est quant par parler meslées
et batailles viennent et dissencions, et lors la personne
doit penser se aucuns de son costé ou d'autre ont esté
grevés de chevance ou de corps par ses paroles ; car
en ce cas seroit la personne cause de tout le mal qui
seroit advenu. La quarte branche de ire si est quant
par ton ire tu as esmeu Dieu par jurer. La quinte branche de ire si est quant par ton ire tu as esmeu et fait
esmouvoir les autres à courroux, et de ce tu te dois confesser ainsi : Sire, j'ay le nom de Dieu parjuré par
mon ire, et de Dieu mauvaisement parlé et de la benoite

vierge Marie sa doulce mère et de tous les Sains de paradis ; j'ay eu indignacion contre autres personnes, et
par mon ire leur ay véé[1] ma parole ; monseigneur mon
père et madame ma mère ay par mon ire courrouciés et
despiteusement à eulx parlé et par ire les ay mal re-
gardés et désiré la fin de leurs jours ; aux povres ay
moult despiteusement parlé et par mon ire les ay appellé truans. Sire, j'ay par mon ire esmeu plusieurs à
jurer moult vilainement et de moult vilains sermens ;
mes serviteurs et moult d'autres ay-je fait esmouvoir à
courroux et les ay esmeus à mal faire. Et ay moult de
fois pensé à moy vengier de ceulx que je hayoie et voulentiers les meisse à mal quant je les avoie à contrecuer
se je peusse. Grant pièce et long temps ay-je esté en
haine, dont je me repens, et pour ce, chier père, je
vous en requier pardon et pénitence.

Après si est le péchié de paresse qui est le quart péchié mortel duquel si naist et descent oysiveté qui est
lait blasme et laide tache en personne qui vueille estre bonne. Car il est dit en l'Euvangille que au jour du
jugement toute personne oyseuse aura à rendre compte
du temps qu'elle aura perdu par son oysiveté. Or est
grant merveille quelle défense les oyseux auront, quant
devant Dieu ils seront accusés. En un autre lieu en
l'Euvangille il est dit que la vie du corps oyseux est ennemi mortel à l'âme et monseigneur saint Jérosme dit
ceste auctorité : fay toujours aucune chose afin que
l'ennemy ne te treuve oyseux ; car il est coustumier
de ceulx qui sont oyseux mectre en ses euvres et en
ses besongnes. Et monseigneur saint Augustin dit ou
livre de l'Euvre des moines que nulle personne puis-

[1] Défendu, refusé.

sant de labourer ne doit estre oyseux. Ce seroit trop longue chose de réciter les dis de tous les saiges hommes qui blasment oysiveté et paresse.

Le péchié de paresse a six branches. La première branche si est négligence, la seconde rancune, la tierce charnalité, la quarte vanité en cuer, la quinte branche désespéracion, la sixiesme est présumpcion.

Négligence c'est quand l'en aime et craint si peu Dieu et en souvient si peu que parce que on n'en tient ainsi comme nul compte, l'en ne fait nul bien pour lui ne pour son amour, et de ce faire est-l'en paresseux et négligent et l'en n'est mie paresseux de quérir son plaisir et ses aises. Certes c'est grant péchié que d'estre paresseux de bien faire. Car il est trouvé en l'Escripture que se une personne n'avoit onques péchié, ne jamais ne péchast, et elle ne feist aucun bien mais laissast ainsi passer le temps, elle pourroit aller en enfer; et ceste première branche de négligence naist de paresse.

La seconde branche si est quant une personne a rancune en son cuer contre un autre, et pour la mauvaise voulenté qu'elle a à luy, s'applique à vengence et en ce s'endort et crout[1], et en délaisse à faire ses pénitences, ses aumosnes et autres biens. Car tousjours ceste personne rancuneuse pense à grever celluy qu'elle het, et de jour et de nuit y met toute sa pensée; ainsi délaisse à faire le bien qu'elle doit, et c'est la seconde branche qui est en paresse.

La tierce branche de paresse si est charnalité. Charnalité si est quant l'en quiert le désir de la char, comme dormir en bons lits, reposer longuement, gésir grandes matinées, et au matin quant l'en est bien aise en son lit

---

[1] Croupit?

et l'en oit sonner la messe, l'en n'en tient compte et se tourne-l'en de l'autre costé pour rendormir, et telles gens lâches et vaines ont plus chier perdre quatre messes que une sueur ou un somme ; et c'est la tierce branche de paresse.

La quarte branche de paresse si est vanité : c'est à dire quant une personne scet bien qu'elle est en péchié et elle est de si vain cuer qu'elle ne se peut ou ne vuelt ou ne daigne retourner à Dieu par confession et par dévocion, ains pense et promet tousjours à lui-mesme de amender sa vie de jour en autre, et si ne se corrige point, ains est paresseux et négligent de soi retourner et ainsi ne lui chault de faire aucun bien et les commande-mens de Dieu, si comme bonne personne le doit faire et garder ; et c'est la quarte branche de paresse.

La quinte branche si est désespéracion ; c'est une manière de péchié que Dieu het moult et quiconques est pris en ce péchié il est dampné si comme Judas qui en désespérance se pendit, car il cuidoit tant avoir four-fait envers Dieu que jamais ne peust impétrer de lui miséricorde, et quiconques meurt en ce péchié et n'a point d'espérance de la miséricorde de Dieu il pèche contre le Saint Esperit et contre la bonté de Dieu ; et pour ce en nulle manière on ne doit cheoir en ce pé-chié de désespérance ne y demourer. Car se tu chiez et fais un très grand péchié comme d'ardre maisons et ardre les biens de saincte église par force qui est sacri-lége, tu fais pis que tous les sept péchiés mortels, mais encores dis-je que la miséricorde de Dieu est plus grande à pardonner. Toutesvoies, se tu te veulx confesser et faire pénitence et à Dieu retourner, voire se tu avoies fait plus de maulx que langue ne pourroit dire, ne cui-

I   C v

dier, ne cuer penser, si trouveroies-tu en lui miséricorde; et c'est la quinte branche de paresse.

La sixiesme branche si est présumpcion : c'est quant
une personne est si oultrecuidiée et si orgueilleuse qu'elle
croit que pour péchié qu'elle eust fait, ne pourroit
faire, elle ne pourroit estre dampnée; et telles gens
sont d'opinion telle qu'ils dient que Dieu ne les a pas
fais pour estre dampnés. Et ils doivent savoir que Dieu
ne seroit pas juste s'il donnoit paradis aussi bien à
ceulx qui ne l'aroient point desservi que à ceulx qui
l'aroient desservi. Ce ne seroit pas justement jugié que
autant en emportast l'un que l'autre, car s'il estoit
ainsi, l'en ne feroit jamais bien, puisque autel guerdon
auroit cellui qui ne serviroit point Nostre Seigneur,
comme cellui qui le serviroit. Certes ceulx qui ainsi le
croient pechent contre la bonne justice de Dieu, contre
sa bénignité et sa doulceur. Car combien qu'il soit plain
de miséricorde, si comme j'ay dit devant, si est-il
juste justicier, et chacun si est fait pour servir icelluy
créateur et pour faire sa voulenté, et ainsi peult-l'en
avoir et desservir le royaume de paradis et autrement
non, car qui de son service faire est négligent et paresseux, il peche. Et pour ce, tu qui es paresseux te
dois confesser des branches de paresse et dire ainsi.
Sire, j'ay aussi erré en toutes les branches de paresse; par ma négligence ou service de Dieu ay esté
lent, paresseux et négligent en la foy et curieusement
pensé de l'aise de ma charongne, et ce que j'ay ouy de
l'Escripture je ne l'ay pas retenu ne mis à oeuvre par
ma paresse. Après, je n'ay pas rendu grâce à Dieu, si
comme je deusse, des biens espirituels et temporels
qu'il m'a donnés et envoiés, et oultre je n'ay pas

servi Dieu si comme je deusse, selon les grâces et les
vertus qu'il m'a données. Je n'ay pas dit ne fait les
biens que je peusse avoir dit ou fait et ay esté lent
et paresseux ou service de Nostre Seigneur et ay servi
et ay esté curieux ou service mondain, et aussi j'ay
plus servi à moi et à ma char et y ay mis plus grant
entente que ou service de mon doulx créateur. J'ay
esté moult oyseux longuement, dont moult de maulx
et mauvaises pensées et cogitacions me sont venues.

Après tu dois dire en toi confessant que quant on
chantoit la messe, ou aucune heure, ou quant tu estoies en dévocion, ou en disant tes heures, tu estoies en
vaine cogitacion et mauvaises pensées lesquelles ne te
povoient proufiter, ains te nuisoient à ton sauvement.
Et pour ce tu dois dire ainsi : Sire, et quand je aper-
cevoie ces choses, je ne retournoie pas à Dieu ne
me rapaisoie à lui si comme je deusse. Et oultre, Sire,
quant l'en disoit et faisoit le service de Dieu je jengloie
et disoie paroles oyseuses et de telles qui n'appartenoient pas de parler à l'église. Sire, j'ay dormi en l'é-
glise quant les autres prioient Dieu. Sire, aucune fois
je ne me suis pas confessé quant ma conscience me re-
mordoit et ramentevoit mon mal, et mesmement quant
j'avois lieu et espace et temps convenable je ne me
disposoie pas à ce, ains disoie en mon couraige, par
ma paresse, tu le feras bien une autre fois ou une autre
sepmaine, ou une autre journée, et par telles attentes
et négligences je oublioie moult de péchiés ; après par négligence et par paresse ay-je oublié à faire mes pénitences
enjointes. Je n'ay pas monstré bon exemple à mes gens.
Car par ma très désbonneste conversacion à qui ils prenoient garde pour ce que j'estoie leur souverain, je les

mectoie en cause de péchier. Sire, et quand j'ay ouy mes gens jurer vilainement, je ne les ay pas reprins ne corrigiés, ains les ay escoutés et l'ay laissié passer par ma paresse. Après, Sire, quant je venoie à confesse je ne m'estoie point par avant advisée de mes péchiés que je devoie dire, ne n'y avoie point pensé; ains quant je me départoie de ma confession je me trouvoie plus plaine de péchiés que devant et de plus grans, et n'avoie point de diligence de retourner à mon confesseur, ains passoie ainsi le temps; et tout ce me faisoit paresse en quoy j'ay demouré et m'y suis tenu dont je me repens; et pour ce, chier père, je vous en requier pardon et pénitence.

Après le péchié de paresse est avarice. Avarice est soi estroitement tenir, escharcement despendre, avec volenté désordonnée et ardeur de acquérir les biens de ce monde à tort ou à droit, ne peut chaloir comment, et toutesvoies la raison de la personne scet bien se l'en fait ou bien ou mal. Certes avarice a moult d'escoliers, comme exécuteurs de testamens qui enrichissent et retiennent les biens des mors qui telle amour leur monstrèrent à leur fin qu'ils les esleurent comme les plus espéciaulx pour avoir la cure du remède de leur salut, et après leur mort ils mordent en leur char comme tirans et s'engraissent de leur sang et de leur substance : tels gens sont escoliers d'avarice. Aussi en sont mauvais seigneurs qui par grosses amendes tolent la substance de leurs povres subjets; hosteliers et marchans qui vendent leurs choses oultre le juste pris et ont faulx pois et faulses mesures; faulx plaideurs qui par plait et par barat font dégaster aux gens simples le leur et les tourmentent ès cours des grans seigneurs tellement et si longuement qu'ils ont d'eulx leur désir comment qu'il soit. Avarice, comme dit est, est née de paresse; quant une personne est paresseuse et négligente de faire ou ouvrer ce qui est de nécessité pour son corps soustenir et ce qui lui est proufitable et par icelle paresse il laisse et pert à acquérir sa substance, pour refournir sa faculté[1] lui vient convoitise de rapine et voulenté de retenir l'autruy injustement et sans raison. Se tu es riche et puissant et tu as assez et largement et te doubtes que ton avoir ne te doie faillir et pour ce tu ne donnes quant il est temps et nécessité aux povres, ou quant tu ne rens ce que tu as de l'autruy, soit par emprunt ou autrement, mauvaisement acquis, tu peches en avarice.

Avarice a sept branches : la première si est larrecin, la seconde rapine, la tierce fraude, la quarte décepcion, la quinte usure, la sixiesme hazart et la septiesme simonie.

Larrecin est quant une personne injustement et de nuit prent aucune chose sans le sceu et contre la voulenté de cellui à qui la chose est; et c'est la première branche d'avarice.

La seconde branche d'avarice si est rapine; c'est quant une personne ravit aucune chose de l'autruy, et quant il l'a, il ne la veult rendre ou envoier à cellui à qui elle doit estre, ains par avarice le retient et recelle pour ce qu'elle lui plaist, et s'il l'oït demander par aventure, si ne la veult-il enseignier, ains la recelle et la muce que nul ne la puisse trouver.

La tierce branche d'avarice si est fraude : c'est quant une personne, par décepcion, par barat ou frauduleu-

[1] Sa fortune.

sement en l'achat ou vente d'une chose dit mensonges
à la personne de qui elle veult acheter ou vendre, en
lui faisant faulx entendre et que la chose vaille mieulx
ou plus qu'elle ne fait.

La quarte branche d'avarice si est décepcion : c'est
à dire quant une personne monstre par dehors à aucun
chose de belle apparence et le mal n'appert mie et il le
laisse et ne le dit mie et dit et afferme et jure que la
chose est bonne et vraie, et il scet bien qu'il n'est pas
ainsi. Et ainsi font faulx marchans qui mectent le plus
bel et le meilleur dessus et le pire dessoubs et jurent
que tout est bon et loyal, et ainsi est décepcion, car ils
déçoivent les gens et font faulx seremens.

La quinte branche d'avarice si est usure : c'est à dire
quant une personne preste son argent pour en avoir
plus grant somme pour la longue tenue, ou vent son blé
ou son vin plus chier par ce qu'il donne long terme,
et ainsi de toutes autres marchandises desquelles je me
passe quant à présent, car c'est moult longue chose que
de usure et moult mauvaise.

La sixiesme branche d'avarice si est le hazart : si est
quant on joue aux dés pour gaigner l'argent d'autruy
et y a moult de barat, de convoitise, d'avarice et de
décepcion, si comme faulsement compter et d'argent
prester pour gaigner, comme prester douze deniers
pour treize; et en tels jeux sont fais moult de seremens
et de mauvais comme de jurer Dieu et Nostre Dame et
tous les Sains de paradis, et sont fais et dis moult de
maulx : pour ce s'en doit-l'en garder.

La septiesme branche d'avarice si est simonie : c'est
à dire quant les sacremens de sainte église sont vendus ou achetés ou les prébendes des églises, et tels pé-

chiés viennent de clercs et de religieux et viennent aussi de mal païer les dismes et de pénitences mal faictes et mal garder les commandemens de sainte église et de mal distribuer ce qui doit estre donné pour Dieu.

Le Déable fait six commandemens à l'avaricieux : le premier, que il garde très bien le sien ; le second, qu'il ne le preste sans acquest, ne n'en face bien devant sa mort ; le tiers, qu'il mengeusse tout seul, ne ne face courtoisie ne aumosne ; le quart, qu'il restraigne sa mesnie de boire et de mengier ; le quint, qu'il ne face miectes ne relief ; le sixiesme, qu'il entende diligemment à acquérir pour ses hoirs.

De toutes ces choses de quoi ta conscience te juge tu t'en dois confesser, et de tout ce dont tu te sens coulpable et qui regarde le péchié d'avarice, et dire l'un après l'autre par l'ordonnance que dessus, et à la fin, dois dire : Sire, chier père, de tout ce que je vous ay dit que j'ay péchié ou péchié d'avarice, je m'en repens très grandement et vous en requier pardon et pénitence.

Après le péchié d'avarice vient le péchié de gloutonnie qui est parti en deux manières : l'une est quant l'en prent des viandes trop habondamment, et l'autre de parler gouliardeusement et oultrageusement. Le péchié de trop boire et de trop mengier est le plaisir au Déable. On treuve en l'Euvangille que Dieu donna povoir au Déable d'entrer ou ventre des pourceaulx pour leur gloutonnie et le Déable y entra et les mena en la mer et les fist noïer ; ainsi entre-il ou corps des gloutons qui mainent vie déshonneste, et les boute en la mer d'enfer. Dieu commande à jeuner, et la gloute dit : *Je mengeray*. Dieu commande à aler au moustier et matin lever, et la gloute dit : *Il me fault dormir ; je fus*

*hier yvre. Le moustier n'est pas lièvre , il me attendra
bien.* Quant elle est à quelque peine levée, savez-vous
quelles sont ses heures? Ses matines sont : *Ha! de
quoi burons-nous? Y a-il rien d'hier soir ?* Après dit
ses laudes ainsi : *Ha! nous beumes hier bon vin!* Après
dit ses oroisons ainsi : *La teste me deult; je ne seray
mais aise jusques j'aye beu.* Certes telle gloutonnie
met femme à honte , car elle en devient ribaude, gou-
liarde et larronnesse. La taverne si est le moustier au
Déable où ses disciples vont pour le servir et où il fait
ses miracles[1]; car quant les personnes y vont , ils vont
drois et bien parlans, saiges et bien atrempés et advisés , et quant ils reviennent il ne se pevent soustenir et
ne pevent parler : ils sont tous fols et tous enragiés et
reviennent jurant, battant et desmentant l'un l'autre.

L'autre partie du péchié de la bouche est folement
parler en moult de manières , dire paroles oyseuses,
vantance , louenge , parjuremens , contens , murmuracion , rébellion , blasmes. Tu ne auras jà dicte si
petite parole dont il ne te conviengne rendre compte
devant Dieu. Hélas! que tu en dis à prime[2] dont il ne
te souvient à tierce. Parlers oyseux sont comme les bates
du molin qui ne se pevent taire; les venteres et les pes-
trins ne parlent que de soy.

---

[1] Antecrist fait les miracles en sa maison tout au contraire : sa maison
est la taverne, et quant ceulx qui voyent bien clair y viennent, ils s'en
partent tous aveugles. --- *Modus et Racio*, édit. 1839 , feuillet 65 v°. ---
[2] Chez les Romains, avant la première guerre punique , les jours se divi-
soient en quatre parties : 1° de 6 heures à 9 heures , c'était l'heure de *prime* ;
2° de 9 heures à midi, c'est ce qu'on nommoit *tierce* ; 3° de midi à trois
heures, c'étoit l'heure de *sexte ;* 4° *none* commençoit à 3 heures et finissoit
au coucher du soleil. Cette ancienne division du temps fut adoptée par la
primitive église et les noms en sont restés aux offices.

Ce péchié de gloutonnie qui, comme dit est, est parti en deux parties, a cinq branches. La première branche si est quant une personne mengue avant qu'elle ne doit, c'est à dire trop matin, ou avant qu'elle ait dit ses heures, ou avant qu'elle ait esté au moustier et qu'elle ait oy la parole de Dieu et ses commandemens ; car créature doit avoir sens et discrécion qu'elle ne doit pas mengier avant l'eure de tierce, se ce n'est pour cause de maladie ou de foiblesse ou pour aucune nécessité qui à ce le contraigne.

La seconde branche de gloutonnie si est quant une personne mengue plus souvent qu'elle ne doit et sans nécessité. Car, si comme l'Escripture dit : Mengier une fois le jour est vie d'ange, et mengier deux fois le jour est vie humaine, et trois fois ou quatre ou plusieurs est vie de beste et non pas de créature humaine.

La tierce branche de gloutonnie si est quant une personne boit et mengue tant le jour qu'il luy en est de pis, par quoy elle est yvre et prent une maladie dont il lui convient aler couchier au lit et est très griefve.

La quarte branche de gloutonnie si est quant une personne mengue si gloutement d'une viande qu'elle ne la mache point, ains l'engloutit ainsi comme toute entière et plus tost qu'elle ne doit, si comme dit l'Escripture de Esaü qui fut le premier né de tous ses frères qui se hasta si de mengier que peu s'en failli qu'il ne se estrangla.

La quinte branche de gloutonnie si est quant une personne quiert viande délicieuse tant soit chière[1], et se peut bien faire à moins et soy restraindre pour plus aidier à un povre ou à deux ou à plusieurs. Et c'est

[1] Si chère qu'elle soit.

I

un péchié de quoy nous trouvons en l'Euvangille du
mauvais riche qui estoit vestu de pourpre, lequel riche
mengeoit chascun jour si largement des viandes et nul
bien n'en vouloit faire au povre ladre, et de luy trouvons qu'il fut dampné pour ce qu'il vesquit trop déli-
cieusement et n'en donna point pour Dieu si comme
il devoit. Et de ces choses cy devant dictes tu te dois
ainsi confesser : Sire, de toutes ces choses et de moult
d'autres manifestement et souventes fois j'ay péchié et
fait moult d'autres péchier et fait par ma cause faire à
autres. J'ay maintes fois beu sans soif, par quoy mon
corps en estoit péris et pis ordonné et mal disposé, et
par ce j'estoie abandonnée à parler plus largement et
plus désordonnéement et faisoie les autres péchier qui
prenoient par moy et avec moy plus largement des biens
qu'ils ne faisoient se je ne feusse ; de viandes aussy ay-je
mengié sans faim et sans nécessité et maintes fois que
je m'en peusse bien passer à moins, et tant en prenoie
que mon corps en estoit aucunes fois grevé et nature
en estoit en moy plus endormie, plus foible et plus
lasche à bien faire et à bien ouir, et tout ce venoit par
le péchié de gloutonnie ou quel j'ay péchié comme j'ay
dit, et pour ce, chier père, je m'en repens et vous en
demande pardon et pénitence.

Après est le péchié de luxure qui est né de gloutonnie, car quant la meschant personne a bien beu
et mengié et plus qu'elle ne doit, les membres qui sont
voisins et près du ventre sont esmeus à ce péchié et
eschauffés, et puis viennent désordonnées pensées et
cogitacions mauvaises, et puis du penser vient-on au
fait. Et ce péchié de luxure si a six branches.

La première si est quant un homme pense à une

femme ou la femme à l'homme, et la personne a en celle pensée grant plaisance et s'y délicte grandement et y demeure longuement, et par longue demeure la char s'esmeut à délectation; non pourtant elle ne pécheroit point pour le premier esmouvement qui vient soudainement, se la personne contraignoit son couraige à y obvier et remédier, mais quant la personne n'y résiste ne contrarie si tost qu'elle devroit ou pouroit, ne elle n'a pas en voulenté ne en pensée de tourner son couraige autre part, ne de y résister, ains s'y délicte et demeure, elle peche mortelment.

La seconde branche de luxure si est quant la personne se consent à faire le péchié, et si ne demeure pas en lui, et fait tout son povoir et quiert le temps et heure et le lieu où elle le pourra faire, et lors elle ne le puet faire ne accomplir, et non pourquant[1] il lui plaist moult en son cuer. Combien que charnellement elle ne fait pas le fait, Dieu dit, et l'Escripture : Ce que tu veulx faire et tu ne peus est réputé pour fait. Et en autre lieu dit l'Escripture : La voulenté sera réputée pour fait advenu, soit bien ou mal. Et ceste seconde branche et aussi la première sont appellées *luxure de cuer*. Car il est deux espèces de luxure : c'est assavoir, luxure de fait et luxure de cuer. Et sont les devant dictes; et luxure de corps est quant le fait y est.

La tierce branche de luxure si est quant une personne n'a point de femme espousée ou femme n'a point espousé d'homme et l'un peche avec l'autre, comme d'avoir à faire à femme qui n'est en rien liée, ne à homme qui n'est point lié; lors est le péchié appellé fornication.

[1] Pourtant, cependant.

La quarte branche de luxure si est quant une personne a femme espousée, ou femme a homme espousé, et ils brisent leurs fois que ils doivent et ont promis à garder l'un à l'autre et l'un et l'autre pechent, et qui pis est, pevent faire faulx héritiers qui succéderojent; et tel péchié est appellé avoultire.

La quinte branche de luxure si est quant homme ou femme a affaire charnelment à sa cousine ou qu'elle soit de son lignaige, soit loing ou près, ou à sa mère, ou à celle qui est du lignaige de sa femme, ou la femme a affaire à celluy du lignaige de son mary; et à femme de religion benoite ou non, ou en vigille de festes, en temps de jeûnes ou de festes, ou le jour que on doit garder, que homme marié ne doit pas aler à sa propre femme ne à autre, car ce seroit moult grief péchié lequel Dieu deffent en la loy; ou quant un homme est avec sa femme ou avec autres contre droit et autrement que honnestement, et ainsi comme raison l'enseigne en mariaige. Car tout homme peut moult grandement et en moult de manières péchier avec sa femme espousée. Et, pour ce, dit Ysaac en l'Escripture que qui est désordonnéement avec sa femme, c'est à dire pour la convoitise de la char, ou pour son seul délit, sans espérance de engendrer lignée, ou en lieu saint, que c'est péchié de fornication, et pour ce estrangla le Déable les sept maris de Sarra.

La sixiesme branche de luxure si est un péchié qui est contre nature, comme soy corrumpre par sodomie, duquel péchié nous lisons en l'Escripture que pour cellui péchié Dieu en print telle vengence que cinq citez en Sodome et en Gomorre furent destruites et arses par pluie de feu et de souffre puant, duquel péchié il n'est pas bon tenir longues parolles pour l'orreur d'icellui péchié, car le Déable mesmes qui pourchasse icellui péchié en a honte quant on l'a fait. Et aussi quant une personne se corrompt par lui tout seul en veillant, et scet bien que c'est contre nature, ou déshonnestement en faisant atouchemens mauvais par quoy personne soit esmeue et en aucunes autres manières qui ne sont honnestes à dire, fors en confession. Car chascun scet bonnement et doit savoir que quant ils font tels péchiés, leurs cuers et leurs pensées leur dient bien que c'est contre Dieu et contre nature. Et pour ce, de toutes ces choses la créature pécheresse doit ses péchiés humblement dire à son confesseur et demander pardon et dire : J'ay péchié en ces péchiés et en grant jour de festes et en vigilles et peut-estre ès vigilles de Nostre Dame, ès festes, ou en karesme, ou en lieu saint comme au moustier, et doit dire une fois ou deux ou plusieurs et ès quels il peche plus que ès autres. Et à la fin, doit dire : Chier père, j'ay mespris et péchié comme j'ay dit ou péchié de luxure, et vraiement je m'en repens : si vous en requier pardon et pénitence.

Cy après s'ensuivent les noms et les condicions des sept vertus par lesquelles vertus l'en se puet garder de mortelment péchier, et premièrement :

Humilité est contre orgueil; car ainsi comme orgueil naist de mauvais cuer orgueilleux et despit, et fait despire, perdre et mectre à mort le corps et l'âme, aussi humilité naist de cuer piteux et fait en ce siècle honnourer le corps, et l'âme mectre en joie pardurable, et pour ce est humilité comparée à la vierge Marie.

Ainsi comme orgueil est comparé à folie, en mal respondre, en forcenerie, en peu souffrir, desloyaulté ou
foiblesse de bien faire, voulenté ou pensée de mal jugier par arrogance contre autruy et plusieurs autres
mauvaises branches que tu peus avoir oy cy dessus sur
le péchié d'orgueil, ainsi attrempance pour tout bien
escouter, force de cuer de tout doulcement souffrir,
justice pour tout le plaisir de Dieu acomplir sans mal
faire à autruy, ne à ses fais, véés cy quatre pensées par
quoy humilité entre et demeure au corps d'omme et
deffent que orgueil ne s'y mecte. Premièrement, tu dois
penser la vilité et l'ordure dont tu es engendré en péchié. Secondement, comment tu fus en si grant povreté
sans âme jusques à tant que Dieu par sa grâce te resveilla. Tiercement, comment tu fus en si grant peine
nourris et comment tu mourras, ne scez l'heure. Quar-
tement, pense souvent quelle joye et quel bien tu auras
de bien faire et quelle peine et quel dommaige tu auras
de mal faire. Car de bien faire tu aras en ce siècle
louenge et honneur, et après la mort joie perpétuelle sans
tristesse, richesse sans povreté et santé sans langueur;
pour mal faire à quoy tu mes grant peine et te couste
moult à faire, tu seras en ce siècle mesprisié, en l'autre
auras tristesse et peine périlleuse sans joie, povreté sans
confort, maladie sans garison. Pense comment tu dois
d'ores à jà[1] morir, ne scez quant, ne où l'âme ira : voy
comment la nuit et le jour se gaste le temps, et
garde comment tu as ton temps oublié, dont il conviendra
dra que de chascune heure tu rendes compte d'ores à
jà; regarde comment tu as le temps gasté en moult de
vils péchiés et de mauvais; regarde que tu n'as fait nul

[1] De maintenant à un jour.

bien, et se par aventure tu en as fait aucun, si l'as-tu fait en péchié mortel et ne te prouffite ne te prouffitera néant.

Amitié est contre le péchié d'envie : car ainsi comme le péchié envenime et art le cuer de l'envieux, si comme tu as oy dessus, ainsi la sainte vertu d'amitié qui est le don du Saint Esperit fait le cuer humble et doubteux; et pour ce l'appelle-on : *don de paour*. La vertu d'amitié est une doulceur, une rousée et un triacle[1] contre envie : car ainsi comme envieux est tousjours triste et courroucié du bien d'autruy, ainsi le bon cuer plain d'amitié est tousjours lié des biens de son proïsme[2] et est courroucié et a compassion de ses adversaires. La vertu d'amitié oste toute envie de cuer et fait l'omme content de ce qu'il a. Jamais tu n'auroies envie du bien de ton bon amy se tu l'amoies bien. La vertu d'amitié si se monstre en sept manières ainsi comme on congnoist l'amour des membres du corps en sept manières. Premièrement, l'un des membres contregarde l'autre qu'il ne luy mefface : ce commandement est escript que tu ne faces à autruy ce que tu ne vouldroies qu'il te feist. Après, l'un membre souffre l'autre doulcement, car se l'une des mains fait mal à l'autre, elle ne se revenchera pas : à ce appert la grant amour et débonnaireté que les membres du corps ont l'un vers l'autre, car ils ne se courroucent de riens que l'un face à l'autre, ne ils ne tiennent pas ne ont envie de riens que l'autre ait ou face; l'un secourt et aide à l'autre à son besoin sans requerre. Tous les membres aident à leur souverain, c'est assavoir au cuer : c'est parfaicte amitié sans envie, c'est droite obéissance et

[1] Thériaque : remède. — [2] Prochain.

D iiij

charité. Dont tu dois avoir telle pure amitié à ton proïsme qui est ton membre, car nous sommes tous membres de Dieu, et il est le corps. Dieu en l'Euvangille donne aux povres le ciel, et aux amiables et débonnaires la terre : or regarde dont où seront les envieux et les félons, fors ou tourment d'enfer?

Débonnaireté est contre ire. La saincte vertu débonnaireté ou attrempance veult tousjours paix, équité et justice, sans faire tort à aucun, sans nullui courroucier, ne avoir haine à aucun, ne nullui ne het ne desprise. Ainsi comme ire est le feu qui gaste tous les biens de la maison du cuer félon, ainsi débonnaireté est le précieux triacle qui met partout paix et veult équité et justice. Equité a huit degrés moult bons à compter par quoy le preudomme paisible voit les las et les engins du Déable qui nous voit et nous ne le véons pas et nous espreuve griefment en plus de mille manières. Le Déable est philosophe, il scet l'estat et la manière d'omme et sa complexion et en quel vice il est plus enclin ou par nature ou par accoustumance, et d'icelle partie il l'assault plus fort; le colérique de ire et de discorde, le sanguin de joliveté et de luxure, le fleumatique de gloutonnie et de paresse, le mélencolieux d'envie et de tristesse. Pour ce se doit chascun défendre de ceste part où il scet que son chasteau est plus foible, pour soy combattre contre cellui vice que il voit dont il est plus assailli. Le débonnaire mect partout paix. Paix vaint toute malice et toute ire. Sans paix nul ne peut avoir victoire. Saint Pol dit que avec paix toutes autres vertus courent, mais paix court le mieulx; car elle gaigne l'espée. Toutes vertus se combattent, mais paix a la victoire, l'onneur et la couronne : toutes servent, mais ceste emporte le loyer. Justice est l'armeure de paix qui toutes les vaint, comme dit est. Jasoit-ce que le chevalier soit armé de paix et justice, si lui convient-il repentence de cuer, vraie confession de bouche et amende souffisant, et se l'une de ces trois choses y fault, l'armeure est faulsée et cellui qui la porte est vaincu et desconfit, et pert le loyer de paradis.

Prouesse qui vault autant comme diligence est une sainte vertu contre le péchié de accide[1] et de paresse : car ainsi comme le bourgois veille pour acquérir richesses à lui et à ses enfans, le chevalier et le noble veille pour acquerre pris et los ou monde; chascun selon son estat en ce siècle veille pour les choses mondaines acquerre. Hélas! qu'il y en a peu qui veillent pour acquerre les biens espirituels! Les bons sans vaine gloire à qui le monde ennuie et qui veillent pour venir devant Dieu sont sages de despire le monde pour les périls et pour les peines dont il est plain : c'est une forest plaine de lyons, une montaigne plaine de serpens et de ours, une bataille plaine d'ennemis traistres, une valée ténébreuse plaine de pleurs, et n'y a riens estable; nul n'y a paix de cuer ne de conscience, se il veult croire le monde et amer. Les bons à qui le monde ennuie tendent droit leur cuer à Dieu où ils pensent à venir et desprisent tous les biens du monde; mais c'est si grant chose que peu y a de ceulx qui facent ceste entreprinse[2]....de la persévérance. De ceste vertu, dit Jhésu-Crist, toutes les autres vertus se combatent : ceste a gaigné la victoire; toutes labeurent : mais ceste emporte le loyer au vespre.

[1] Ennui, désœuvrement. V. Du Cange aux mots *Accidia, Acedia*. —
[2] Manquent quelques mots, comme : *qui y mettent*.

Miséricorde ou charité est contre avarice, car miséricorde est ainsi comme de avoir dueil et compassion du mal, de la nécessité ou de la povreté d'autruy, et de lui aidier, conseillier et conforter à son povoir. Ainsi comme le Déable fait ses commandemens à l'aver[1] tels comme tu as oy, ainsi le Saint Esperit fait à celui qui a miséricorde ou charité en lui ses commandemens qu'il desprise les biens temporels, qu'il en face aumosnes, qu'il en veste les nus, qu'il en donne à boire à ceulx qui ont soif, à mengier à ceulx qui ont faim, qu'il visite les malades. Ainsi comme l'aver est fils du Déable et lui ressemble, ainsi le charitable ressemble à Dieu son père. Ainsi comme avarice pense de nuit et de jour à acquester et amasser à tort et à droit, ainsi charité et miséricorde pensent à accomplir les sept œuvres de miséricorde. Hélas! qu'il y fait bon penser et les accomplir de fait, ou de voulenté et compassion qui faire ne le peut de fait! Car nostre grant juge les nous reprouchera en ses grans jours, et c'est chose qui moult nous doit mouvoir à charité que la paour de la sentence du jour du jugement où Dieu dira aux avers : Alez-vous-en avec le Déable vostre père! et aux charitables : Mes fils, demourez avec moy. Hélas! quant il les partira de sa compaignie com grant douleur[2]!

Miséricorde a sept branches : la première est donner à boire et à mengier aux povres; la seconde est de vestir les nus; la tierce est prester aux povres quant ils en ont besoing et leur pardonner la debte; la quarte visiter les malades; la quinte, hébergier les povres; la sixiesme, visiter ceux qui sont en chartre de maladie; et la septiesme ensevelir les mors. Et toutes ces choses

[1] L'avare — [2] Peut-être manque-t-il quelques mots comme *ils auront*, etc.

devez-vous faire en charité et compassion, pour l'amour de Dieu seulement et sans vaine gloire. Vous devez faire aumosne de vostre loyal acquest liement, hastivement, secrètement, dévotement et humblement sans despire les povres en pensée ne en fait. Cellui fait bien qui leur donne tost quant ils lui demandent, mais encore fait-il mieulx qui leur donne sans demander.

Sobriété est contre gloutonnie : car ainsi comme la sainte vertu de sobriété est droite mesure contre le péchié mortel de gloutonnie, ainsi c'est la vertu que le don de sapience donne et plante au cuer du glouton contre oultrage. Sobriété est un arbre moult précieux, car il garde la vie du corps et de l'âme; car par trop boire et par trop mengier meurt-on, et par trop mal parler deult la teste et fait-on tuer corps et âme. Par sobriété vit le corps en ce siècle longuement en paix, et en a l'âme la vie pardurable. Ceste vertu doit-on garder sur toutes les autres pour les biens qu'elle fait. Premièrement, sobriété garde raison, entendement et sens, et l'omme sans sens est beste. Cellui qui est yvre et si rempli de vin qu'il en pert raison et entendement il cuide boire le vin et le vin le boit. Le second est que sobriété délivre homme glouton du servaige du ventre à qui il est serf. Saint Pol dit que moult s'avile qui pert sa franchise pour estre serf à un seigneur, mais plus s'avile cellui qui se fait serf à son ventre dont il ne peut yssir que ordure. Sobriété garde l'omme en sa seignourie, car l'esperit et le sens doivent estre seigneurs du corps et le corps doit pourveoir à l'esperit. Le glouton par son yvresse et gloutonnie pert le sens et l'esperit, si qu'il ne scet gouverner le corps. Le tiers est qu'elle garde bien la porte du chastel afin que le

Déable par péchié mortel n'entre ou corps de l'homme ;
la bouche est la porte par où le Déable entre ou chastel
pour soy combatre aux bonnes vertus et y entre par
les faulx traistres seigneurs Gloutonnie et Male-langue
qui laissent la porte de la bouche ouverte au Déable.
Ceste vertu a la seigneurie du corps, car par sobriété
on maistrie le corps si comme le cheval par le frain.
Sobriété a la première bataille de l'ost et garde les autres vertus. Le Déable tempte l'omme par la bouche, si
comme il fist Nostre Seigneur quant il lui dist qu'il feist
de pierre pain et Adam quant il lui fist mengier le
fruit. Entre les autres créatures l'omme a la bouche
plus petite selon le corps ; homme a les autres membres
doubles : deux oreilles et deux narines et deux yeulx,
mais il n'a que une bouche, et ce nous monstre que
l'omme doit sobrement mengier et boire et sobrement
parler. Sobriété n'est autre chose que droite mesure
qui est moyenne entre trop et peu ; sur toutes choses
doit avoir l'omme mesure en son cuer, et en son sens
qui est ainsi comme l'oisel qui se justice par les yeulx
de sobriété[1], il s'envole et chiet souventesfois ès las
de l'oiseleur : c'est du Déable qui souvent chasse à
prendre tel oisel.

Chasteté est contre luxure, et est sainte vertu de
chasteté, c'est assavoir la conscience toute pure de
mauvais pensemens, les membres purs de tous atouchemens. Et ainsi que les créatures plaines du vil péchié de luxure ont la conscience plaine et trouble de
mauvais pensemens, le corps et les membres ors et
vils de mauvais atouchemens et sont à Dieu lais et
obscurs comme déables, ainsi les chastes ont le cuer

---

[1] Il semble que le sens de la phrase exigeroit *gloutonnie*.

et la conscience clers, nets et luisans et ont clarté et
lumière de Dieu. A chastes convient, comme tu as oy,
necte conscience avoir; à avoir necte conscience convient trois choses : la première est voulentiers oïr parler
de Dieu; la seconde lui bien et souvent confesser; la
tierce avoir remembrance de la passion Jhésu-Crist et
remembrer pour quoy il mourut, et que tu mourras,
que jà n'en seras délivre; et c'est le premier degré de
chasteté. Le second degré de chasteté est que on se
garde de vilainement parler, car vilaines paroles
courroussent les bonnes meurs. Le tiers degré est de
bien garder les cinq sens corporels : les yeulx de folement regarder, les oreilles de folement escouter, les
narines de soy en souefves choses trop délicter et odou-
rer, les mains de folement touchier, les piez de aler
en mauvais lieux; ce sont les cinq portes et les cinq
fenestres par où le Déable vient rober la chasteté du
chastel de l'âme et du chétif corps. Le quart degré est
jeuner et avoir tousjours remembrance de la mort qui
te puet soudainement happer et prendre d'ores à jà,
se tu ne t'en gardes. Le quint degré est fuir mauvaise
compaignie, comme fist Joseph qui s'enfouist quant
la dame le voult faire péchier. Le sixiesme degré est
d'estre embesognié de bonnes oeuvres; car quant le
Déable treuve la personne oyseuse, il la mort voulentiers en ses besoignes. Le septiesme degré est de vraye
oroison; à oroison sont nécessaires trois choses : bonne
foy, espérance d'avoir ce que on requiert, dévocion
de cuer sans penser ailleurs. Oroison sans dévocion est
messaigier sans lettres. Dieu regarde en prière cuer
humble et dévost et n'a cure de paremens, ne de haulte
manière, comme font ces foles hardies qui vont baude-

ment, le col estendu comme cerf en lande et regardent de travers comme cheval desréé[1].

Et atant, chère seur, vous souffise de cette matière, car le sens naturel que Dieu vous a donné, la voulenté que vous avez d'estre dévote et bonne vers Dieu et l'église, les prédications et sermons que vous orrez en vostre parroisse et ailleurs, la Bible, la Légende dorée[2], l'Apocalipse, la Vie des Pères[3] et autres plusieurs bons livres en françois que j'ay dont vous estes maistresse pour en prendre à vostre plaisir, vous donra et attraira parfondément le remenant au bon plaisir de Dieu qui à ce vous vueille conduire et entalenter[4].

LE QUART ARTICLE.

Le quart article de la première distincion dit que vous devez garder continence et vivre chastement.

Je suis certain que si ferez-vous, je n'en suis mie en doubte, mais pour ce que je sçay que après vous et moy ce livre cherra ès mains de nos enfans ou autres nos amis, je y mects voulentiers tout ce que je sçay, et dy que aussi devez-vous endoctriner vos amies et par espécial vos filles, et leur dictes, belle seur, pour tout certain que tous biens sont reculés en fille ou femme en laquelle virginité, continence et chasteté défaillent; ne richesse, ne beauté, ne sens, ne hault lignaige, ne nul autre bien ne peut jamais effacer la renommée du vice contraire, se en femme espécialment il est une seule fois commis, voire seulement souspeçonné, et pour ce maintes preudes femmes se sont gardées non mie

---

[1] En desroi, égaré. — [2] C'est l'ouvrage de Jacques de Voragine, archevêque de Gênes. — [3] De saint Jérôme. — [4] Donner envie, goût.

seulement du fait, mais du souspeçon, espécialment pour acquérir le nom de virginité : pour lequel nom les saintes escriptures de monseigneur saint Augustin et de monseigneur saint Grégoire et moult d'autres dient et tesmoingnent que les preudes femmes qui ont esté sont et seront, de quelque estat qu'elles soient ou aient esté, pevent estre dictes et appellées vierges. Et monseigneur saint Pol le conferme en l'onziesme chappitre de ses épistres qu'il fait secondement à ceulx de Corinte où il dit ainsi : *Despondi enim vos*, etc. Je vueil, dit-il, que vous sachiez que une femme qui est espousée à un homme, puis qu'elle vive chastement sans penser à avoir affaire à autre homme, peut estre dicte vierge et présentée à Notre Seigneur Jhésu-Crist. De chascune bonne preude femme Jhésu-Crist ou treiziesme chappitre de l'euvangille de saint Mathieu en une parabole dit ainsi : *Simile est regnum cœlorum thesauro abscondito in agro*, etc. Le règne du ciel, dit-il, est semblable au trésor qui est repos dedans un champ de terre, lequel trésor quant aucun homme qui laboure en fouyant le descuevre, il le remuce ; de la grant joye qu'il en a, il s'en va et vent tout quanque il a et achète le champ. En ce chappitre mesmes dit Nostre Seigneur ceste parabole : Le royaulme des cieulx est semblable à l'omme marchant qui quiert bonnes pierres précieuses, et quant il en a trouvé une bonne et précieuse, il va et vent tout quanque il a et l'achète. Par le trésor trouvé ou champ de terre et par la pierre précieuse nous povons entendre chascune bonne preude femme ; car en quelque estat qu'elle soit, pucelle, mariée ou vefve, elle peut estre comparée au trésor et à la pierre précieuse ; car elle est si bonne, si pure, si necte qu'elle plaist à Dieu et l'aime comme sainte vierge en quelque estat qu'elle soit, mariée, vefve ou pucelle. Et pour certain, homme en quelque estat qu'il soit, noble ou non noble, ne peut avoir meilleur trésor que de preude femme et saige. Et ce puet-on bien savoir et prouver qui veult regarder aux fais et aux bonnes meurs et aux bonnes oeuvres des glorieuses dames qui furent du temps de la vieille loy, si comme Sarre, Rébecque, Lye et Rachel qui furent moulliers aux sains patriarches Abraham, Ysaac et Jacob qui est appelé Ysraël, qui toutes furent chastes et vesquirent chastement et virginalement.

Item, à ce propos nous trouvons escript ou treiziesme chappitre ou livre fait de Daniel que après la transmigracion de Babilonne, c'est à dire après ce que Jéchonias[1] le roi de Jhérusalem et le peuple de Ysraël furent menés en prison et chétiveté[2] en Babilonne, et que la cité de Jhérusalem fut destruite par le roy Nabugodonosor, il ot en Babilonne un Juif preudomme et riche lequel fut nommé Joachin, et Joachin prist une femme fille d'un autre Juif lequel ot nom Belchias[3], et la pucelle Susanne, laquelle estoit très belle et crémant Dieu; car son père et sa mère qui estoient justes et bonnes gens l'avoient moult bien aprise et endoctrinée en chasteté selon la loy Moyse. Ce Joachin, mary de Susanne, estoit moult riche et avoit un moult bel jardin plain d'arbres portant fruis. Là venoient communément esbatre les Juifs pour ce que le lieu estoit plus honnourable de tous les autres; Susanne mesmes aloit souvent esbatre en ce jardin. Or advint que deux anciens prestres d'icelle loy furent du peuple establis juges pour un an; lesquels juges virent Susanne très

---

[1] C'était Sédécias. — [2] Captivité. — [3] Helcias.

belle et tant qu'ils furent espris et alumés de fole amour. Si parlèrent ensemble et regardèrent comment ils la pourroient décevoir, et se accordèrent qu'ils la guetteroient ou jardin dessusdit et parleroient à elle se ils la trouvoient seule.

Un jour advint que après l'eure de midy ils se mussèrent en un anglet de ce jardin : Susanne vint ou dit jardin pour soy laver, selon ce que leur loy l'ordonnoit, et mena avecques soy deux de ses pucelles lesquelles elle renvoya en sa maison pour lui rapporter oeille[1] et oingnemens pour soy enoindre. Et quant les deux vieillars la virent seule, ils coururent à elle et lui dirent : Coyement[2] seufre ce que nous voulons faire de toy, et se tu ne le fais, nous porterons tesmoingnage encontre toy et dirons que nous t'avons trouvée en advoultaire. Et quant Susanne vit et sceut la mauvaistié des juges, elle proposa en soy mesmes et dist en ceste manière : *Angustie michi sunt undique,* etc., Dieux! dit-elle, angoisses sont à moy de toutes pars, car se je fais ceste chose, morte suis comme à Dieu, et se je ne le fay, je ne pourray eschapper de leurs mains que je ne soie tormentée et lapidée; mais mieulx me vault sans meffaire cheoir en leur dangier que faire péchié devant Dieu. Lors elle cria à haulte voix : les deux vieillars crièrent aussi, tellement que les serviteurs de la maison y acoururent, et les juges dirent qu'ils l'avoient trouvée en présent meffait avec un jouvencel lequel estoit fort et viguereux; si leur eschappa et ne sceurent ne ne peurent congnoistre qui il estoit. De ce furent les sergens[3] merveilleusement vergongneux et esbahis, car oncques

---

[1] Huile. — [2] Doucement, paisiblement. — [3] Serviteurs, *servientes.*

mais ils n'avoient oy dire telle parole de leur dame, ne veu mal en elle; toutesfois elle fut emprisonnée.

Et l'endemain que les juges furent assis en jugement, tout le peuple devant eulx assemblé pour veoir la merveille, Susanne fut amenée en jugement; ses parens et amis la regardoient, moult tendrement plourans. Susanne avoit son chief couvert, de honte et de vergongne qu'elle avoit. Les juges lui firent descouvrir son viaire[1] par grant honte et despit. Adonc elle plourant leva ses yeulx au ciel, car elle avoit fiance en nostre Seigneur et ou bien de son ignorance. Adonc les deux prestres racontèrent devant le peuple comment eulx alans esbatans dedans le jardin avoient veu Susanne entrer en icellui, avec elle deux de ses pucelles lesquelles elle renvoya et serra l'uis après elles; et disoient que lors estoit venu un jeune homme lequel ils avoient veu charnellement habiter à elle, et pour ce ils estoient là courus, et le jeune homme s'en estoit fouy par l'uis, et n'avoient peu arrester ne prendre fors icelle Susanne qui n'avoit icellui jeune homme voulu nommer; et de ce meffait nous deux sommes tesmoings, et pour ce meffait nous la jugeons à mort. Susanne adonc s'escria et dist en ceste manière : Dieu pardurable, tu es congnoissant des choses répostes[2] et scez toutes choses ains qu'elles soient faictes, et scez bien que contre moy ils portent faulx tesmoingnaige; souviengne-t'en et aies mercy de moy!

Après ce on la mena à son torment, et en passant par une rue, nostre Seigneur évertua l'esperit d'un jeune et petit enfant appelé Daniel lequel commença à crier à haulte voix : O peuple d'Israel, ceste femme est jugée

---

[1] Visage. — [2] Cachées.

faulcement, retournez au jugement, retournez, car les jugemens sont faulx! Adonc le peuple s'escria et firent retourner Susanne au lieu où le jugement avoit esté donné et amenèrent les jugeurs et l'enfant appelé Daniel lequel dist tels mots : Séparez moy ces jugeurs et les menez l'un çà, l'autre là. Quant ce fut fait, il vint à l'un et lui demanda soubs quel arbre ce avoit esté fait et qu'il avoit vu l'omme et Susanne faisans leur péchié; et icellui jugeur respondi : soubs un chesne[1]. Après, icellui Daniel vint à l'autre jugeur et lui demanda soubs quel arbre il avoit veu Susanne soubs le jeune homme; et il respondi : soubs un arbre appelé *Lentiscus*[2]. Lentiscus est un arbre qui rent huille et la racine est une espice appellée *macis*. Ainsi fut attainte leur mençonge, et fut Susanne délivrée, comme pure et necte, sans tache de mauvais atouchemens. Et est bien prouvé qu'elle estoit bien remplie de la vertu de chasteté quant elle dist ceste parole aux faulx jugeurs : J'aime mieulx cheoir en vos mains comme ès mains de mes ennemis, et mourir sans faire péchié que faire péchié devant Dieu nostre Seigneur. O femme pleine de foy et de grant loyaulté qui crémoit tant Dieu et le péchié de mariage enfraindre qu'elle voulloit mieulx mourir que son corps vilainement atoucher! Et certes il est tout certain que les Juifs et les Juifves qui sont à présent en ce royaume ont si abhominable ce péchié, et est telle leur loy, que se une femme estoit trouvée en adultère,

[1] La Vulgate dit *sub prino*, c'est le chêne *ilex*, l'yeuse. — [2] *Sub schino*, c'est le lentisque d'où découle dans l'Archipel et en Perse non le macis, mais le mastic ou encens de Perse, sorte de gomme aromatique avec laquelle les Perses enduisoient leurs outres, suivant Strabon. Le *macis* dont parle ici l'auteur est aussi appelé *fleur de muscade*; c'est la seconde écorce de la noix muscade. Nous verrons le macis employé dans *le Viandier*.

elle seroit lapidée et tourmentée de pierres jusques à la mort selon leur loy. Mesmes les mauvais tiennent cette loy, et nous la devons bien tenir, car c'est bonne loy [1].

Autre exemple y a, si comme met Cerxès [2] le philosophe en son livre nommé des *Eschez,* ou chappitre *de la Royne,* et dit que la Royne doit sur toutes choses sa chasteté garder et endoctriner à ses filles, car, dist-il, nous lisons de moult de filles qui pour leur virginité ou pucellaige garder ont esté roynes. Pol istoriographe des Lombars raconte que en Ytalie avoit une duchesse qui avoit nom Raymonde, et avoit un fils et deux filles. Advint que le roy de Hongrie appelé Cantamus eut débat à icelle Raymonde et vint devant une sienne ville et y mist le siége. Elle et ses enfans estoient dedens le chastel, et si regarda une fois ses ennemis qui faisoient une escarmouche contre les gens de sa ville qui fort se deffendoient, et entre les ennemis vit un cheva-

---

[1] Les juifs furent chassés par ordonnance du 17 septembre 1394, et cette ordonnance fut ponctuellement et promptement exécutée. On en a la preuve dans des lettres de rémission accordées en janvier 1394 (5), à un certain Guiot Rousseau de Pertes, près Melun, pour avoir assommé et volé, entre Pont-sur-Yonne et Sens, au bois de Javel, une vieille juive qu'il s'étoit chargé de conduire sur son cheval, de Melun à Sens, *ne croyant autant mesfaire que s'elle eust esté chrestienne et se recordant que par les juifs qui ont demouré ou temps passé à Meleun il avoit esté destruit presque de toute sa chevance.* Il est dit dans ces lettres, qui m'ont été communiquées par M. de Stadler, que cette juive *alloit rejoindre aucuns juifs qui pour certaine ordenance sur ce faicte se partoient hors du royaume.* (J. Reg. 147, 36.) Ce passage prouve bien positivement que *le Ménagier* a été écrit avant septembre 1394.

[2] Philosophe chaldéen qui, suivant Jacques de Cessoles, auteur du *Jeu des échecs moralisé,* auroit inventé le jeu d'échecs. L'auteur du *Ménagier* cite ici l'ouvrage de J. de Cessoles, dans lequel on trouve, au chapitre de la Reine, les histoires de Romilde, de Lucrèce, de Papirius, qu'il va raconter aussi, mais en les développant.

lier qui estoit forment bel. Elle fu tant embrasée de s'a-
mour qu'elle lui manda que secrètement et parmy son
chastel elle luy rendroit sa ville, se il la vouloit prendre
à femme. Et le chevalier dist oyl[1], et après ce, elle luy
ouvri les portes du chastel, et il et ses gens y entrèrent.
Quant ils furent au chastel, ses gens entrèrent par là en
la ville et prindrent hommes et femmes et tout ce qu'ils
peurent; et les fils d'elle orent si grant honte et douleur de sa traïson qu'ils la laissèrent et s'en alèrent,
et depuis furent si bons que l'un d'iceulx enfans qui
avoit nom Grimault, c'est assavoir le plus petit, fut duc
des Bienventens[2] et depuis roy de Lombardie. Et les filles
qui ne sceurent fouir doubtèrent estre violées des Hongres; si tuèrent pigons et les mussèrent dessoubs leurs
mamelles, si que par l'eschauffement de leurs mamelles la char des pigons puoit, et quant les Hongres
les vouldrent approuchier, si sentirent la puantise, et
s'en refroidirent et desmeurent[3] et les laissèrent tantost,
et disoient l'un à l'autre : Fy que ces Lombardes puent!
Et à la fin icelles filles s'enfouirent par mer pour garder
leur virginité, et toutesvoies, pour ce bien et leurs
autres vertus, l'une fut depuis royne de France et
l'autre fut royne d'Alemaigne. Icellui chevalier print
icelle duchesse et jeut avec elle une nuit pour son
serement saulver et l'endemain la fist à tous les Hougres
commune. Le jour après lui fist ficher un pel dès parmy
la nature au long du corps jusques à la gorge, disant :
Tel mary doit avoir telle lécheresse qui par sa luxure
a trahy sa cité et ses gens baillés et mis ès mains de
leurs ennemis. Et aussi ces paroles fist-il escripre en

---

[1] Oui. — [2] De Bénévent. — [3] S'en détournèrent, de *desmouvoir*.

plusieurs lieux parmy sa robe, et toute morte la fist attacher et lier aux barrières de dehors et devant la porte de sa cité afin que chascun la veist, et la laissa[1].

Encores met-il[2] là un autre exemple de garder son mariage et sa chasteté, et dit que saint Augustin ou livre de la *Cité de Dieu* dit (et aussi l'ay-je veu en Titus Livius) que à Romme estoit une dame moult bonne et de grant et vertueux couraige appellée Lucresse qui estoit femme d'un Rommain appellé Collatin qui convoya et semmoni[3] une fois à disner avec lui l'empereur Tarquin l'orgueilleux et Sexte son fils; lesquels y disnèrent et furent festiés et après disner se esbatirent, et Sexte advisa la contenance de toutes les dames qui là estoient; et entre toutes et pardessus toutes les autres, la manière Lucresse lui pleut et sa beauté. Par aucune espace de temps après, les gens d'un chastel qui estoit à quatre lieues d'illec, emprès Romme, firent rébellion contre l'empereur qui ala mettre le siége devant,

---

[1] Cette duchesse est Romilde, veuve de Gisulfe, duc de Frioul, tué en 611, dans une bataille contre les Abares. Après la mort de son mari dont elle avoit eu quatre fils et quatre filles, elle fut assiégée par le khan des Abares dans Forojulium, aujourd'hui *Civita di Friuli*. Éprise de la figure du khan, elle lui offrit (et non à un de ses chevaliers) la place et sa main; son offre fut acceptée, mais le khan, maître de la place, fit empaler Romilde et emmena ses enfans et les principaux citoyens en captivité. Les quatre princes s'échappèrent sur la route. Les deux aînés, Tason et Caccon, furent ducs de Frioul, de 621 à 635. Le troisième, Rodoald, fut duc de Bénévent, de 642 à 647, et le dernier, Grimoald, fut duc de Bénévent après son frère, et roi des Lombards en 662; il mourut en 671. On a assez peu de renseignemens sur l'origine de plusieurs de nos reines de la première race. Je n'ai pas trouvé qu'aucune d'elles ait été sœur de Grimoald. La même histoire est racontée avec quelques-unes des inexactitudes de l'auteur du *Ménagier*, dans le LVIIIe chapitre du *Compendion historial*; Paris, Ant. Vérard, 1509. — Elle est tirée de Paul Diacre. — [2] L'auteur du *Jeu des Échecs moralisé*. — [3] Invita, de *semondre*.

et avec lui fut et ala Sexte son fils avec lequel estoient
et de sa compaignie furent plusieurs des jeunes hommes
de Romme, entre lesquels estoit Collatin le mary Lucresse. Long temps furent illec les Rommains à siège, et
un jour qu'il faisoit bel et seryn, estoient assemblés
après disner à boire ensemble Sexte le fils l'empereur
et plusieurs d'iceulx jeunes hommes romains entre lesquels estoit Collatin, et prindrent complot ensemble de
soupper tantost, et après alèrent hastivement à Romme
en l'hostel de chascun d'iceulx jeunes hommes veoir la
manière et contenance de chascune de leurs femmes
et leur gouvernement, par tel[1] que cellui duquel sa
femme seroit trouvée en meilleur convine[2] auroit l'honneur de logier Sexte le fils l'empereur en son hostel.
Ainsi fu accordé, et vindrent à Romme et trouvèrent les
unes devisans[3], les autres jouans au *bric*, les autres à
qui féry? les autres à *pince-merille*, les autres jouans

---

[1] Par telle convention. — [2] État, disposition d'esprit. — [3] Les occupations que l'auteur donne ici aux Romaines étoient sans aucun doute celles
des femmes de son temps, et ce passage est certainement un des plus
curieux de son livre. Le *bric*, qui me paroît la même chose que la *briche*
ou *bricque*, est déjà cité au XIII° siècle dans les œuvres de Rutebeuf (*de
Brichemer*), on y jouoit assis et à l'aide d'un petit bâton. — *Qui féry?*
me paroît évidemment notre *main chaude*. — Le jeu de *pince-merille* est
écrit *pince-morille* dans les jeux de Gargantua (Rabelais, livre I, chapitre XXII), c'est tout ce que j'en connois. — Le *tiers* étoit une sorte de
colin-maillard dont il est parlé dans Rabelais, les Arrêts d'amour et des
lettres de rémission de 1391, citées par Du Cange au mot *Tertium*. — La
mention des cartes comme *jeu d'ébatement*, dans un ouvrage écrit sûrement en 1393, est fort importante, et nous paroit démontrer la réalité de
la distinction établie par M. Duchesne entre les cartes jeux *d'ébatement*,
jeux d'enfans, *naïbi*, et les cartes devenues quelques années après jeu de
hasard. En lisant ce passage du *Ménagier* on comprend que les cartes aient
pu être connues en 1369, et ne pas figurer cependant parmi les jeux de
hasard défendus cette année par Charles V. (Voy. *Jeux de Cartes tarots*,
publiés par la Société des Bibliophiles, 1844, in-folio, p. 4.)

E iiij

aux *cartes* et aux autres jeux d'esbatemens avecques
leurs voisines; les autres qui avoient souppé ensemble,
disoient des chançons, des fables, des contes, des jeux-
partis; les autres estoient en la rue avecques leurs voisines jouans au *tiers* et au *bric,* et ainsi semblablement
de plusieurs jeûx, excepté Lucresse qui dedens et ou
plus parfont de son hostel, en une grant chambre loing
de la rue, avoit ouvriers de laine, et là, toute seule,
assise loingnet[1] de ses ouvriers et à part, tenoit son
livre dévotement et à basse chière[2] disoit ses heures
moult humblement; et fut trouvé que lors, ne autresfois que son mary Collatin estoit hors, et en quelque
compaignie ou feste qu'elle feust, il n'estoit nul ne
nulle qui la feist dancer ne chanter, se ce n'estoit seulement le jour qu'elle avoit lettres de luy ou qu'il re-
tournast la veoir; et lors chantoit et dançoit avec les
autres, se feste y avoit. Et pour ce Collatin eust l'honneur
de la venue et loga en son hostel Sexte le fils l'empereur
lequel fut servi de tous les autres et de leurs femmes
et apparentés, et l'endemain bien matin fut des dames es-
veillié, vestu, et oy messe, et le veirent monter et mettre
à chemin. Et à ce voyage fut Sexte moult fort espris
de l'amour de Lucresse et tellement qu'il pensa qu'il
revenroit devers elle acompaignié d'autres gens que
des amis d'elle ou de son mary. Ainsi fut fait et vint au
soir en l'hostel Lucresse laquelle le receut moult honnourablement, et quant le temps vint d'aler couchier,
l'en ordonna le lit à Sexte comme à fils d'empereur, et
ce mauvais fils d'empereur espia où Lucresse gisoit, et
après ce que tous léans furent couchiés et endormis,

---

[1] Un peu loin, à une petite distance. — [2] Le visage baissé.

Sexte vint à elle, l'une main mise à la poitrine et l'autre à l'espée, et lui dist : Lucresse, tais toy! Je suis Sexte le fils à l'empereur Tarquin, se tu dis mot tu es morte! Et de paour elle s'escria, dont la commença Sexte à prier. Rien n'y vault. Et après ce, à luy offrir et promettre dons et services. Riens n'y vault. Et puis, à menacier qu'elle se voulsist à luy accorder ou qu'il destruiroit elle et sa lignée. Rien n'y vault. Quant il vit que tout ce rien n'y valoit, si lui dist ainsi : Lucresse, se tu ne fais ma voulenté, je te tueray et si tueray aussi un de tes varlès, et puis diray que je vous aray tous deux trouvés couchiés ensemble et pour vostre ribauldie vous ay tués. Et celle qui doubta plus la honte du monde que la mort, si se consenti se jouer.

Et tantost après que Sexte s'en fu alé, la dame manda par lettres son mari qui estoit en l'ost, et aussi manda son père, ses frères et tous ses amis et un homme qui avoit nom Brut et nepveu Collatin son mary. Et quant ils furent venus, elle leur dist moult espouventablement : Sexte le fils à l'empereur entra hier comme hoste en cest hostel, mais il ne s'en est pas départi comme hoste, mais comme ennemy de toy, Collatin! et saiches qu'il a ton lit deshonnouré. Toutesvoies se mon corps est deshonnouré, se n'est pas le cuer, et pour tant me absols-je du péchié, mais non pas de la peine. Adonc Collatin son mary vit qu'elle estoit toute pâle et descoulorée et sa face blanche et toute esplourée, car la trasse des larmes estoit apparant en son viaire des yeulx jusques aux baulièvres, et avoit les yeulx gros et enflés, les paupières mortes et perses[1] et dedans vermaulx

---

[1] Bleues, violettes.

I

par le décourcment des larmes, et regardoit et parloit effroyeusement. Si commença à la conforter moult doulcement et à luy pardonner, et lui monstra moult de belles raisons, que le corps n'avoit pas péchié puisque le cuer n'y avoit donné consentement ne pris délit, et se prist à alléguer exemples et auctorités. Tout ce ne luy pleut ; elle luy rompi sa parole en disant moult asprement : Ho! ho, nennil, nennil! c'est trop tart, tout ce ne vault riens, car je ne suis jamais digne de vivre ; et celluy qui m'a ce fait, l'a fait à sa grant male meschéance se vous valez riens, et pour ce que nulle ribauldie ne règne à l'exemple de Lucresse, qui vouldra prendre exemple au péchié et au forfait, si prengne aussi exemple à l'amende. Et tantost d'une espée qu'elle tenoit soubs sa robe se féri parmy le corps et morut devant eulx tous.

Adonc Brut le conseiller et Collatin le mary d'icelle Lucresse et tous ses amis plourans et dolens prindrent celle espée qui estoit sanglante, et sur le sang jurèrent par le sang Lucresse que jamais ne fineroient jusques à tant qu'ils auroient Tarquin et son fils destruit, et le poursuivroient à feu et à sang, et toute sa lignée bouteroient hors, si que jamais nul n'en vendra à dignité. Et tout ce fut tantost fait, car ils la portèrent emmy la ville de Romme et esmeurent tellement le peuple que chascun jura la destruction de l'empereur Tarquin et de son fils, et à feu et à sang. Et adonc fermèrent les portes afin que nul n'issist pour aler adviser l'empereur de leur emprise, et s'armèrent et yssirent dehors alant vers l'ost de l'empereur comme tous forcenés. Et quant ils approchèrent de l'empereur, et il ouy le bruit et tumulte et vit les gens pouldrés[1], et fumées des chevaulx, avec ce que l'en luy dit, il et son fils s'enfouirent en désers, chétifs et desconfortés. Sur quoy le Rommant de la Rose dit ainsi :

> N'onc puis Rommains, pour ce desroy,
> Ne vouldrent faire à Romme roy.

Ainsi avez-vous deux exemples, l'un de garder honnestement son vefvaige, ou sa virginité ou pucellaige ; l'autre de garder son mariaige ou chasteté. Et sachiez que richesse, beaulté de corps et de viaire, lignaige et toutes les autres vertus sont péries et anichillées en femme qui a tache ou souspeçon contre l'une d'icelles vertus. Certes en ce cas tout est péri et effacié, tout est cheu sans jamais relever, puis que une seule fois femme est souspeçonnée ou renommée au contraire ; et encores, supposé que la renommée soit à tort, si ne peut jamais[2] icelle renommée estre effaciée. Or véez en quel péril perpétuel une femme met son honneur et l'honneur du lignaige de son mary et de ses enfans quant elle n'eschieve[3] le parler de tel blasme, ce qui est légier à faire. Et est à noter sur ce, si comme j'ay oy dire, que puis que les Roynes de France sont mariées, elles ne lisent jamais seules lettres closes, se elles ne sont escriptes de la propre main de leur mary, si comme l'en dit, et celles lisent-elles toutes seules, et aux autres elles appellent compaignie et les font lire par autres devant elles, et dient souvent qu'elles ne scevent mie bien lire autre lettre ou escripture que de leur mary ; et leur vient de bonne doctrine et de très

[1] Poudreux ; ou faut-il lire *les gens*, *pouldres* (poussière) *et fumées*, etc. ? — [2] Var. Br. *à peine*. — [3] Évite, esquive.

grant bien, pour oster seulement les paroles et le souspeçon, car du fait n'est-il point de doubte[1]. Et puisque
si haultes dames et si bonnourées le font, les petites
qui ont aussi grant besoing de l'amour de leurs maris
et de bonne renommée le doivent bien faire.

Si vous conseille que les lettres amoureuses et secrètes de vostre mary, vous recevez en grant joye et
révérence, et secrètement toute seule les lisez tout à
part-vous, et toute seule lui rescripvez de vostre main
se vous savez, ou par la main d'autre bien secrète personne; et lui rescripvez bonnes paroles amoureuses
et vos joyes et esbatemens, et nulles autres lettres ne
recevez, ne ne lisez, ne ne rescripvez à autre personne,
fors par estrange main et devant chascun, et en publique les faictes lire.

Item dit-l'en aussi que les Roynes depuis qu'elles
sont mariées, jamais elles ne baiseront homme, ne
père, ne frère, ne parent, fors que le Roy, tant comme
il vivra; pour quoi elles s'en abstiennent, ne se c'est
vray, je ne sçay. Ces choses, chère seur, souffisent assez
à vous bailler pour cest article; et vous sont baillées
plus pour raconte que pour doctrine. Il ne vous convient jà endoctriner sur ce cas, car Dieu mercy de ce
péril et souspeçon estes-vous bien gardée et serez.

LE QUINT ARTICLE.

Le quint article de la première distinction dit que
vous devez estre très amoureuse et très privée de vostre
mary par dessus toutes autres créatures vivans, moien-

---

[1] Car le fait (l'adultère) n'est pas à craindre. Je n'ai vu ce curieux
usage mentionné nulle part ailleurs.

nement amoureuse et privée de vos bons et prochains
parens charnels et parens de vostre mary, très estran-
gement privée de tous autres hommes, et du tout en
tout estrange des oultrecuidés et oyseux jeunes hommes
et qui sont de trop grant despence selon leur revenue,
et qui, sans terre ou grans lignaiges, deviennent dan-
ceurs; et aussi des gens de court, de trop grans
seigneurs, et en oultre de ceulx et celles qui sont re-
nommés et renommées d'estre de vie jolie, amoureuse
ou dissolue.

A ce que j'ay dit très amoureuse de vostre mary, il
est bien voir que tout homme doit amer et chérir sa
femme et que toute femme doit amer et servir son
homme, car il est son commencement et je le preuve.
Car il est trouvé ou deuxiesme chappitre du premier
livre de la Bible que l'en appelle Genesy, que quant
Dieu eust créé ciel et terre, mer et air, et toutes les
choses et créatures à leur aournement et perfection,
il admena à Adam toutes les créatures qui eurent vie
et il nomma chascune ainsi qu'il luy pleut et qu'elles
sont encores appellées. Mais il n'y ot créature semblable à Adam, ne convenable pour lui faire aide et
compaignie. Et pour ce dist Dieu adonc : *Non est bo-
num hominem esse solum; faciamus ei adjutorium simile ei.* Bonne chose, dist Dieu, n'est pas que l'omme
soit seul ; faisons-lui aide qui lui soit semblable. Donc
meist Dieu sommeil en Adam, et adonc osta une des
costes de Adam et rempli le lieu où il la prist de chair,
si comme dit Moyses ou second chappitre de Genesy.
Cellui qui fait Histoire sur Bible[1] dit que Dieu prist de

---

[1] Pierre le Mangeur, chancelier de l'Université de Paris, mort en 1179.
Voir les *Mss. françois* de M. Paris, t. II, p. 2.

la char aussi avecques la coste, aussi dit Josephus[1],
et nostre Seigneur édifia la coste qu'il en avoit ostée en
une femme; voire, ce dist l'Historieur, il lui édifia char
de la char qu'il prist avecques la coste, et os de la coste,
et quant il lui ot donné vie, il l'admena à Adam pour
ce qu'il luy meíst nom. Et quant Adam la regarda,
il dit ainsi : *Hoc nunc os ex ossibus meis et caro de
carne mea : hec vocabitur virago quoniam de viro sumpta
est.* Ceste chose, dist-il, est os de mes os et char de
ma char, elle sera appellée *virago*, c'est à dire faicte
d'omme. Elle ot nom ainsi premièrement, et après ce
qu'ils orent péchié, elle ot nom *Eva* qui vault autant
que *vita*. Car toutes les créatures humaines qui puis ont
eu vie et auront, sont venues d'elle. Encores adjousta
Adam et dist ainsi : *Propter hoc relinquet homo*, etc.
Pour ceste chose laissera homme son père et sa mère et
se aherdera[2] à sa moullier, et seront deux en une chair;
c'est à dire que du sang des deux, voire de l'omme et
de la femme, sera faicte une char ès enfans qui d'eulx
naistront. Là fist donc Dieu et establi premièrement
mariaige, si comme dit l'Historieur, car il dist au con-
joindre : *Crescite et multiplicamini*, etc. Croissez, dist-
il, et multipliez et remplez la terre.

Je di adonc, par les raisons dictes et prises en
Bible, que femme doit moult amer son mary, quant de
la coste de l'omme elle fut faicte.

Item on lit en l'onziesme chappitre de Genesy que
un patriarche appellé Abraham prist à moullier en la
cité ou ville de Caldée une moult bonne et sainte dame
appellée Sarre laquelle fut depuis princesse souveraine

---

[1] L'historien Flavius Josèphe. — [2] S'attachera, *adhærebit.*

et première des bonnes et vaillans dames desquelles
Moyses fait mention en ses cinq livres qui sont les premiers de la Bible. On lit illec que Sarre vesqui moult
saintement et fut très loyalle et de bonne foy à son mary
Abraham, et obéissant à ses commandemens. Et lit-on
illecques que quant Abraham fut parti de Damas pour
la grant famine qui estoit en icelle terre et il deust entrer en Egipte, il dist à Sarre sa moullier : Je sçay, dist-
il, que les hommes de ceste terre sont chaulx et luxurieux, et tu es moult belle femme ; pour quoy je doubte
moult, se ils scevent que tu soies ma moullier, que ils
ne me occisent pour toy avoir ; et pour ce, je te prie
que tu vueilles dire que tu es ma seur et non pas ma
moullier, et je le diray aussi, par quoy je y puisse vivre
paisiblement, entre eulx et mes gens et ma mesgniée [1].
A ce conseil et commandement obéi Sarre, non pas
voulentiers, mais pour sauver la vie à son seigneur et
à sa gent, et quant les hommes et le prince d'icelle
contrée virent Sarre tant belle, ils la prindrent et la menèrent au roy Pharaon qui en ot moult grant joye et la
retint, mais oncques, ne lors ne depuis, en quelconque
heure, le roy Pharaon ne peust venir vers elle qu'il ne la
trouvast toujours plourant du regret qu'elle avoit à son
mary, et pour ce, quant le roy Pharaon la véoit en
icelluy estat, la voulenté et le désir qu'il avoit d'elle se
tresalloit et changeoit, et ainsi la laissoit. Et pour ce,
peut-l'en dire que pour sa bonté et la loiaulté que Dieu
savoit en elle, laquelle estoit triste et courrouciée de
ce que on l'avoit ostée à son mary, il la garda et dé-
fendi par telle manière que Pharaon ne pot habiter à

---

[1] Prononciation parisienne du mot *mesnie*, suite, famille. Voir H.
Estienne, *Précellence du Lang. françois*, p. 179.

elle et fut moult tourmenté, et tous ceulx de sa mesgniée, pour Sarre qu'ils avoient ostée à Abraham. L'Historieur dit sur ce chappitre que tant que Pharaon
tint Sarre, il n'ot povoir de habiter à femme, ne tous
ses hommes aussi ne povoient engendrer; et pour
ce, les prestres de sa loy sacrifièrent à leurs dieux et
il leur fut respondu que c'estoit pour Sarre la moullier
à Abraham que le roy Pharaon lui avoit tolue. Et quant
le Roy le sceut, il manda Abraham qui vivoit bien paisiblement en sa terre et lui dist : Pourquoi m'as-tu
deceu et fait grant mal ? Tu disoies que Sarre estoit ta
seur, et c'est ta femme ! Prens-la et l'emmaine hors de
ma terre. Lors commanda-il à ses hommes qu'ils le
menassent hors de la terre d'Egipte paisiblement et sans
perdre nulle de ses choses.

On lit ou sixiesme chappitre de Genesy que quant
Abraham fut party d'Egipte, il ala demourer en la terre
de Canaen de coste¹ Bétel. Donc regarda Sarre qu'elle
estoit brehaigne² et ne povoit avoir enfant, dont elle
estoit moult dolente ; lors s'advisa qu'elle bailleroit
Agar sa chamberière qu'elle avoit admenée d'Egipte, à
Abraham son mary, pour savoir s'elle en pourroit avoir
enfant, car elle doubtoit moult qu'il ne morust sans
hoir, et ce dist-elle à Abraham qui se consenti à faire
sa voulenté. Et elle lui bailla Agar sa meschine laquelle
conceut tantost un fils dont Sarre ot moult grant joye.
Mais quant Agar la meschine vit et sceut qu'elle avoit
conceu de Abraham, elle despita sa dame et se portoit
grossement contre elle. Et quant elle vit ce, Sarre dist
à Abraham : Tu fais mauvaisement encontre moy, je te

---

¹ Près, comme *Villers-Coste-Retz*. — ² Stérile. Encore employé pour
les biches en terme de vénerie.

baillay ma meschine pour ce que je ne puis avoir enfans de toy, et je désiroie que je peusse avoir fils d'elle et de toy lesquels je peusse nourrir et garder, à la fin que tu ne morusses pas sans laisser lignée de toy : pour ce que ma meschine Agar voit qu'elle a conceu de toy, elle m'a en despit et ne me prise rien ; Dieu vueille jugier entre moy et toy, car tu as tort qui sueuffres qu'elle me despite.

Or véons la grant bonté et la grant loyaulté de ceste bonne dame et sainte femme Sarre. Elle amoit si très loyaulment Abraham son mary, et bien savoit qu'il estoit si saint homme et vaillant patriarche, que il lui sembloit que ce feust doleur et grant dommaige s'il mouroit sans hoir et avoir fils de son sang, et si véoit bien qu'elle estoit brehaigne et ne povoit concevoir, et pour le grant désir qu'elle avoit d'avoir fils de son mary lesquels elle peust nourrir et garder, elle bailla sa meschine et la fist couchier en son propre lit, et s'en voult déporter. Quantes dames ou femmes trouveroit-on qui ainsi feissent ? Je croy qu'on en trouveroit peu, et pour ce est Sarre tenue à la plus loyale à son mary qui fust dès Adam le premier homme jusques à la loy qui fut donnée à Moyse. Mais Agar sa meschine à tort l'eut en despit quant elle sceut qu'elle eust conceu de Abraham, mais on dit communément que qui essauce[1] son serf il en fait son ennemy. Mais Abraham le bon patriarche vit bien et sceut que Agar la meschine avoit tort, et pour ce il dist à Sarre : Vécy Agar ta meschine, je la mets en ta main, si en fais ta voulenté.

Lors la commença Sarre à approuchier, et la tint

___
[1] Élève.

I   F

vile jusques à tant qu'elle mesmes, par le commandement de l'ange, se humilia et à sa dame cria mercy;
et Sarre la garda tant qu'elle ot enfanté son fils qui ot
nom Ysmaël, dont Sarre ot grant joye et le garda et
fist garder moult bien. Après ce, nostre Seigneur visita
Sarre et s'apparut aussi à Abraham ou val de Mambré,
devant son tabernacle, et lui dist qu'il auroit un fils de
Sarre sa franche moullier, et auroit nom Ysaac, et ce
fils vivroit et sa lignée il multiplieroit ainsi comme les
estoiles du ciel et la gravelle de la mer ou la pouldre de
la terre. Encores dist-il à Abraham : en ta lignée ou
semence toutes gens seront beneurés. Et quant Sarre
qui estoit derrière l'uis du tabernacle oy quelle con-
cevroit, si commença à rire et dist à soy mesmes : je
suis vieille et ancienne, et Abraham aussi; comment
pourray-je avoir enfant? Et merveilles ne fut pas de ce
quelle rit et dit ainsi, qu'elle avoit jà plus de quatre-
vingts ans, et Abraham en avoit plus de cent. Et Dieu
qui la vit bien rire dist à Abraham : Pourquoy a ris Sarre
ta moullier? Et Sarre qui ot paour respondi qu'elle
n'avoit pas ris, et Dieu lui dist : Je te vis bien rire derrière ton huis; ne sont pas toutes choses légières à Dieu
quant il les veult faire? Après ce, Sarre conceut quant
il pleust à Dieu et enfanta un fils lequel Abraham appella Ysaac, et le circonci au jour vingtième qu'il fut
né. Lors dist Sarre par moult grant joie : Dieu m'a
fait rire, et tous ceulx et celles qui orront dire que j'ay
enfanté riront aussi avec moy. Qui croiroit, dist-elle,
Abraham se il disoit que Sarre alaitast un enfant
qu'elle luy aroit enfanté en sa vieillesse? Et pour certain toutes gens qui oient de ce parler pevent bien
croire et penser que Dieu ama moult Abraham et

Sarre aussi quant il leur fist si belle grâce. Mais Abraham estoit si saint et si bon patriarche que Dieu parla à lui par moult de fois et lui promist que il mesmes se donroit à sa lignée[1], et aussi ama-il moult Sarre pour sa grant loyauté et sa grant bonté.

Moult bien nourri Sarre son fils Ysaac, et quant il fut si grant qu'elle le sevra et qu'il deust mengier à la table son père Abraham, elle appella ses amis et fist grant mengier et grant feste pour son fils. Et quant Sarre vit Ysmaël le fils Agar l'Egipcienne jouer à Ysaac son fils, elle dist à Abraham : Chasse hors la meschine et son fils; le fils de la meschine ne sera pas hoir avecques mon fils Ysaac. Il est dit en Genesy ou xxi° chappitre : Ceste parole fut moult dure à Abraham, mais Dieu lui dist ainsi : Ne te semble pas aspre chose de bouter hors la meschine et son fils; oy la parolle de Sarre et fay tout ce qu'elle te dira, car en Ysaac ta semence sera appellée. (C'est à dire que de Ysaac devoit venir la lignée que Dieu avoit promise à Abraham.) Et pour ce, dit Dieu, que le fils de la meschine est de ta semence, je le feray croistre en moult grant gent. Donc se leva Abraham au matin et bailla à Agar la meschine du pain et un bouchel[2] d'eaue et luy mist sur ses espaules, puis lui fist prendre Ysmaël son fils; si lui commanda qu'elle s'en alast quelle part qu'il luy pleust, et si fist-elle.

Or pourroient, par adventure, penser aucunes personnes que Sarre eust par mal et par envie enchassé Agar sa meschine et Ysmaël son fils : mais qui veult bien considérer la cause, elle n'ot pas tort; Histoire

[1] Allusion à l'incarnation de N. S. J. C. — [2] Outre ou petit baril, *boucellus.*

sur Bible dist ainsi : Sarre vit bien que Ysmaël en son
jeu faisoit félonnie à Ysaac son fils ; et aussi que, de
par esperit de prophécie, elle sceut et apperceut que
Ysmaël avoit ymagetes faictes de terre auxquelles il
aouroit comme Dieu et vouloit contraindre Ysaac à ce
que les aourast aussi. Encores considéroit-elle et savoit
assez que se Ysmaël demouroit tant avecques eulx que
Abraham morust, il vouldroit déshériter Ysaac et avoir
sa seignourie par sa force, et pour ce elle fist moult
bien de enchasser la mère et son fils. Et jasoit-ce que
j'aye mise l'istoire tout au long et ne l'aye voulu des-
membrer ne descoupler pour ce que la matière est
belle et s'entretient, toutesvoies par icelle peut estre
recueilli à mon propos seulement que Sarre fut très
amoureuse privée et obéissant à son mary en tant
qu'elle laissa ses parens et sa terre pour aler seule de
sa lignée avec son mary en estrange terre et de diffé-
rent langage, et avec ce, elle délaissa à la prière et
pour l'amour de son mary le nom de moullier ou
femme qui est le plus prouchain en affinité, en amour
et dilection, et, à la demande de son mary, prist le
nom de seur ; et en oultre que tant comme elle fut
hors d'avecques son mary, tout jour et toute nuit
plouroit pour l'amour de son mary ; et de rechief que
pour avoir lignée et représentacion de son mary après
la mort d'icelluy, elle en laissa son lit et le soulas de
son mary, et lui bailla Agar sa chambrière et la fist
dame, et elle très humblement devint serviteresse et
humble servant, sans les autres débonnairetés et humi-
lités cy dessus escriptes et lesquelles je laisse pour ce
qu'il me semble que ce seroit trop longue récitation.

Item il est trouvé escript ou xxixe chappitre de Ge-

nesy qui est le premier livre de la Bible, que quant
Jacob fut party de Ysaac son père et de Rébecque
sa mère, de Briseyda[1] leur cité il ala tant qu'il vint en
Mésopotamie, près de la cité de Aram qui estoit à Laban
son oncle. Là resta-il de coste un puis auquel les pasteurs
de la terre abreuvoient les bestes, lequel puis estoit
couvert d'une grant pierre plate. Ainsi comme les pasteurs furent assemblés entour le puis, Jacob leur demanda se ils congnoissoient Laban le fils Batuel qui
fut fils Naccor. Les pasteurs respondirent : Oyl, moult
bien. Il leur demanda se il estoit sain et en bon point;
ils respondirent : Oyl. Vois çà, dirent-ils, Rachel sa fille
qui vient abreuver ses bestes à ce puis. Jacob leur dist :
Seigneurs, abreuvez vos bestes, si les ramenez en la pas-
ture, car il est encores grant heure et n'est pas temps
encores de les mener aux estables. Si comme il disoit
ainsi, Rachel vint au puis, et Jacob leva la pierre du
puis : si luy fist abreuver ses bestes. Lors parla-il à elle
et la baisa ; si luy dist qu'il estoist son cousin germain,
fils de Ysaac et de Rébecque la seur de Laban son père.
Et quant Rachel l'ot entendu, elle s'en courust en son
hostel et dist à Laban son père comment elle ot trouvé
Jacob son nepveu. Et quant Laban l'oy, il eust moult
grant joie et lui demanda la cause de sa voye[2] et pour
quoy il estoit là venu. Jacob luy dist que c'estoit pour la
paour de Esaü son frère qui le vouloit occire pour ce
que il avoit receu la bénéisson son père, mais ce luy ot
fait faire sa mère Rébecque. Lors respondi Laban : Tu
es os de mes os et char de ma char, et pour ce tu pues
demourer avecques moy.

---

[1] Bersabée. — [2] Voyage.

Quant Jacob ot demouré avec Laban son oncle par l'espace de un mois, Laban lui dist : Comment que tu soies mon nepveu, ne vueil-je pas que tu me serves pour néant; dy moy que tu vouldras avoir pour ton service. Or avoit Laban deux filles : l'ainsnée ot nom Lye, celle ot les yeulx plourans par enfermeté; et la plus jeune ot nom Rachel, celle estoit moult belle et gente de viaire et de corps, et Jacob l'amoit moult. Et pour ce il dist à Laban : Je serviray à toy sept ans pour Rachel la plus jeune. Laban respondi : Mieulx vault que je la te donne que à un autre homme, or demeure doncques avecques moy. Jacob demoura avecques Laban et le servi sept ans pour avoir sa fille Rachel, et lui sembla que le terme fut moult brief pour la grant amour qu'il avoit à elle.

Sur ceste chose dit l'Histoire : le terme de sept ans ne luy sembla pas brief pour la grant amour, mais moult long. Car quant une personne aime et désire aucune chose, il luy semble que les termes que il la doit avoir tardent trop merveilleusement. Mais ce que la Bible dit que les jours semblèrent briefs à Jacob, on peut entendre en ceste manière : il amoit tant Rachel et luy sembloit tant belle, que s'il deust servir encores autant pour l'avoir comme il avoit servi, ne lui sembloit-il pas que il l'eust bien desservie.

A la fin des sept ans, il dit à Laban : Donne moy ma moullier, il est bien temps que je l'aye. Lors appella Laban tous ses amis et voisins et fist grans nopces; et quant la nuit fut venue, il mena à Jacob Lye sa fille l'ainsnée et lui bailla une meschine qui ot nom Zel-

phan pour luy servir. Et quant Jacob ot jeu [1] à Lye
et il la regarda à la matinée, il dist à Laban : Que
est-ce que tu as voulu faire à moy ? N'ay-je pas servi à
toi sept ans pour Rachel? Pourquoy m'as-tu baillé Lye?
Laban respondi : Nous n'avons pas de coustume en
ceste contrée de bailler aux nopces la plus jeune devant les ainsnées; attens tant que la sepmaine des nopces soit passée et puis je te donray l'autre, en telle
manière que tu me serviras encores sept ans pour elle.
Lors accorda Jacob ce que Laban ot dit, et quant la
sepmaine fut passée, il prist ainsi à moullier Rachel à
laquelle son père avoit donné une meschine laquelle
ot nom Balam.

Aucuns veullent dire que puis que Jacob ot prins la
fille ainsnée de Laban, il servi autres sept ans pour
Rachel avant qu'il l'eust à moullier, mais ils dient mal.
On treuve en Histoire que saint Jérosme dit : Tantost
après la sepmaine des nopces faictes pour Lye, Jacob
prist Rachel, et pour la grant joye qu'il en ot, il servi
voulentiers les sept ans ensuivans.

Il est dit en Genesy ou xxixᵉ chappitre que Jacob
ama moult plus Rachel pour ce que elle estoit plus
belle et gracieuse que Lye qui n'estoit pas si belle, mais
pour ce que Dieu ne vouloit pas qu'il l'eust trop en
despit, il la fist concevoir un fils dont elle ot moult
grant joye et l'appela Ruben, et dit ainsi : Dieu a veu
mon humilité, d'ores-en-avant m'en aymera mon mary.
De rechief elle conceut et enfanta un autre fils et l'appela Siméon, en disant ainsi : Pour ce que Dieu m'a
oye, il m'a donné encores ce fils. Tiercement, elle con-

[1] Couché.

ceut et enfanta un autre fils et dist ainsi : Mon mary
se complaira en moy pour ce que je luy ay enfanté trois
fils; et pour ce, elle nomma l'enfant Levy. Quarte-
ment, conceut et enfanta un fils et dist : Orendroit je
me confesseray à nostre Seigneur; et pour ce, l'enfant
ot nom Judas et vault autant à dire que confession.
Lors cessa Lye qu'elle n'ot plus enfans jusques grant
temps après.

Il est escript ou xxx° chappitre de Genesy que Rachel ot grant envie contre Lye sa seur pour ce qu'elle
ot enfanté, et elle se trouvoit brehaigne et ne povoit
concevoir. Et pour ce elle dist à Jacob son mary :
Donne moy des enfans, et se tu ne le fais je mour-
ray. Jacob qui yrié estoit respondi : Je ne suis pas
Dieu, je t'apreisse d'avoir enfans de ton ventre. Rachel
respondi : J'ay Balan ma meschine, couche avec elle
à ce qu'elle enfante et que je puisse avoir fils d'elle et
de toy. Jacob fist ce que Rachel voult, et Balan conceut
et enfanta un fils. Lors dit Rachel : Dieu a jugié pour
moy, si a ma voix essaucée et m'a donné un fils. Pour
ce, elle appela l'enfant Dan. De rechief, Balan ot un
fils pour lequel Rachel dist : Nostre Seigneur m'a comparée à Lye, et de ce, le fils ot nom Neptalim.

Or véons grant merveille et signe de grant amour.
Rachel avoit si grant désir qu'elle eust enfans de Jacob
que pour ce qu'elle vit qu'elle ne povoit concevoir
elle luy bailla sa meschine, et les fils qu'elle en ot elle
ama aussi que s'ils feussent siens propres. Pour ce que
Lye vit qu'elle ne concevoit mais, elle bailla à Jacob
Zelphan sa meschine. Le premier fils qu'elle en ot, Lye
le receut à joye et dit : Il me vient eureusement, et
de ce, le fils ot nom Gad. Et quant Zelphan ot l'autre

fils Lye dist : C'est pour ma bonne eureté et pour ce toutes femmes me diront bieneureuse; et ce fils ot nom Aser.

Ou temps de messon Ruben apporta à Lye sa mère mandagores que il ot trouvées en leur champ, et quant Rachel les vit, si les désira moult et dist à Lye sa sœur : Donne moy partie des mandagores. Lye respondi : Ne te souffist-il pas que tu me ostes mon mary, se tu ne me veulx encores oster mes mandagores? Rachel dist : Je veuil qu'il dorme en ceste nuit avecques toy pour les mandagores que ton fils a apporté. Lye les luy donna, et au soir quant Jacob revint des champs, elle ala encontre luy et luy dist : Tu vendras en ceste nuit coucher avecques moy, car je t'ay acheté par les mandagores que ton fils m'ot donné.

De ces mandagores met l'Histoire sur Bible moult d'oppinions. Les aucuns dient que ce sont arbres qui portent fruit souef flairant autel que pommes. Les autres dient que ce sont racines en terre, en manière d'erbe, portans feuilles vers, et ont ces racines figure et façon d'ommes et de femmes, de tous membres et de chevellure[1]. *Catholicon*[2] dit : Ce m'est advis que bien pevent estre herbes et racines, et que le fruit vault à femmes brehaignes pour aidier à concevoir, mais que les femmes ne soient pas trop anciennes.

Celle nuit dormit Jacob avecques Lye, et elle conceut un fils, et quant elle l'ot enfanté, elle dist : Dieu m'a enrichie de ce que j'ay donné à mon mary ma

---

[1] Voir sur cette plante et sur la *main de gloire* les curieux articles du Dictionnaire de Trévoux. — [2] Ouvrage qui est à la fois une grammaire, une rhétorique, et un dictionnaire, et qui fut écrit en 1286 par Jehan Balbi de Gênes, religieux dominicain.

F v

meschine; et pour ce elle appella son fils le cin-
quiesme Ysacar. Puis ot-elle le sixiesme fils; quant elle
l'ot enfanté, elle dist : Dieu m'a enrichie de bon
douaire à ceste fois, et encores sera mon mary avecques moy; et pour ce elle appella son fils Zabulon.
Encores ot-elle une fille laquelle ot nom Dinam. Après
ce, nostre Seigneur se recorda de Rachel et essauça sa
prière; si lui fist concevoir et enfanter un fils dont
elle ot moult grant joye et dist : Nostre Seigneur a ostée
ma reprouche. Si appella son fils Joseph, et dist : Dieu
m'en doint encores un autre. Après toutes ces choses
dessus dictes, Jacob appella Laban son oncle et lui
dist : Donne moy mes moulliers pour lesquelles j'ay
servy à toy quatorze ans, et mes enfans; si m'en
iray en la terre dont je fus né. Laban lui respondi : Je te prie que tu demeures encore avec moy, car
je sçay bien que par toy Dieu m'a bénéy et multiplié
mes biens. Jacob respondi : Il me convient pourveoir substance pour moy, pour mes enfans, pour mes
femmes et ma famille.

Ores du surplus de l'histoire je me tais, car il
ne touche point à ma matière. Mais par ce que dit
est dessus peut estre recueilli la grant bonté des
dessus dictes Lye et Rachel qui toutes deux et en
un mesmes temps, elles estans ensemble en un mesme
hostel et mesnage, servoient et servirent Jacob leur
mary en bonne paix et en bon amour, sans jalousie,
sans tençon et sans envie, et en oultre elles avoient
laissié leur pays, leur nativité, leur père, leur mère
et leur langage pour icelluy mary et pour le servir
en estrange terre. Et est moult à considérer la grant
amour et l'ardeur que Rachel avoit d'avoir lignée

et remembrance de Jacob auquel elle bailla Balan sa chamberière.

Quantes dames est-il maintenant qui le féissent, ne qui vesquissent si paisiblement que quant l'une l'aroit, l'autre n'en rechignast et murmurast, mais encores pis? Car, par Dieu, je cuide qu'elles batteroient l'une l'autre. O Dieu! quelles bonnes femmes et sainctes elles furent! Pour néant n'est pas en la bénéisson des espousailles ramenteue ceste parole : *Sis amabilis ut Rachel viro, prudens ut Sarra, sapiens ut Rebecca.*

Item nous véons en *Thobie* x° que Raguel et Anne sa femme, quant ils mirent hors de leur hostel Thobie le jeune et Sarre leur fille qui estoit femme d'icelluy jeune Thobie, ils baisièrent icelle leur fille et l'admonestèrent qu'elle amast cordialment son mary et honnourast ses parens, et si fist-elle. Et à ce propos, il est trouvé *Machabeorum* xi° que quant Alixandre oy dire que le roy d'Égipte qui avoit espousé sa seur le venoit veoir, il manda par toutes les universités à son peuple qu'ils ississent de leurs cités et alassent au devant d'icelluy roy d'Égipte pour luy honnorer, et ainsi faisoit honneur à ses parens quant il honnouroit le mary de sa seur.

Et pour que l'en ne die mie que je ne vueille aussi bien dire des devoirs des hommes comme des femmes, je di aussi qu'il est escript *Ad Ephesios* v° que les maris doivent amer leurs femmes comme leur propre corps, ce n'est mie à dire par fiction, ne par parole, c'est léalment, de cuer, avecques ce que dit est dessus. Encores, pour monstrer ce que j'ay dit que vous devez estre très privée et très amoureuse de vostre mary, je mets un exemple rural que mesmes les oi-

seaulx ramages[1] et les bestes privées et sauvaiges, voire
les bestes ravissables, ont le sens et industrie de ceste
pratique, car les oiseaulx femelles suivent et se tiennent prouchaines de leurs masles et non d'autres, et les
suivent et volent après eulx et non après autres. Se les
masles s'arrestent, aussi font les femelles et s'assieent
près de leurs masles : quant leurs masles s'envolent, et
elles après joingnant à joingnant. Et mesmes les oiseaulx
sauvaiges qui sont nourris par personnes qui leur sont
estranges au commencement, puis que iceulx oiseaulx
ont prins nourriture d'icelles personnes estranges, soient
corbeaux, corneilles, choues[2], voire lez oiseaulx de
proye, comme espriviers, faucons, tiercelez[3], ostours
et les semblables, si les aiment-ils plus que les autres. Ce
mesmes est-il des bestes sauvaiges, des dommeschés[4],
voire des bestes champestres. Des dommeschés, vous
véez que un lévrier, ou mastin, ou chiennet, soit en
alant par le chemin, ou à table, ou en lit, tousjours se
tient-il au plus près de celluy avecques qui il prent sa
nourriture, et laisse et est estrange et farouche de
tous les autres; et se le chien en est loing, tousjours
a-il le cuer et l'ueil à son maistre ; mesmes se son
maistre le bat et luy rue pierres après luy, si le suit-il
balant la queue, et en soy couchant devant son maistre le rapaise, et par rivières, par bois, par larronnières
et par batailles le suit.

Autre exemple peut estre prins du chien Maquaire[5],

---

[1] Sauvages. — [2] Sans doute *choucas*. — [3] Var. A, *melles*, faute ou nom
d'oiseau que je ne connois pas. Tiercelet, pris seul, est le nom du faucon
mâle. — [4] Domestiques.

[5] Macaire étoit le nom de l'assassin. Aubri de Montdidier étoit le maître
du chien. Bullet, dans une intéressante dissertation sur cette histoire
(*Mythol. fr.*, p. 64), remarque qu'elle figure pour la première fois dans la

qui vit tuer son maistre dedens un bois, et depuis qu'il fut mort, ne le laissa, mais couchoit ou bois emprès luy qui estoit mort, et aloit de jour querre son vivre loing et l'apportoit en sa gueule, et illec retournoit sans mengier, mais couchoit, buvoit et mengoit emprès le corps et gardoit icelluy corps de son maistre, au bois, tout mort. Depuis, icelluy chien se combati et assailli plusieurs fois celluy qui son maistre avoit tué, et toutes fois qu'il le trouvoit l'assailloit et se combatoit; et en la parfin le desconfi ou champs en l'Isle Nostre Dame[1] à Paris, et encore y sont les traces des lices qui furent faictes pour le chien et pour le champ.

Par Dieu, je vy à Nyort un chien vieil qui gisoit sur la fosse où son maistre avoit esté enterré qui avoit esté tué des Anglois, et y fut mené monseigneur de Berry et grant nombre de chevaliers pour veoir la merveille de la loyaulté et de l'amour du chien qui jour et nuit ne se

---

chronique romanesque d'Albéric de Trois-Fontaines, auteur du xiiie siècle, qui la place à l'année 780. Il pense que cet auteur l'a prise dans quelqu'ancien roman ou chanson de geste.

[1] C'est la portion de l'île Saint-Louis qui est entre la rue des Deux Ponts et le pont Louis-Philippe, et qui estoit séparée par un petit bras de la Seine ordinairement à sec en été, de l'autre portion appelée l'île aux Vaches. Quoique le chapitre de Paris eût des droits à la propriété de cette île et en fût en tout cas haut justicier, elle servoit de promenade et de lieu de réjouissance publique. Le 8 mars 1400, le procureur du roi parlant pour les marchands de Paris et les droits de la navigation, contre le chapitre, et faisant peut-être allusion au prétendu combat de Macaire et du chien, disoit que dès Charlemaine l'île dessus dite fut appliquée à la chose publique (Reg. du Parl., Plaid. civ.). Les lices qu'y voyoit à la fin du xive siècle l'auteur du Ménagier pouvoient bien provenir de la grande fête (mystères, tournois d'enfans au-dessous de dix ans, etc.) qui y fut donnée à la Pentecôte de 1313, lorsque Philippe le Bel et ses trois fils, et le roi d'Angleterre prirent la croix (Chron. métrique de God. de Paris, 1827, p. 188), ou peut-être aussi de quelque autre solennité plus récente.

partoit de dessus la fosse où estoit son maistre que les
Anglois avoient tué. Et luy fist monseigneur de Berry
donner dix frans qui furent baillés à un voisin pour
lui quérir à mengier toute sa vie [1].

[1] Les ducs de Berry, de Bourgogne et de Bourbon et le connétable du
Guesclin conquirent presque tout le Poitou sur les Anglois, en 1372 :
ils revinrent à Paris le 11 décembre, et le lendemain le duc de Berry fit
hommage au roi son frère du comté de Poitiers (Reg. du Parl., Plaid. civ.).

Mais Niort et quelques autres places étoient restées au pouvoir des Anglois.
Du Guesclin ayant défait à Chisay les garnisons angloises réunies sous le
commandement de messire Jehan d'Esvreux, fit, suivant Cuvelier, mettre à
ses soldats les cottes d'armes des Anglois, et prit ainsi Niort par surprise.

Froissart (t. I, p. 665 de l'édition du *Panth. litt.* donnée par M. Buchon)
dit que le combat de Chisay eut lieu le 21 mars 1372 (1373, n. st.), et
cette date se trouve en effet confirmée par les comptes du duc de Berry
dans lesquels on voit figurer, à la date du 30 mars, un messager envoyé
par le duc à la duchesse pour lui annoncer que *messire Jehan d'Esvreux a
esté déconfit*. La prise de Niort dut suivre presque immédiatement le
combat de Chisay, surtout si le stratagème raconté par Cuvelier fut en
effet mis en œuvre par du Guesclin. Niort étoit en tout cas pris au moins
dès le 28 avril. Quoique l'occupation de cette ville ait eut lieu presque
sans coup férir, c'est bien certainement en cette occasion qu'avoit péri le
maistre du chien dont parle notre auteur, soit que ce fût un soldat de
l'armée françoise, soit qu'il fût un des hommes de la ville, bons François
de cœur suivant tous les historiens.

Le duc de Berry, qui après l'hommage du comté de Poitiers avoit été
en Berry et en Auvergne réunir des hommes et de l'argent (il étoit, le
11 janvier 1372-3, et encore le 22 mars, à Bourges), n'arriva en Poitou
que dans les premiers jours d'avril. Il étoit les 28 et 30 mars et le 2 avril
à la Souterraine, petite ville de la Marche, sur la route de Clermont à
Poitiers, attendant probablement ses troupes, et les 15, 18 et 19 avril, à
Poitiers. On voit bien dans ses comptes qu'il envoya un courrier de Niort le
28 avril, mais il partit aussi des courriers ce même jour de Poitiers, de
Saint-Maixent et de Melle, et si le duc a été le même jour dans ces quatre
villes, il a fait une journée de vingt-cinq lieues, ce qui, sans être impossible, est cependant difficile. Il étoit à Poitiers le 30 avril, et paroît y
être resté tout mai, tout juin, et jusqu'au 14 ou 15 juillet, mais il étoit
le 18 de ce mois à Niort et y séjourna au moins jusqu'au 23 (il y con-
somma six setiers de blé; fol. 105 v°). Il étoit de retour à Poitiers le 26.

Ce mesmes est-il des bestes champestres; vous le véez d'un mouton, d'un aignel, qui suivent et sont privés de leurs maistres et maistresses et les suivent et sont privés d'eulx et non d'autres; et autel est-il des bestes sauvaiges, comme d'un sanglier, un cerf, une biche, qui ont nature sauvage, suivent et se tiennent joingnans et près de leurs maistres et maistresses et laissent tous autres. Item, autel est-il des bestes mesmes sauvaiges qui sont dévourans et ravissables, comme loups, lyons, léopars et les semblables, qui sont bestes farouches, fières, cruelles, dévourans et ravissables; si suivent-ils, servent et sont privés de ceulx avecques qui ils prennent leur nourriture et qui les aiment, et sont estranges des autres.

Ores avez-vous veu moult de divers et estranges exemples dont les derrains sont vrais et visibles à l'ueil

Il me paroit bien probable que le fait raconté par notre auteur comme témoin oculaire, a dû se passer à Niort pendant le séjour que fit le duc dans cette ville *en juillet* 1373. On pourroit opposer qu'au 18 juillet il y avoit déjà plus de trois mois que Niort étoit pris et le maître du chien mort, mais cet animal pouvoit continuer depuis lors à vivre sur la tombe de son maître, et le fait n'en étoit que plus remarquable et plus digne d'être signalé au duc de Berry. Au reste, si le séjour de ce prince à Niort le 28 avril 1373 n'étoit pas douteux, il vaudroit certainement mieux reporter à cette date l'histoire qui a donné lieu à cette note.

Guillaume de la Mousse, attaché à la maison du duc de Berry, étoit châtelain de Niort en novembre 1373, et Hugues de Vivonne, chevalier, en étoit capitaine le 25 juillet 1374.

Le duc de Berry avoit certainement beaucoup de défauts, mais on ne peut lui refuser d'avoir été charitable. Les comptes qui nous restent de lui sont remplis de mentions d'aumônes. J'ai entre autres remarqué, à l'année 1370, beaucoup de dons faits à des chevaliers et écuyers pris par les Anglois à la belle défense de Limoges, et soixante sols donnés en août 1370 *à un povre enfant de village qui fu trouvés tout seul en l'oustel où mondit Sr. se lougha à Saint Denis du Chastel* (Comptes du duc de Berry, Arch. du Roy., reg. K, 250, 1).

par lesquels exemples vous véez que les oiseaulx du
ciel et les bestes privées et sauvages et mesmes les
bestes ravissables ont ce sens de parfaictement amer
et estre privées de leurs patrons et bienfaisans et estranges des autres; doncques, par meilleure et plus
forte raison, les femmes à qui Dieu a donné sens naturel, et sont raisonnables, doivent avoir à leurs maris
parfaicte et solemnelle amour, et pour ce je vous
prye que vous soyez très amoureuse et très privée de
vostre mary qui sera.

LE SIXIÈME ARTICLE.

Le sixiesme article de la première distinction dit que
vous soiez humble et obéissant à celluy qui sera vostre
mary, lequel article contient en soy quatre membres.

Le premier membre dit que vous soiez obéissant :
qui est entendu à lui, et à ses commandemens quels
qu'ils soient, supposé que les commandemens soient
fais à certes[1] ou par jeu, ou que les commandemens
soient fais d'aucunes choses estranges à faire, ou que
les commandemens soient fais sur choses de petit pris
ou de grant pris; car toutes choses vous doivent estre
de grant pris, puis que cellui qui sera vostre mary le
vous aura commandé. Le deuxiesme membre ou particularité est à entendre que se vous avez aucunes besongnes à faire dont vous n'ayez point parlé à celluy qui
sera vostre mary, ne il ne s'en est point advisé, et
pour ce il n'en a riens commandé ne deffendu; se la
besongne est hastive et qu'il la conviengne faire avant

---

[1] Sérieusement.

que celluy qui sera vostre mary le sache, se vous avez plaisir de la faire en aucune manière, et vous sentez que celluy qui sera vostre mary eust plaisir de la faire en une autre manière, faictes avant [1] au plaisir de celluy qui sera vostre mary que au vostre, car son plaisir doit précéder le vostre.

La troisiesme particularité est à entendre que se celluy qui sera vostre mary vous deffendra aucune chose, supposé que sa deffense soit faicte à jeu ou à certes, ou que sa deffense soit faicte sur chose de petit pris ou de grant value, gardez que aucunement vous ne faciez contre sa deffense.

La quarte particularité est que vous ne soyez arrogant ne répliquant contre celluy qui sera vostre mary ne contre ses dis, et ne dictes contre sa parole, mesmement [2] devant les gens.

En reprenant le premier point des quatre particularités qui dit que vous soyez humble à vostre mary et à luy obéissant, etc., l'Escripture le commande *Ad Ephesios* v° où il est dit : *Mulieres viris suis subdite sint sicut domino, quoniam vir caput est mulieris, sicut Christus caput est Ecclesie.* C'est à dire que le commandement de Dieu est que les femmes soient subjectes à leurs maris comme à seigneurs, car le mary est aussi bien chief de la femme comme nostre Seigneur Jhésu-Crist est chief de l'Église. Doncques il s'ensuit que ainsi comme l'Église est subjecte et obéissant aux commandemens grans et petis de Jhésu-Crist, comme à son chief, tout ainsi les femmes doivent estre subjectes à leurs maris comme à leur chief, et obéir à eulx et à

[1] Plutôt. — [2] Surtout.

1   G

R. F. BIBLIOTHEQUE NATIONALE IMPRIMÉS

leurs commandemens grans et petis. Et ainsi le commanda nostre Seigneur, si comme dit saint Jhérosme, et aussi le dit le Décret[1], xxxiii[a] *Questione, quinto capitulo : Cum caput.* Et pour ce dit l'apostre quant il escript aux Hébrieux, ou xiiie chappitre : *Obedite prepositis vestris et subjacete eis, etc.* C'est à dire obéissez à vos souverains et soyez en bonne subjection vers eulx. Encores vous est-il assez monstré que c'est sentence de nostre Seigneur par ce que dit est par avant, que femme doit estre subjecte à homme. Car il est dit que quant au commencement du monde Adam fut fait, nostre Seigneur par sa bouche et parole dist : Faisons-luy aïde. Et lors de la coste de Adam fist la femme comme aide et subjecte et ainsi en use-l'en, et c'est raison. Et pour ce, se doit bien femme adviser de quelle condition est cellui qu'elle prendra, avant qu'elle le preigne. Car, ainsi comme dit un povre homs Rommain qui sans son sceu ou pourchas fut par les Rommains esleu à estre empereur, quant l'en luy apporta le faudesteul[2] et la couronne il fut tout esbahy; l'une de ses premières paroles fut qu'il dist au peuple : Prenez vous tous garde que vous faictes ou avez fait, car s'il est ainsi que vous m'ayez esleu et je soye demouré empereur, sachez de certain que de là en avant mes paroles seront tranchans comme rasouers de nouvel esmolus. C'estoit à dire que quiconques n'obéiroit à ses défenses ou commandemens, puis qu'il seroit ou estoit fait empereur, c'estoit sur peine de perdre la teste.

Ainsi, garde soy une femme comment ne à qui elle

---

[1] Le Décret de Gratien, bénédictin du xiie siècle. — [2] Le trône, fauteuil.

sera mariée, car quiconques, povre ou petit qu'il ait
esté par avant, toutesvoies pour le temps à venir depuis le mariage, doit-il estre et est souverain et qui
peut tout multiplier ou tout descroistre. Et pour ce vous
devez plus en mary penser à la condition que à
l'avoir[1], car vous ne le pourrez après changer, et
quant vous l'aurez prins, si le tenez à amour et amez
et obéissez humblement, comme fist Sarre dont il est
parlé en l'article précédent. Car plusieurs femmes ont
gaignié par leur obéissance et sont venues à grant
honneur, et autres femmes par leur désobéissance ont
esté reculées et désavancées.

A ce propos d'obéissance, et dont il vient bien à la
femme qui est obéissant à son mary, puis-je traire
un exemple qui fut jà pieçà translaté par maistre
François Pétrac[2] qui à Romme fut couronné poëte, lequel histoire dit ainsi :

Aux confines de Pimont en Lombardie, ainsi comme
au pié de la montaigne qui devise France et Ytalie,
qui est appellée ou païs Mont Vésée[3], a une contrée
longue et lée, qui est habitée de chasteaulx et villes et
aournée de bois, de prés, de rivières, de vignes, de
foings et de terres labourables : et celle terre est appellée la terre de Saluces laquelle d'ancienneté sei-

---

[1] A la fortune. — [2] Écrite d'abord en italien par Boccace, la char-
mante histoire de Grisélidis fut ensuite paraphrasée et mise en latin par
Pétrarque. Elle a été traduite plusieurs fois en françois, et même a fourni
le sujet d'un Mystère composé en 1395 probablement par un Parisien,
puisque l'auteur y parle du *beau gibet de Montfaucon*. Bibl. roy., Cangé,
7999, 3. Il y a à la Bibl. Roy. plusieurs manuscrits de traductions anciennes
de Grisélidis. J'en ai examiné quatre. La version du *Ménagier*, toute différente de celle du n° 7387, diffère légèrement de celles des n°s 7403 et 7568,
mais est tout à fait la même que celle du n° 7999. — [3] Le Mont Viso.

gnourist les contrées voisines, et d'ancienneté a esté gouvernée jusques aujourd'uy par aucuns nobles et puissans princes appellés marquis de Saluces, desquels l'un des plus nobles et plus puissans fut appellé Gautier auquel tous les autres de celle région, comme barons, chevaliers, escuiers, bourgois, marchans et laboureurs obéissoient. Icelluy Gautier marquis de Saluces estoit bel de corps, fort et légier, noble de sang, riche d'avoir et de grant seignourie, plein de toutes bonnes meurs et parfaitement garni de précieux dons de nature. Un vice estoit en lui, car il amoit fort solitude et n'acontoit[1] riens au temps à venir, ne en nulle manière ne vouloit pour lui mariage. Toute sa joye et plaisance estoit en rivières, en bois, en chiens et en oyseaulx, et peu s'entremettoit du gouvernement de sa seignourie ; pour laquelle chose ses barons le mouvoient et admonestoient de marier, et son peuple estoit en très grant tristesse et par espécial de ce qu'il ne vouloit entendre à mariage. Une journée s'assemblèrent en grant nombre, et les plus souffisans vindrent à lui et par la bouche de l'un luy dirent telles paroles : O tu, marquis nostre seigneur, l'amour que nous avons en toy nous donne hardement de parler féablement. Comme il soit ainsi que toy et toutes les choses qui sont en toy nous plaisent et ont tousjours pleu, et nous réputons bieneureux d'avoir tel seigneur, une chose défault en toy, laquelle se tu la nous veulx octroier, nous nous réputons estre mieulx fortunés que tous nos voisins : c'est assavoir qu'il te plaise encliner ton courage au lien de mariage, et que ta liberté passée

---

[1] Comptoit ; prisoit.

soit un peu réfrénée et mise au droit des mariés. Tu scez, Sire, que les jours passent en volant sans jamais retourner. Et combien que tu soies de jeune aage, toutesvoies de jour en jour t'assault la mort et s'approche, laquelle n'espargne à nul aage, et de ce nul n'a privilège. Il les convient tous morir, mais l'en ne scet quant, ne comment, ne le jour, ne la fin. Tes hommes doncques qui tes commandemens jamais ne refuseroient, te prient très humblement qu'ils aient liberté de querre pour toy une dame de convenable lignée, noble de sang, belle de corps, de bonté et de sens aournée, laquelle il te plaira à prendre par mariage, et par laquelle nous espérons avoir de toy lignée et seigneur venant de toy à successeur. Sire, fay ceste grâce à tes loyaulx subjects, afin que, se de ta haulte et noble personne avenoit aucune chose, et que tu t'en alasses de ce siècle, ce ne fust mie sans hoir et successeur, et que tes subjects tristes et dolans ne demourassent mie sans seigneur.

Ces paroles finées, le marquis meu de pitié et d'amour envers ses subjects leur respondi moult doulcement et dist : Mes amis, vous me contraignez à ce qui en mon courage ne peut oncquesmais estre ; car je me délitoie en liberté et en franchise de voulenté laquelle est peu trouvée en mariage, ce scevent bien ceulx qui l'ont esprouvé. Toutesvoies, pour vostre amour, je me soubsmets à vostre voulenté. Vray est que mariage est une chose doubteuse, et maintes fois les enfans ne ressemblent pas au père. Toutesfois s'aucun bien vient au père, il ne doit mie pour ce dire qu'il luy soit deu de droit, mais vient de Dieu de lassus ; à lui je recommande le sort de mon mariage, espérant en sa doulce

bonté qu'il me octroie telle avecques laquelle je puisse
vivre en paix et en repos expédient à mon salut. Je
vous octroye de prendre femme, mes amis, et le vous
promects; mais je la vueil moy mesmes eslire et choisir,
et de vous je vueil une chose que vous me promectez
et gardez : c'est asseurément que celle que je prendray
par mon élection, quelle qu'elle soit, fille de Prince
des Rommains, femme de poste[1], ou autre, vous la doiez
amer entièrement et honnourer, et qu'il n'y ait aucun
de vous qui après l'élection du mariage doie estre d'elle
mal content, ne contre elle groncier ne murmurer.

Lors tous les barons et subjects du marquis furent
liés de ce qu'ils avoient ce qu'ils demandoient, de laquelle chose ils avoient esté maintes fois désespérés. A
une voix remercièrent le marquis leur seigneur et pro-
mirent de bon cuer la révérence et obéissance qu'il
leur avoit demandé. Grant joie fut ou palais de Saluces, et par le marquis fut le jour assigné de ses
nopces auquel il devoit prendre femme, et commanda
faire un grant appareil, trop plus grant que par autre
marquis n'avoit autresfois esté fait, et que les parens
et amis, voisins, et les dames du païs ensement[2], fussent semoncés à la dicte journée; laquelle chose fut
solemnéement acomplie, et entretant que l'appareil
se faisoit, le marquis de Saluces comme il avoit acoustumé aloit en son déduit chacier et vouler[3].

Assez près du chastel de Saluces avoit une petite
villette en laquelle demouroient un peu de laboureurs,
par laquelle villette le marquis passoit souventesfois,

---

[1] Volonté, pouvoir, de *potestas; femme de poste,* femme non libre,
serve. V. Du Cange, à *Posta.* — [2] Pareillement. — [3] Voler; chasser avec
l'oiseau.

et entre les dessusdis laboureurs avoit un vieil homme
et povre qui ne se povoit aidier et estoit appellé Jehannicola. A cellui povre homme estoit demourée une fille
appellée Grisilidis, assez belle de corps, mais trop plus
belle de vie et de bonnes meurs : nourrie avoit esté de
petite vie, comme du labour de son père; oncques à sa
congnoissance n'estoient venues viandes délicieuses ne
choses délicatives. Un courage vertueux plein de toute
meurté en son pis virginal doulcement habitoit; la
vieillesse de son père, en très grant humilité, doulcement supportoit et soustenoit, et icelluy nourrissoit; et
un peu de brebis que son père avoit, diligemment gardoit et avecques icelles aux champs sa quenoille filoit
continuelment. Et quant Grisilidis au vespre revenoit et
ramenoit ses bestes à l'hostel de son père, elle les affou-
ragoit, et appareilloit à son père et à elle les viandes
que Dieu leur donnoit. Et briefment toutes les curialités et services qu'elle povoit faire à son père doulcement faisoit.

Le marquis assez informé par commune renommée
de la vertu et grant bonté d'icelle Grisilidis, en alant à
son déduit souventesfois la regardoit, et en son cuer la
belle manière d'icelle et sa grant vertu fichoit et ata-
choit. Et en la fin détermina en son cuer que Grisilidis
seroit eslevée par lui à estre sa femme marquise de Saluces, et que autre n'aroit, et fist admonester ses barons de venir à ses nopces au jour qui estoit déterminé. Icellui jour approucha, et les barons non sachans
de la fille que le marquis avoit advisé de prendre, furent moult esbahis. Toutesvoies, savoient-ils bien que
le marquis avoit et faisoit appareiller riches robes, cein-
tures, fermaulx, anneaulx et joiaulx à la forme d'une

pucelle qui de corps ressembloit à Grisilidis. Or advint que le jour des nopces fut venu, et que tout le palais de Saluces fut peuplé grandement de barons, de chevaliers, de dames et de damoiselles, de bourgois et d'autres gens, mais nulle nouvelle n'estoit de l'espousée leur seigneur, laquelle chose n'estoit pas sans grant merveille; et qui plus est, l'eure s'approuchoit du disner, et tous les officiers estoient prets chascun de faire son office. Lors le marquis de Saluces, ainsi comme s'il voulsist aler encontre son espousée, se parti de son palais, et les chevaliers et dames à grans routes[1], ménestrels et héraulx suivoient.

Mais la pucelle Grisilidis de tout ce riens ne savoit, car ce matin mesmes elle appareilloit, nettoioit et ordonnoit l'hostel de son père pour aler avecques les autres pucelles voisines veoir l'espousée de leur seigneur. A celle heure que le marquis approuchoit, Grisilidis apportoit sur sa teste une cruche pleine d'eaue à l'hostel de son père, et le marquis à celle heure, ainsi acompaignié comme il estoit, appella la pucelle par son nom et lui demanda où son père estoit. Grisilidis mist sa cruche à terre et à genoulx, humblement, à grant révérence, respondi : Monseigneur, il est à l'hostel. — Va à luy, dist le marquis, et luy di qu'il viengne parler à moy. Et elle y ala. Et donc le povre homme Jehannicola yssi de son hostel. Le marquis le tira par la main et le traït à part et puis secrètement lui dist : Jehannicola, je sçay assez que tu m'as amé tousjours et aimes encores, et ce qui me plaist à toy doit plaire. Je vueil de toy une chose : c'est assavoir que tu me donnes ta

---

[1] En grandes troupes.

fille pour espouse. — Le povre homme n'osa dire mot, et un petit après respondit à genoulx, moult humblement : Monseigneur, je ne doy vouloir aucune chose ou non vouloir fors ce qui te plaist, car tu es mon seigneur. Le marquis lui dist lors : Entre en ta maison tout seul, toy et ta fille, car je lui vueil demander aucune chose. Le marquis entra en la maison du povre homme Jehannicola comme dit est, et tout le peuple demoura dehors forment esmerveillié ; et la pucelle se mist emprès son père, paoureuse, honteuse et vergongneuse de la soudaine survenue de son seigneur et de sa grant et noble compaignie, car elle n'avoit pas apris de veoir souvent un tel hoste en leur maison. Le marquis adreça ses paroles à elle et si lui dist : Grisilidis, à ton père et à moy plaist que tu soies m'espouse, et je pense bien que tu ne me refuseras pas, mais je t'ay à demander une chose devant ton père ; c'est assavoir que ou cas que je te prendray à femme, laquelle chose sera de présent, je vueil savoir se tu voudras encliner ton couraige entièrement à toute ma voulenté, en telle manière que je puisse faire de toy et de ce qui touchera à toy, à ma volenté, sans résonance ne contredit par toy, en fait ne en dit, en signe ne en pensée. Lors Grisilidis, non sans merveille de si grant fait esbahie, respondi : Monseigneur, je congnoy bien que je ne suis pas digne, non tant seulement de estre appellée t'espouse, mais d'estre appellée ton ancelle ; mais s'il te plaist et fortune le me présente, jamais je ne sauray faire chose, ne ne feray, ne ne penseray, que je puisse sentir qui soit encontre ta voulenté, ne tu ne feras jamais riens envers moy que je contredie. — Il souffist, dit le marquis qui prist la pucelle par la main et la mena hors de la maison

ou milieu de ses barons et de son peuple et dist ainsi :
Mes amis véez cy ma femme, vostre dame, ceste amez,
doubtez et honnourez, et se vous m'amez, ceste très
chièrement amez. Et à ce que Grisilidis n'apportast
avecques soy aucunes reliques de la vile fortune de
povreté, le marquis commanda que par les dames et
matrones la pucelle fust despouilliée toute nue, dès les
piés jusques à la teste, et tantost revestue de riches
draps et paremens de nopces.

On veist lors les dames embesongnées : les unes la
vestoient, et les autres la chaussoient, et les autres la
ceignoient : les autres lui mettoient les fermaulx et cou-
soient sur ly les perles et pierres précieuses : les autres
pignoient leur dame et appareilloient son chief et lui
mettoient une riche couronne par dessus qu'elle
n'avoit pas apris, et ce n'estoit pas merveille s'elle estoit
esbahie. Qui veist lors une povre vierge tainte du soleil et ainsi maigre de povreté si noblement parée et si
richement couronnée et soudainement transformée par
telle manière que à peine le peuple la recongnoissoit,
bien se povoit-on de ce merveillier.

Lors les barons prindrent leur dame et à grant joie
la menèrent à l'église, et là le marquis lui mist l'annel
ou doy et l'espousa selon l'ordonnance de saincte
Eglise et usage du païs. Et acompli le divin office, la
dame Grisilidis fut assise sur un blanc destrier et de
tous acompaigniée et menée au palais qui retentissoit
de toutes manières d'instrumens. Et furent les nopces
célébrées, et icellui jour fut trespassé en très grant joie
et consolation du marquis et de tous ses amis et subjects. Et fut la dame avecques son seigneur et mary
tellement inspirée de sens et de beau maintien, de la

divine grâce resplendist icelle povre dame Grisilidis en telle manière, que chascun disoit que non tant seulement en la maison d'un pastour ou laboureur, mais en palais royal ou impérial elle avoit esté enseignée et nourrie. Et fut tant amée, chérie et honnourée de tous ceulx qui de s'enfance la congnoissoient que à peine povoient croire que elle fust fille du povre homme Jehannicola.

La belle estoit de si belle vie et bonne et de si doulces paroles que le courage de toutes personnes elle attrayoit à elle amer, et non pas tant seulement les subjects du marquis et les voisins, mais des provinces d'environ; et les barons et dames pour sa bonne renommée la venoient visiter, et tous se partirent de lui joyeux et consolés. Et ainsi le marquis et Grisilidis vivoient joyeusement ou palais en paix et en repos, à la grâce de Dieu, et dehors à la grâce des hommes, et s'esmerveilloient plusieurs comment si grant vertu estoit repousée en personne nourrie en si grant povreté; et oultre plus icelle marquise s'entremettoit sagement et diligemment du gouvernement et de ce qui appartenoit aux dames, et aux commandemens et en la présence de son seigneur, de la chose publique sagement et diligemment s'entremettoit. Mais quant le cas li offroit des débas et discors des nobles, par ses doulces paroles, par si bon jugement et si bonne équité les appaisoit, que tous à une voix disoient que pour le salut de la chose publique ceste dame leur avoit esté envoiée par provision céléstielle.

Un peu de temps après, la marquise Grisilidis fut ençainte et puis se délivra d'une belle fille, dont le marquis et tous ceux du pays, combien qu'ils amassent mieulx qu'elle eust eu un fils, toutesfois ils en eurent grant joye

et furent réconfortés. Passé le temps, les jours passèrent que la fille du marquis fut sevrée. Lors le marquis
qui tant amoit s'espouse pour les grans vertus qu'il
véoit tous les jours croistre en elle, pensa de elle esprouver et de la fort tempter. Il entra en sa chambre
monstrant face troublée et ainsi comme courroucié lui
dist ces paroles : O tu, Grisilidis, combien que tu soies
à présent eslevée en ceste plaisant fortune, je pense
bien que tu n'as pas oublié ton estat du temps passé, et
comment et en quelle manière tu entras en cestui palais ; tu y as esté bien honnourée, et es encores de moy
chérie et amée ; mais il n'est pas ainsi du courage de
mes vassaulx comme tu cuides, et par espécial depuis que tu eus lignée. Car ils ont grant desdaing d'estre subjects à dame yssue de petis parens et de basse
lignée, et à moy qui désire, comme sire, avoir paix
avecques eux, me convient obtempérer aux jugemens
et consentir[1] d'aucuns et pas aux miens, et faire de ta
fille telle chose que nulle ne me pourroit estre plus
douloureuse au cuer, laquelle chose je ne vueil pas
faire que tu ne le saches. Si vueil que à ce faire tu
t'acordes et prestes ta franche voulenté et ayes patience de ce qui se fera, et telle patience que tu me
promis au commencement de nostre mariage.

Finées les paroles du marquis qui le cuer de la marquise naturelment devoient transpercier, icelle marquise, sans muer couleur ne monstrer signe de tristesse,
à son seigneur humblement respondi : Tu es mon seigneur, et moy et ceste petite fille sommes tiennes : de
tes choses fay ce qu'il te plaist ! Nulle chose ne te peut

---

[1] A leur vouloir, à leurs volontés.

plaire qui aussi ne doie plaire à moy, et ce ay-je si fichié au millieu de mon cuer que par l'espace d'aucun temps, ne pour mort, il ne sera effacé, et toutes autres choses se pourroient faire avant que j'eusse mué mon courage. Le marquis lors, oiant la responce de s'espouse, voiant sa constance et son humilité, eust en son cuer grant joye laquelle il dissimula, et comme triste et douloureux se parti de s'espouse.

Aucuns jours après ce trespassés, le marquis appella un sien subject loyal et secret ouquel il se fioit plainement, et tout ce qu'il avoit ordonné estre fait de sa fille le commist au sergent, et l'envoia à la marquise. Le sergent vint devant sa dame et sagement dist telles paroles : Madame, je te prie que tu me vueilles pardonner et que tu ne vueilles imputer à moy ce dont je suis contraint de faire. Tu es sage dame et scez bien quelle chose est d'estre soubs les seigneurs ausquels nulles fois, ne par force, ne par engin, l'en ne peut résister. Madame, je suis contraint à prendre ceste fille et acomplir ce qui m'est commandé. Lors la marquise en son cuer remembrant des paroles que son seigneur lui avoit dictes, par les paroles du sergent entendi bien et souspeçonna que sa fille devoit mourir. Elle print en elle cuer vertueux et se reconforta, vainquant nature, pour sa promesse et soy acquictier et à son seigneur obéissance païer. Et sans soupirer, ne autre douleur monstrer en elle, prist sa fille et longuement la regarda et doulcement la baisa et si empraint sur elle le signe de la croix; si la bailla au sergent et luy dist ainsi : Tout ce que monseigneur t'a commandé pense de faire et acomplir entièrement; mais je te vueil prier que le tendre corps de ceste pucelle ne soit mengié

des oiseaulx ou des bestes sauvages, se le contraire ne
t'est commandé.

Le sergent se parti de la marquise, emportant sa
fille, et secrètement vint au marquis et lui monstra sa
fille, en faisant relation de ce qu'il avoit trouvé la
marquise femme de grant courage et sans contradiction obéissant à lui. Le marquis considéra la grant
vertu de sa femme et regarda sa fille et à lui prist une
paternelle compassion, et la rigueur de son propos il
ne voult pas muer, mais commanda au sergent ouquel
il se fioit qu'il envelopast sa fille ainsi qu'il appartenoit à l'aise d'elle, et la mist en un panier sur une mule
souef portant[1], et sans nulle demeure la portast secrètement à Boulongne la Grasse à sa seur germaine qui
estoit femme du conte de Péruse, et dist à sa dicte seur
que, sur l'amour qu'elle avoit à luy, elle la feist nourrir
et endoctriner en toutes bonnes meurs, et que si secrètement fust nourrie que son mary le conte ne personne vivant ne le peust jamais savoir.

Lequel sergent tantost et de nuit se parti et porta
la fille à Boulongne la Grasse et fist son messaige bien
diligemment, ainsi comme il lui estoit commandé. Et
la contesse receut sa niepce à très grant joie et fist très
sagement tout ce que le marquis son frère luy avoit
mandé.

Passée paciemment ceste tempeste trespersant les entrailles de Grisilidis laquelle fermement et en son cuer
tenoit que sa fille fust morte et occise, le marquis
comme ès temps passés se traïst devers s'espouse sans
lui dire mot de sa fille, et souvent regardoit la face de

---

[1] Portant doucement son cavalier, ayant le pas doux.

la marquise, sa manière et sa contenance, pour appercevoir et esprouver soubtillement s'il pourroit veoir en
son espouse aucun signe de douleur, mais nulle muta-
tion de courage ne peut en lui comprendre ne veoir,
mais pareille liesse et pareil service, une mesme amour,
un mesme courage; pareille comme devant estoit tousjours la dame envers son seigneur, nulle tristesse ne
démonstroit, nulle mention ne faisoit de sa fille, ne en
présence du marquis, ne en son absence.

Et ainsi passèrent quatre ans ensemble le marquis
et la marquise en grant amour et menant vie amoureuse et paisible. Et au chief de quatre ans, la marquise Grisilidis eust un fils de merveilleuse beauté,
dont le marquis eust parfaite joie et ses amis et ses subjects et tous ceulx du païs. Quant l'enfant fut sevré de sa
nourrice et il ot deux ans, croissant en grant beaulté,
le marquis lors resmeu de nouvel de sa merveilleuse et
périlleuse espreuve, vint à la marquise et lui dit : Tu
scez et oys jà pieçà comment mon peuple estoit très
mal content de nostre mariage, et par espécial depuis
qu'ils virent que en toy avoit fécondité et portoies enfans. Toutesvoies oncquesmais ne furent si mal contens mes barons et mon peuple comme ils sont à présent par espécial, pour ce que tu as enfanté un enfant
masle, et dient souvent, et à mes oreilles ay oy leur
murmuracion, disans en remposnes : faisons Gautier
mourir, et le bon homme Jehannicola sera nostre seigneur, et si noble pays à tel seigneur sera subject! Telles
sentences chascun jour machinent; pour lesquelles paroles et doubtes, je qui désire vivre en paix avec mes
subjects, et néantmoins pour la très grant doubte de
mon corps, suis contraint et esmeu de faire et ordonner

de cestui enfant comme je feis de sa seur, laquelle
chose je te dis afin que une soudaine douleur ne doie
perturber ton cuer.

O quelles douloureuses admiracions peut avoit ceste
dame en son cuer, en recordant la vilaine mort de sa
fille, et que de son seul fils de l'aage de deux ans la mort
pareille estoit déterminée! Qui est cellui, je ne dy pas
femmes qui de leurs natures sont tendres et à leurs
enfans amoureuses, mais le plus fort homme de courage qui se pourroit trouver, qui de son seul fils telle
sentence peust dissimuler? Entendez-cy, roynes, prin-
cesses et marquises et toutes autres femmes, que la dame
à son seigneur respondi et y prenez exemple. Monseigneur, dit-elle, je t'ay autresfois dit et encores je le
répète, que nulle chose je ne vueil, ne ne desvueil fors
ce que je sçay qu'il te plaist. De moy et des enfans tu
es seigneur! En tes choses doncques use de ton droit
sans demander mon consentement. Quant je entray
premièrement en ton palais, à l'entrée je me dévestis
de mes povres robes et de ma propre voulenté et affection et vestis les tiennes, pour laquelle cause tout ce
que tu veulx je vueil. Certainement s'il estoit possible
que je feusse enformée de tes pensées et vouloirs avant
que tu les deisses, quelles qu'elles feussent je les
acompliroie à mon povoir, car il n'est chose en ce
monde, ne parens, ne amis, ne ma propre vie, qui à
vostre amour se puisse comparer.

Le marquis de Saluces oyant la response de sa femme,
et en son cuer merveillant et pensant si grant vertu et
constance non pareille et la vraie amour qu'elle avoit à
luy, ne respondi riens, mais ainsi comme s'il fust
troublé de ce que faire se devoit de son fils, s'en ala

la chière basse, et assez tost après, ainsi comme autresfois avoit fait, envoia un sergent loyal secrètement à la marquise. Lequel sergent après maintes excusations et démonstrant doulcement qu'il estoit nécessaire à lui de obéir à son seigneur, très humblement et piteusement demandoit pardon à sa dame se autresfois il lui avoit fait chose qui lui despleust, et se encores luy convenoit faire, qu'elle luy pardonnast sa grant cruaulté, et demanda l'enfant. La dame, sans arrest et sans nul signe de douleur, prist son beau fils entre ses bras et sans gecter larmes ne soupirs longuement le regarda, et comme elle avoit fait de sa fille, elle le signa du signe de la croix et le béneist en baisant doulcement et le bailla au sergent en disant : Tien, mon amy, fais ce qui t'est commandé, d'une chose[1] comme autresfois, ainçois je te prie, se faire se peut, que les tendres membres de cestui enfant tu vueilles garder de la vexation et dévoration des oyseaulx et des bestes sauvaiges.

Le sergent print l'enfant et porta secrètement à son seigneur et lui raconta tout ce qu'il avoit oy de sa dame, dont le marquis trop plus que devant se merveilla du grant et constant courage de sa femme, et s'il n'eust bien congneu la grant amour qu'elle avoit à ses enfans, il peust penser que tel courage ne procédoit pas d'umanité, mais de cruaulté bestiale, et veoit bien clèrement que icelle espouse n'amoit riens soubs le ciel par dessus son mary.

Le marquis envoia son fils à Boulongne secrètement à sa seur, par la manière qu'il avoit fait sa fille. Et sa seur la contesse de Péruse, selon la voulenté son frère

[1] D'une même manière.

I   H

le marquis, nourrist sa fille et le fils si sagement que
onques l'on ne peust savoir de qui lesdis enfans estoient, jusques à tant que le marquis l'ordonna comme
cy après apperra.

Bien peust au marquis de Saluces ainsi crueulx et
très rigoreux mary souffire la preuve non pareille qu'il
avoit faicte de sa femme sans luy plus essaïer ne donner autre torment. Mais ils sont aucuns qui en fait de
souspeçon, quant ils ont commencé, ne scevent prendre fin ne appaisier leur courage.

Toutes ces choses passées, le marquis conversant
avec la marquise la regardoit souventesfois pour veoir
s'elle monstroit envers luy aucun semblant des choses
trespassées, mais onques il n'apperceust en elle mu-
tation ne changement de couraige. De jour en jour la
trouvoit joyeuse et amoureuse et plus obéissant, par
telle manière que nul ne povoit appercevoir que en
icelles deux personnes eust que un courage, lequel courage et voulenté principalment estoit du mary, car
ceste espouse, comme dit est dessus, ne vouloit pour
elle ne par elle aucune propre affection, mais remet-
toit tout à la voulenté de son seigneur.

Le marquis ainsi amoureusement vivant avec sa
femme en grant repos et en grant joie, sceust qu'il estoit
sur ce une renommée, c'est assavoir que pour ce que
le marquis non advisant le grant lignage dont il estoit
yssus, honteux de ce qu'il s'étoit conjoint par mariage
à la fille Jehannicola très povre homme, vergongneux
de ce qu'il avoit eu deux enfans, il les avoit fait mourir
et gecter en tel lieu que nuls ne savoient qu'ils estoient
devenus. Et combien qu'ils l'amassent bien par avant
comme leur naturel seigneur, toutesvoies pour ceste

cause ils le prenoient en haine laquelle il sentoit bien.
Et néantmoins ne volt-il fleschir ne amolier son courage rigoreux, mais pensa encores par plus fort argument et ennuyeuse manière prouver et tempter son espouse, par prendre autre femme.

Douze ans estoient jà passés que la fille avoit esté
née ; le marquis manda secrètement à Romme au saint
père le Pape et fist impétrer unes bulles saintifiées par
lesquelles la renommée ala à son peuple que le marquis
avoit congié du Pape de Romme que pour la paix et
repos de luy et de ses subjects, son premier mariage
délaissé et dégecté, il peust prendre à mariage légitime
une autre femme. Laquelle chose fust assez créable au
peuple rude qui estoit indigné contre son seigneur. Ces
froides nouvelles de ceste bulle, que le marquis devoit
prendre une autre femme, vindrent aux oreilles de Grisilidis fille de Jehannicola, et se raisonnablement fut
troublée en son courage nul n'en doit avoir merveille.
Mais elle qui une fois d'elle mesmes et des siens s'estoit
soubsmise à la voulenté de son seigneur, de son fait
franchement délibérée et conseillée, prist cuer en soy,
et comme toute reconfortée conclut qu'elle attendroit
tout ce que cellui ouquel elle s'estoit toute soubsmise
en vouldroit ordonner.

Lors manda et escript à Boulongne le marquis au
conte de Péruse et à sa seur qu'ils lui amenassent ses
enfans, sans dire de qui ils estoient, et sa seur rescript
que ainsi le feroit-elle. Ceste venue fust tantost publiée,
et fut la renommée de courir par tout le païs qu'il venoit belle vierge extraicte de grant lignaige qui devoit
estre espouse du marquis de Saluces.

Le conte de Péruse acompaignié de grans chevaliers

et de dames se départi de Boulongne et amena avecques luy le fils et la fille du marquis. Et estoit le fils de l'aage de huit ans et la fille de l'aage de douze ans laquelle estoit très belle de corps et de visaige et preste à marier, et estoit parée de riches draps, de vestemens et de joyaulx, et à certain jour ordonné devoit estre à Saluces.

Entretant que le conte de Péruse et les enfans estoient au chemin, le marquis de Saluces appella Grisilidis s'espouse en la présence d'aucuns de ses barons et lui dist telles paroles : És temps passés, je me délictoie assez de ta compaignie par mariage, tes bonnes meurs considérant et non pas ton lignaige, mais à présent, si comme je voy, grant fortune chiet sur moy et suis en un grant servaige, ne il ne m'est pas consentu que un povre homme laboureur dont tu es venue ait si grant seignourie sur mes vassaulx. Mes hommes me contraignent, et le Pape le consent, que je prengne une autre femme que toy laquelle est ou chemin et sera tantost icy. Soies doncques de fort courage, Grisilidis, et laisse ton lieu à l'autre qui vient. Prens ton douaire et appaise ton couraige. Va-t'en en la maison ton père ; nulle riens qui soit à l'omme ou à la femme en ce monde ne peut estre perpétuel.

Lors respondi Grisilidis et dist ainsi : Monseigneur, je créoie bien, ou au moins le pensoie-je, que entre ta magnificence et ma povreté ne povoit avoir aucune proportion ne températion, ne oncques je ne me réputay estre digne d'estre non tant seulement ton espouse, mais d'estre ta meschine, et en ce palais cy ouquel tu m'as fait porter et maintenir comme dame, je prens Dieu en tesmoingnage que je me suis toujours réputée et démenée comme ancelle ; et de tout le temps que j'ay demouré avec toy je te rens grâces, et de présent je suis appareilliée de retourner en la maison mon père en laquelle je useray ma vieillesse et vueil mourir comme une bieneureuse et honnorable vefve, qui d'un tel seigneur ay esté espouse. Je laisse mon lieu à Dieu qui vueille que très bonne vierge viengne en ce lieu ouquel j'ay très joyeusement demouré, et puisque ainsi te plaist, je, sans mal et sans rigueur, me pars. Et quant est à mon douaire que tu m'as commandé que je doie emporter, quel il est je le voy. Tu scez bien, quant tu me prins, à l'issue de l'hostel de mon père Jehannicola, tu me feis despouillier toute nue et vestir de tes robes avec lesquelles je vins à toy, ne oncques avecques toy je n'apportay autres biens ou douaire fors que foy, loyauté, révérence et povreté. Vecy doncques ceste robe dont je me despouille, et si te restitue l'annel dout tu me espousas; les autres anneaulx, joyaulx, vestemens et aournemens par lesquels j'estoie aournée et enrichie sont en ta chambre. Toute nue de la maison mon père je yssis, et toute nue je y retourneray, sauf que ce me sembleroit chose indigne que ce ventre ouquel furent les enfans que tu as engendrés deust apparoir tout nu devant le peuple, pour quoy, s'il te plaist et non autrement, je te prie que pour la récompensation de ma virginité que je apportay en ton palais et laquelle je n'en rapporte pas, il te plaise à commander que une chemise me soit laissée, de laquelle je couvriray le ventre de ta femme, jadis marquise, et que pour ton honneur je me parte au vespre.

Lors, ne se pot plus le marquis tenir de plourer de la pitié qu'il eust de sa très loyale espouse. Il tourna sa face et larmoiant commanda que au vespre une seule

chemise luy fust baillée. Ainsi fut fait; au vespre elle se
despouilla de tous ses draps et deschaussa et osta les
aournemens de son chief, et de sa seule chemise que
son seigneur lui avoit fait bailler humblement se vesti,
et de ce fut contente, et se parti du palais nus piés, le
chief descouvert, acompaignée de barons et de chevaliers, de dames et de damoiselles qui plouroient et regardoient ses grans vertus, loyaulté et merveilleuse
bonté et patience. Chascun plouroit, mais elle n'en gecta
une seule larme; mais honnestement et tout simplement, les yeulx baissiés, vint vers l'hostel de son père
Jehannicola, lequel oy le bruit de la venue de si
grant compaignie. Et pour ce que cellui Jehannicola
qui estoit vieil et sage avoit tousjours tenu en son cuer
les nopces de sa fille pour souspeçonneuses, créant que
quant son seigneur seroit saoul du petit mariage d'une
si povre créature, de légier, luy qui estoit si grant seigneur, luy donroit congié, fut adoncques tout effrée et
soudainement vint à l'uis et vit que c'estoit sa fille
toute nue, et lors prist hastivement la povre et dessirée
robe qu'elle avoit pieçà laisiée, et tout larmoyant
acourut à l'encontre de sa fille laquelle il baisa et re-
vesti et couvri de sa dicte vieille robe. Et quant Grisilidis fut venue sur le seuil de l'uis de l'hostel de son
père, elle, sans monstrer aucun semblant de desdaing
ne de courroux, se retourna devers les chevaliers,
dames et damoiselles qui l'avoient acompaignée, et de
leur compaignie et convoy les mercia doulcement et
humblement, et leur dist et monstra par belles et
doulces paroles que pour Dieu elles ne voulsissent ne
dire, ne penser, ne croire que son seigneur le marquis
eust aucunement tort vers elle, qu'il n'estoit mie ainsi,

mais avoit bonne cause de faire tout ce qu'il luy plaisoit
d'elle qui bien estoit tenue de le souffrir et endurer. Et
aussi véoient-elles bien que à elle n'en desplaisoit point,
en elles admonestant que, pour l'amour de Dieu,
elles voulsissent amer léalment leurs maris et très cordieusement et de toute leur puissance les servir et honnourer, et que plus grant bien et greigneur renommée
ne meilleure louenge ne povoient-elles en la parfin acquérir, et leur dist adieu. Et ainsi entra en l'hostel de
son père, et les seigneurs et dames qui l'avoient con-
voiée s'en retournèrent plourans et fort gémissans et
souspirans, tellement qu'ils ne povoient regarder l'un
l'autre ne parler l'un à l'autre.

Grisilidis du tout en tout fut contente; oublieuse et
nonchalant des grans aises et des grans richesses qu'elle
avoit eues et des grans services, révérences et obéissances que l'en lui avoit faictes, se tint avec son père à
petite vie, comme devant, povre d'esperit et en très
grant humilité vers ses povres amies et anciennes voisines de son père, et vesquit de moult humble conversation. Or peut-l'en penser quelle douleur et desconfort
avoit le povre Jehannicola qui estoit en sa vieillesse
voyant sa fille en un si povre et si petit estat comme
elle estoit, après si grans et si haultes honneurs et richesses; mais c'estoit un merveilleux bien de veoir
comment bénignement, humblement et sagement, elle
le servoit, et quant elle le véoit pensif, comment sagement elle le reconfortoit, et après le mettoit en parole
d'autre matière.

Moult de jours passés comme dist est, le conte de
Péruse et sa noble compaignie approuchèrent, et toutes
les gens du païs murmuroient des nopces du marquis.

Le conte de Péruse, frère du marquis, envoia plusieurs chevaliers devant pour certifier à son frère le marquis de Saluces le jour de sa venue, et qu'il amenoit avec luy la vierge que le marquis devoit espouser; car en vérité icellui conte de Péruse ne savoit riens que les enfans que la contesse sa femme avoit nourris fussent enfans d'icelluy marquis, car celle contesse de Péruse avoit la chose tenue secrète vers son mary en nourrissant sa niepce et son nepveu, et par les paroles de la contesse pensoit le conte que ce fussent enfans d'estrange païs, si comme par leur belle manière les enfans le monstroient. Et avoit le conte espérance que puis que la fille seroit mariée au marquis, et les nouvelles en iroient par le monde, l'en saroit tantost qui seroit le père.

Lors le marquis de Saluces manda querre Grisilidis, et que tantost elle venist en son palais; laquelle, sans contradiction vint. Et le marquis lui dist : Grisilidis, la pucelle que je doy espouser sera demain cy au disner, et pour ce que je désire qu'elle et le conte mon frère et les autres seigneurs de leur compaignie soient honnourablement receus, et en telle manière que à un chascun soit fait honneur selon son estat, et par espécial pour l'amour de la vierge qui vient à moy, et je n'ay en mon palais femme ne meschine qui si bien le sache faire à ma voulenté comme toy, (car tu congnois mes meurs et comment l'en doit recevoir tels gens, et si scez de tout mon palais les chambres, les lieux et les ordonnances;) pour ce vueil-je que tu n'aies regart ou temps passé et n'aies honte de ta povre robe, et que nonobstant ton petit habit, tu preignes la cure de tout mon fait, et tous les officiers de mon hostel obéiront à toy.

Grisilidis respondit liement : Monseigneur, non tant seulement voulentiers, mais de très bon cuer, tout ce que je pourray à ton plaisir feray, ne n'en seray jamais lasse ne traveillée, et ne m'en feindray, tant que les reliques de mon povre esperit demourront en mon corps.

Lors Grisilidis comme une povre ancelle prist les vils instrumens et les bailla aux mesgnies, et commanda aux uns à nettoier le palais et aux autres les estables, enorter les officiers et meschines de bien faire chascun en son endroit la besongne espéciale, et elle emprist à drécier et à ordonner les lits et les chambres, tendre les tappis de haulte lice et toutes choses de broderie et devises qui appartenoient aux paremens du palais, comme pour recevoir l'espouse de son seigneur. Et combien que Grisilidis fust en povre estat et en l'abit d'une povre ancelle, si sembloit-il bien à tous ceulx qui la véoient qu'elle fust une femme de très grant honneur et de merveilleuse prudence. Ceste vertu, ce bien et ceste obéissance est assez grant pour toutes les dames esmerveillier.

L'endemain, heure de tierce, le conte, avecques luy la pucelle et son frère et toute la compaignie, entrèrent en Saluces. Et de la beaulté de la vierge et de son frère et de leur belle manière chascun se esmerveilloit, et aucuns en y eust qui dirent : Gaultier le marquis change sagement son mariage, car ceste espouse est plus tendre et plus noble que n'est la fille Jehannicola.

Ainsi entrèrent et descendirent au palais à grant joie. Grisilidis qui à toutes ces choses estoit présente et qui se démonstroit toute reconfortée d'un si grant cas

I   H v

à elle si près touchant, et de sa povre robe non vergongneuse, à lie face, vint de loing à l'encontre de la
pucelle et de loing humblement la salua à genoulx, disant : Bien soiez venue, madame, et puis au fils, et
puis au conte, et humblement les salua aussi en disant :
Bien viengnez-vous avec ma dame. Et mena chascun
en sa chambre qui estoient richement appareillées. Et
quant ils eurent veu et advisé les fais et les manières
de Grisilidis, à la parfin tous se esmerveillèrent comment tant de si bonnes meurs povoient estre en si povre
habit.

Grisilidis, après ces choses, se traït devers la pucelle et devers l'enfant, ne de avec eulx ne se povoit
partir. Une heure regardoit à la beaulté de la fille, et
puis du jeune fils la gracieuse manière, et ne se povoit
saouler de les fort louer. L'heure approucha que l'en devoit aler à la table. Le marquis lors devant tous appella
Grisilidis et à haulte voix lui dist : Que te semble, Grisilidis, de ceste moie espouse ? N'est-elle pas assez belle
et honneste ? Grisilidis, haultement et sagement, à genoulx, respondi : Certainement, monseigneur, c'est la
plus belle et la plus honneste à mon gré que je veisse
oncques. Monseigneur, avec ceste pourrez-vous mener
joyeuse vie et honneste, laquelle chose en bonne foy
je désire, mais, monseigneur, je vous vueil prier et admonester que vous ne vueilliez pas molester ceste nouvelle espouse d'estranges admonestemens, car, monseigneur, vous povez penser que ceste est jeune et de grant
lieu venue, doulcement nourrie, et ne les pourroit pas
souffrir comme l'autre a souffert, si comme je pense.

Lors le marquis oyant les doulces et sages paroles
de Grisilidis et considérant la bonne chière et grant

constance qu'elle monstroit et avoit tousjours monstré, eust en son cuer une piteuse compassion et ne se peut plus tenir de monstrer sa voulenté, et en la présence de tous à haulte voix dist ainsi : O Grisilidis! Grisilidis! je vois et congnois, et me souffist assez ta vraie foy et loyaulté ; et l'amour que tu as vers moy, ta constant obédience et vraie humilité sont par moy esprouvées et très bien congneues et me contraignent de dire que je croy qu'il n'y a homme dessoubs le ciel qui s'espouse ait tant esprouvée comme j'ay toy. Et lors Grisilidis mua couleur, à tout le chief enclin [1] par honneste vergongne, pour les grans louenges dont elle estoit devant tant de peuple louée du marquis son seigneur. Lequel adoncques larmoyant l'embrassa en la baisant et luy dist : Tu seule es mon espouse, ne autre espouse jamais je n'aray. Celle que tu pensoies estre ma nouvelle espouse est ta fille, et cestui enfant est ton fils : lesquels deux enfans estoient perdus par l'opinion de nos subjects. Sachent donc tous ceulx qui le contraire pensoient que j'ay voulu ceste ma loyale espouse curieusement et rigoreusement esprouver, et non pas pour la contemner ou despire, et ses enfans ay-je fait nourrir secrètement par ma seur à Boulongne, et non pas occire ne tuer.

La marquise Grisilidis lors oyant les paroles de son mary cheist devant lui toute pasmée à terre, de joie de veoir ses enfans. Elle fut tantost relevée, et quant elle fut relevée elle prist ses deux enfans et doulcement les acola et baisa, tellement qu'elle les couvrist tous de larmes, ne l'en ne les povoit oster d'entre ses bras, dont

[1] Avec la tête baissée.

c'estoit grant pitié à veoir. Les dames et damoiselles joyeusement plourans prirent leur dame Grisilidis et tantost l'enmenèrent en une chambre et lui dévestirent ses povres robes et vestemens et la revestirent des autres et la receurent à marquise comme il appartenoit. Léans eut une telle solemnité et telle joie de ce que les enfans du marquis estoient retournés à inestimable consolation de la mère, du marquis et de ses amis et subjects, que par tout le pays la grant joie en fust respandue, et ce jour ou palais de Saluces eut de pitié maintes larmes respandues, ne ne se povoient saouler de léalment recorder les grans vertus non pareilles de Grisilidis qui mieulx sembloit estre fille d'un empereur par contenance, ou de Salemon par prudence, que fille du povre Jehannicola. La feste fut trop plus grande et plus joyeuse qu'elle n'avoit esté de leurs nopces, et vesquirent depuis ensemble le marquis et la marquise l'espace de vingt ans en grant amour, paix et concorde. Et quant est de Jehannicola père de Grisilidis duquel le marquis n'avoit fait compte ès temps passés pour esprouver sa fille, icellui marquis le fist translater ou palais de Saluces et là le tint le marquis à grant honneur tous les jours de sa vie. Sa fille aussi maria icellui marquis haultement et puissamment, et aussi, quant son fils fut en aage, il le maria et ot enfans lesquels il vit; et après sa fin gracieuse il laissa son fils hoir et successeur de Saluces, à grant consolation de tous ses amis et subjects.

Chère seur, ceste histoire fut translatée par maistre François Pétrac poëte couronné à Romme, non mie pour mouvoir les bonnes dames à avoir patience ès tribulations que leur font leurs maris pour l'amour

d'iceulx maris tant seulement, mais fut translatée pour
monstrer que puisque ainsi est que Dieu, l'Église et
raison veullent qu'elles soient obéissans, et que leurs
maris veulent qu'elles aient tant à souffrir, et que
pour pis eschever il leur est nécessité de eulx soubs-
mettre du tout à la voulenté de leurs maris et endurer
patiemment ce que iceux maris veulent, et que encores
et néantmoins icelles bonnes dames les doient celer et
taire et nonobstant ce les rappaiser, rappeller, et
elles retraire et raprouchier tousjours joyeusement à
la grâce et amour d'iceulx maris qui sont mortels, par
plus forte raison doivent hommes et femmes souffrir
patiemment les tribulations que Dieu qui est immortel, éternel et pardurable leur envoie, et nonobstant
mortalité d'amis, perte de biens, d'enfans, ne de lignage, desconfiture par ennemis, prises, occisions,
pertes, feu, tempestes, orage de temps, ravine d'eaue
ou autres tribulations soudaines, tousjours le doit-on
souffrir patiemment et retourner joindre et rappeller
amoureusement et attraiement[1] à l'amour du souverain immortel, éternel et pardurable seigneur, par
l'exemple de ceste povre femme née en povreté, de
menues gens sans honneur et science, qui tant souffri
pour son mortel ami.

Et je qui seulement pour vous endoctriner l'ay mise
cy, ne l'y ay pas mise pour l'applicquer à vous, ne
pour ce que je vueille de vous telle obéissance, car je
n'en suis mie digne, et aussi je ne suis mie marquis ne
ne vous ay prise bergière, ne je ne suis si fol, si oultre-
cuidié, ne si jeune de sens, que je ne doie bien savoir

---

[1] Avec attrait.

que ce n'appartient pas à moy de vous faire tels as-
saulx, ne essais ou semblables. Dieu me gart de vous,
par ceste manière ne par autres, soubs couleur de
faulses simulations, vous en essaier! Ne autrement en
quelque manière ne vous vueil-je point essaier, car à
moy souffist bien l'espreuve jà faicte par la bonne renommée de vos prédécesseurs et de vous, avecques ce
que je sens et voy à l'ueil et congnois par vraie expérience. Et me excuse se l'histoire parle de trop grant
cruaulté, à mon advis, plus que de raison. Et croy que
ce ne fust oncques vray, mais l'histoire est telle et ne la
doy pas corriger ne faire autre, car plus sage de moy
la compila et intitula. Et désire bien que puisque autres
l'ont veue, que aussi vous la véez et sachiez de tout parler comme les autres.

Ainsi, chère seur, comme j'ay dit devant que vous
devez estre obéissant à cellui qui sera vostre mary, et
que par bonne obéissance une preudefemme acquiert
l'amour de son mary, et en la fin a de lui ce qu'elle
désire : ainsi puis-je dire que par deffault d'obéissance,
ou par haultesse se vous l'emprenez, vous destruisez
vous et vostre mary et vostre mesnaige. Et j'en tray à
exemple un raconte qui dit ainsi : Il advint que deux
mariés eurent contention l'un contre l'autre, c'est assavoir la femme contre le mary; car chascun d'eulx se
disoit estre le plus sage, le plus noble de lignée et le
plus digne, et allégoient comme fols plusieurs raisons
l'un contre l'autre, et si aigrement garda la femme sa
rigueur contre le mary qui au commencement, par
aventure, ne l'avoit pas doctrinée doulcement, que
pour eschever dommageux esclandre il convint que
amis s'en entremissent. Plusieurs assemblées d'amis en

furent faictes, plusieurs reprouches entregectés , et nul
remède n'y povoit estre trouvé que la femme par son
orgueil ne voulsist avoir ses drois tous esclarcis par
poins, et que les obéissances et services que les amis
disoient qu'elle devoit faire à son mary lui fussent mis
et escripts par articles d'une part, et autant et autel
à son mary pour elle d'autre part ; et à tant devoient demourer ensemble, se non en amour, ou mains en paix.
Ainsi fut fait et demourèrent depuis par aucun temps
que la femme gardoit et garda estroitement son droit
par sa cédule contre son mary, ouquel mary, pour pis
eschever, il convenoit avoir ou faindre patience en
despit qu'il en eust, car il avoit pris trop tart à l'a-
mender.

Un jour aloient en pélerinage et leur convint passer
un fossé pardessus une estroite planche. Le mary passa
le premier, puis se retourna et vist que sa femme estoit paoureuse et n'osoit passer après luy ; si doubta le
mary que s'elle passoit, la paour mesmes ne la feist
cheoir, et retourna charitablement à elle et la print et
tint par la main ; et en la menant du long de la planche, la tenoit, et en parlant à elle l'asseuroit qu'elle n'eust
point paour, et tousjours parloit à elle et aloit le bons
homs à reculons ; si chéy en l'eaue qui estoit parfonde
et se combatist fort en l'eaue pour eschever le péril de
noyer, si s'arresta et se tint à une vieille planche qui de
grant temps passé y estoit cheute et qui là flotoit, et dist
à sa femme que à l'aide de son bourdon qu'elle portoit, elle tirast la planche au bort de l'eaue pour lui
sauver. Elle luy respondi : Nennil, nennil, dist-elle, je
regarderay premièrement en ma cédule s'il y est escript que je le doie faire, et s'il y est, je le feray : et au-

trement, non. Elle y regarda, et pour ce que sa cédule
n'en faisoit point mention, elle luy respondi qu'elle
n'en feroit rien, et le laissa et s'en ala. Le mary fut en
l'eaue lonc temps et tant qu'il fut sur le point de morir. Le seigneur du pays et ses gens passèrent par illecques et le virent et le rescouirent qu'il estoit près de
mort. Ils le feirent chaufer et aisier, et quant la parole
lui fut revenue, l'en lui demanda le cas : il le raconta
comme dessus ; le seigneur fist suivir et prendre la
femme et la fist ardoir. Or véez quelle fin son orgueil
lui donna, qui par sa grant inobédience vouloit si estroitement garder sa raison contre son mary.

Et, par Dieu, il n'est pas tousjours saison de dire à
son souverain : Je n'en feray riens, ce n'est pas raison ;
plus de bien vient d'obéir, et pour ce je tray à exemple la parole de la benoite vierge Marie, quant l'ange
Gabriel luy apporta la nouvelle que nostre Seigneur
s'enumbreroit en elle. Elle ne respondi pas : ce n'est
pas raison, je suis pucelle et vierge, je n'en souffreray
rien, je seroie diffamée ; mais elle obéissamment respondi : *Fiat michi secundum verbum tuum*, qui vault
autant à dire comme : ce qui luy plaist soit fait. Ainsi
elle fut vraie humble et obéissant, et par son humilité
et obéissance grant bien nous est venu, et par inobédience et orgueil grant mal et mauvaise conclusion
vient, comme il est dit dessus de celle qui fut arse, et
comme on lit en la Bible de Ève, par la désobéissance
et orgueil de laquelle elle et toutes celles qui après
elle sont venues et vendront, furent et ont esté par
la bouche de Dieu mauldictes. Car, si comme dit l'Historieur, pour ce que Ève pécha doublement elle eust
deux malédictions. Premièrement, quand elle s'éleva

par orgueil et que elle voult estre semblable à Dieu : pour
ce fut-elle abaissiée et humiliée en la première malédition où Dieu dist ainsi : *Multiplicabo ærumnas tuas et
sub potestate viri eris, et ipse dominabitur tibi.* C'est à
dire : Je multiplieray tes peines, tu seras soubs la puissance d'homme, et il aura seignourie sur toy. L'Histoire
dit que avant qu'elle péchast, elle estoit bien aucunement subjecte à homme pour ce qu'elle avoit esté faicte
d'homme et de la coste d'icellui, mais icelle subjection
estoit moult doulce et attrempée et naissoit de droicte
obéissance et fine[1] voulenté, mais après ceste malédition, elle fut de tout en tout subjecte par nécessité et
voulsist ou non, et toutes les autres qui d'elle vindrent
et vendront ont eu et auront à souffrir et obéir à ce que
leurs maris vouldront faire, et seront tenues de enté-
riner[2] leurs commandemens. La seconde malédition
fut telle : *Multiplicabo conceptus tuos; in dolore paries
filios tuos.* Dist Dieu : Je multiplieray tes concevemens,
c'est à dire : tu concevras plusieurs enfans en douleur,
et en travail enfanteras tes fils. L'Histoire dit que la malédition ne fut pas pour l'enfant, mais de la douleur
que femmes ont à l'enfanter.

Aussi véez-vous la malédition que nostre Seigneur
voult donner pour la désobéissance[3] de Lucifer. Car
jadis Lucifer fut le plus solemnel ange, et le mieulx
amé et le plus prouchain de Dieu qui fust adoncques
en paradis, et pour ce estoit-il de tous appellé Lucifer,
c'est *quasi lucem ferens,* qui est à dire portant lumière,
car au regart des autres toute clarté et toute joie estoit
où il venoit pour ce qu'il représentoit et donnoit sou-

---

[1] Sincère, vraie. — [2] Exécuter, accomplir. — [3] Var. Mss. A, *quant
est de celle de.*

I

venance d'icellui souverain Seigneur qui tant l'amoit et dont il venoit et duquel il estoit si prouchain. Et si tost que icelluy Lucifer laissa humilité et en orgueil haussa son courage, le mist nostre Seigneur plus loing de luy, car il le fist trébuchier plus bas que nul autre, c'est assavoir ou plus parfont d'enfer où il est le plus ort, le pire et le plus meschant des meschans. Aussi pareillement sachiez que vous serez si prouchaine de vostre mary que partout où il vendra il portera mémoire, souvenance et remembrance de vous. Et vous le véez de tous mariés, car tantost que l'en voit le mary, l'en lui demande : comment le fait[1] vostre femme? Et aussi, quant l'en voit la femme, l'en luy demande : comment le fait vostre mary? Tant est la femme jointe avecques le mary.

Doncques véez-vous, tant par les jugemens de Dieu mesmes que par les exemples dessus allégués, que se vous n'estes obéissant en toutes choses grandes et petites à vostre mary qui sera, vous serez plus à blasmer et punir de vostre dit mary que un autre qui luy désobéiroit, en tant que vous estes plus prouchaine de lui. Se vous estiez moins obéissant, et vostre chamberière luy feist par amours[2] et service ou autrement, obéissance tellement que en vous délaissant il convenist à elle commettre les espéciaulx besongnes qu'il vous devroit commettre, et il ne vous commeist riens et vous laissast derrière, que diroient vos amis? Que présumeroit vostre cuer quant il s'en apparcevroit? Et puis que il auroit traîné[3] son plaisir illecques, comment le pourriez-

<hr />

[1] Que fait. — [2] Par bonne disposition, par zèle. — [3] Transporté, placé.

vous depuis retraire? Certes, il ne serait mie en vostre puissance.

Et, pour Dieu, gardez-vous que ce meschief n'aviengne, que une seule fois il prengne autruy service que le vostre. Et doncques vous soient ses commandemens, mesmement les petis qui de prime face vous sembleroient estre de nulle valeur ou estranges, tellement attachés au cuer que de vos plaisirs ne vous chaille fors que des siens, et gardez que par vostre main et par vous mesmes et en vostre personne les siens soient achevés; et quant à lui ne à ses affaires qui vous appartendront, ne souffrez aucun approucher, ne nul n'y mette la main que vous, et les vostres affaires soient par vous commandés et commis à vos enfans et à vos privés mesgnies qui sont dessoubs vous, à chascun selon son endroit, et s'ils ne le font, si les en punissez.

Et pour ce que je vous ay dit que vous soiez obéissant à vostre mary qui sera, c'est assavoir plus que à nul autre et pardessus toute autre créature vivant, peut ceste parole d'obédience estre entendue et à vous déclairée; c'est assavoir que en tous cas, en tous termes, en tous lieux et en toutes saisons, vous faictes et acomplissiez sans redargution tous ses commandemens quelconques. Car sachiez que puis qu'il soit homme raisonnable et de bon sens naturel, il ne vous commandera riens sans cause, ne ne vous laissera riens faire contre raison. Jasoit-ce qu'ils sont aucunes femmes qui pardessus la raison et sens de leurs maris veulent gloser et esplucher, et encores pour faire les sages et les maistresses, font-elles plus devant les gens que autrement, qui est le pis. Car jasoit-ce que je ne vueille mie dire qu'elles ne doivent tout savoir et que leurs maris

ne leur doivent tout dire, toutesvoies ce doit estre dit
et fait à part, et doit venir du vouloir et de la courtoisie
du mary, non mie de l'auctorité, maistrise et seignourie
de la femme qui le doie, par manière de domination,
interroguer devant la gent. Car devant la gent, pour
monstrer son obéissance et pour son honneur garder,
n'en doit-elle sonner mot, pour ce qu'il sembleroit à la
gent qui ce orroient que le mary eust accoustumé à
rendre compte de ses vouloirs à sa femme, ce que
femme ne doit pas vouloir que l'en apparçoive, car en
tel cas elles se démonstreroient comme maistresses et
dames, et à elles-mesmes feroient grant blasme, et grant
vilenie à leurs maris.

De rechief, aucunes sont à qui leurs maris commandent faire aucunes choses qui à elles semblent petites
et de petite valeur, et elles n'ont pas regard à l'encontre
de celluy de qui le commandement vient, ne à l'obéissance qu'elles luy doivent, mais à la valeur de la chose
seulement, laquelle valeur elles jugent selon leur sens et
non mie aucunes fois selon la vérité, car elles ne la
scevent pas, puisque l'en ne leur a dicte. Exemple qui
peut avenir : Un homme nommé Robert qui me doit
deux cens frans me vient dire adieu et dit qu'il s'en
va oultre mer et me dit telles paroles : Sire, fait-il, je
vous doy deux cens frans lesquels j'ay bailliés à ma
femme qui ne vous congnoist, mais je lui ay dit qu'elle
les baille à celluy qui lui portera son nom par escript de
ma main, et véez-le-cy. Et à tant se part, et tantost qu'il
s'est party de moy, sans dire le cas, je le commande à
garder à ma femme à qui je me fie, laquelle ma femme
le fait lire à un autre, et quant elle voit que c'est le nom
d'une femme, elle en pensant à mal le gecte ou feu,

et par courroux me vient dire qu'elle ne daigneroit estre ma maquerelle. Cy a belle obéissance! Item, je lui bailleray un festu ou un viés clou ou un caillou qui m'ont esté baillés pour aucunes enseignes [1] d'aucûns grans cas, ou un fil ou une vergette de bois pour mesure d'aucune grosse besongne dont, par oubliance ou par autre adventure, je ne diray riens à ma femme du cas ne de la matière, mais je luy bailleray pour garder espécialment; celle n'aura regard fors à la valeur du fil ou de la vergette et autre compte ne tendra de mon commandement, en despit de ce que je ne luy auray porté honneur et révérence de lui dire le cas au long. Et communément telles femmes rebelles, haultaines et couvertes [2], quant pour monstrer leur maistrise elles ont tout honni [3], elles cuident, en elles excusant, faire croire à leurs maris qu'elles cuidoient que ce fust un néant et pour ce n'ont point fait leur commandement; mais se leurs maris sont saiges, ils voient bien que c'est par desdaing et despit de ce qu'ils ne leur avoient pas porté telle honneur que de leur dire le cas tantost et sans délay, et par aventure ont le commandement en nonchalance par leur fierté, ne ne leur chault en riens du desplaisir de leurs maris, mais que [4] seulement elles

---

[1] Cette coutume de donner un objet quelconque en témoignage et comme preuve de stipulation remonte à une haute antiquité. Nos ancêtres l'avoient conservée des Romains. L'abbé Le Beuf raconte, d'après Étienne de Paris, un des plus curieux exemples de cet usage. Le roi Louis le Jeune ayant couché à Creteil qui appartenoit au chapitre de Paris, le chapitre lui ferma le lendemain les portes de l'église cathédrale : mais le roi consentit à payer la dépense qu'il avoit faite à Creteil et les portes lui furent ouvertes. Alors, pour marquer son intention par un acte extérieur, le roi mit de sa propre main une baguette sur l'autel, etc. (*Histoire du Diocèse de Paris*, XII, 12.) Voir aussi Du Cange au mot *Signum*, 11.

[2] Dissimulées. — [3] Ici, *gâté* plutôt que *méprisé*. — [4] Pourvu que.

ayent achoison d'elles excuser et dire : ce n'estoit riens,
mais se ce eust esté grant chose, je l'eusse fait. Et pour
tant, ce leur semble, seront excusées, mais il leur
semble mal, car jasoit-ce que lors le mari n'en die
rien adonc, toutesvoies elles perdent tousjours le
nom de la vertu d'obéissance, et la tache de la désobéissance demeure long temps après dedens le cuer
du mary si attachée qu'à une autre fois il en sou-
viendra au mary quant la femme cuidera que la paix
soit faicte et que le mary l'ait oublié. Or escheve donc
femme ce dangereux péril, et prengne garde à ce que
dit l'apostre *Ad Hebreos* xiii° : *Obedite*, etc.

Or dit encores cest article que la femme doit obéir
à son mary et faire ses commandemens quelconques
grans et petis, et mesmes les très petis; ne il ne convient
point que vostre mary vous die la cause de son commandement, ne qui le meut, car ce sembleroit un signe
de le vouloir ou non vouloir faire selon ce que la cause
vous sembleroit ou bonne ou autre, ce qui ne doit pas
cheoir en vous ne en vostre jugement, car à lui appartient de le savoir tout seul, et à vous n'appartient pas
de luy demander, se ce n'est après, à vous deux seulement et à privé. Car pardessus son commandement
vous ne devez avoir en quelque chose reculement, ref-
fus, retardement ou délay, ne pardessus sa deffence
rien faire, corrigier, acroistre, apeticier, eslargir ou es-
trecier en quelque manière ; car en tout et partout, soit
bien, soit mal que vous ayez fait, vous estes quictes et
délivres en disant : mon mary le m'a commandé. Encores, se mal vient par vostre ouvrage, si dit-l'en
d'une femme mariée : elle fist bien puis que son mary
luy commanda, car en ce faisant elle fist son devoir.

Et ainsi, au pis venir, vous en seriez non mie seulement excusée, mais bien louée.

Et à ce propos je vous diray une piteuse merveille et que je plain bien[1]. Je sçay une femme de très grant

---

[1] Il n'y a eu, ni sous la régence, ni sous le règne de Charles V, de révolte dont la punition ait présenté des circonstances semblables à celles qu'on remarque dans ce passage du *Ménagier de Paris*, mais il me paroit au contraire s'appliquer parfaitement aux exécutions qui eurent lieu en 1383, au retour de la campagne de Flandre, et je crois que par *une des plus grans cités de ce royaume* il faut entendre Paris et non pas Rouen qui fut le théâtre de scènes analogues, mais non aussi sanglantes à beaucoup près. Cette expression aura été suggérée à l'auteur par sa prudence, afin de ne pas désigner trop clairement à ses contemporains les personnes dont il parloit.

Suivant le Religieux de Saint-Denis (liv. III, chap. IV), Charles VI (encore presque enfant, et agissant sous l'influence de ses oncles) auroit *appris à Rouen*, où il auroit alors séjourné trois jours, la sédition des *maillotins* de Paris. Il auroit à cette même époque, (qu'il faudroit placer dans les premiers jours de mars 1381-2, puisque la sédition des *maillotins* commença le 1er de ce mois), puni de mort les chefs d'une sédition dite *la Harelle* qui auroit eu lieu antérieurement à Rouen. Le Moine de Saint-Denis est dans l'erreur au moins quant à la date et à la durée du séjour de Charles VI dans cette ville. Il résulte de nombre de pièces du registre 120 du Trésor des Chartes, que le roi entra à Rouen pour la première fois depuis son sacre le 29 mars 1381-2 seulement, et qu'il y étoit encore au moins le 4 avril. Il étoit le 1er mars à Vincennes. En tous cas ces exécutions paroissent avoir été trop peu nombreuses pour qu'on reconnoisse en elles celles dont parle notre auteur. (Le registre 120 ne contient la mention que de l'exécution d'un valet à Rouen.) Il en est de même des poursuites auxquelles donna lieu la même sédition, onze mois après, en mars 1382-3 qui, suivant Farin (*Histoire de Rouen*, 1668, in-12, I, 527), ne coûtèrent la vie qu'à deux misérables. D'ailleurs le roi n'étoit pas présent, contrairement à ce que me semble indiquer le récit du *Ménagier*. Notre auteur paroit en outre avoir eu peu de relations avec Rouen qu'il ne nomme pas une fois dans son livre, et il résulte de son récit qu'il connoissoit la bourgeoise dont il parle. Il est donc plus naturel de supposer qu'elle étoit de la même ville que lui, c'est-à-dire de Paris.

La sédition des *maillotins* commença le 1er mars 1381-2. Le prévôt de Paris fit bien, peu de temps après, quelques exécutions, mais elles ne

nom en bourgeoisie qui est mariée à une bonne personne, et sont deux bonnes créatures, jeunes gens
paisibles, et qui ont de beaux petis enfans. La femme
est blasmée d'avoir receu la compaignie d'un grant sei-

portèrent que sur des gens obscurs et furent peu nombreuses. Il n'en est
pas de même de la sanglante punition que le roi infligea à la ville de
Paris à son retour de Flandre à raison des mêmes événemens.

Vainqueur à Rosebecque, le 27 novembre 1382, le roi entre à Paris le
11 janvier 1382-3. Le 12 et les jours suivans trois cents riches bourgeois
sont arrêtés : huit jours après on en conduit deux au supplice, et les exécutions se succèdent rapidement. On voit dans des lettres de rémission qu'Au-
douin Chauveron prévôt de Paris et des gens d'armes alloient nuit et
jour prendre plusieurs bourgeois *dont des aucuns l'on faisoit hastives exécutions*, et que l'on *faisoit justice de jour en jour d'aucuns des habitans
de Paris*. (Voir ci-après, p. 138. *Chascun jour*.) Le 27 janvier, jour de
la publication de l'ordonnance qui abolissoit la prévôté des marchands,
douze notables habitans de Paris, parmi lesquels étoit le célèbre Jean
Desmares, avocat général, victime innocente de la haine des ducs de
Berry et de Bourgogne, périrent encore sur l'échafaud. Cent personnes
furent ainsi exécutées du 19 ou 20 au 27 ou 28 janvier : les autres prisonniers furent condamnés à des amendes pécuniaires souvent égales ou
supérieures à la valeur de tous leurs biens.

Il me paroît impossible de ne pas reconnoître dans ces événemens ceux
auxquels fait allusion l'auteur du *Ménagier*, mais quel est ce seigneur et
quelle est cette femme *de très grant nom en bourgeoisie*? Pour découvrir
quelque trace de cette mystérieuse histoire, j'ai parcouru les registres 120
à 128 du Trésor des Chartes depuis mars 1381-2 jusqu'en avril 1385-6.
Parmi les quarante-sept pièces relatives à ces événemens (sur lesquels je
donnerai peut-être un jour un mémoire détaillé), j'ai remarqué trois et
surtout deux lettres de rémission qui pourroient s'appliquer au mari dont
notre auteur nous a transmis l'histoire.

La première, en date d'août 1383, est accordée à Jehan Filleul,
notaire au Châtelet, alors âgé de vingt-six ans, qui avouoit avoir pris
part à toutes les délibérations hostiles au rétablissement des impôts,
et avoir conseillé à Aubert de Dampierre, riche drapier, l'un des suppli-
ciés, de faire soulever la ville pour empêcher son arrestation.

Il n'est pas dit dans les lettres de rémission qu'il fut emprisonné mais
qu'il s'enfuit de Paris. Cependant il est cité dans le Religieux de Saint-
Denis (en qualité d'avocat au Châtelet, ce qui est une erreur) parmi les

gneur, mais, par Dieu, quant l'on en parle, les autres
femmes et hommes qui scevent le cas, et mesmement
ceux qui héent ce péchié, dient que la femme n'en doit
point estre blasmée, car son mary luy commanda. Le
cas est tel qu'ils demeurent en une des plus grans cités
de ce royaume. Son mary et plusieurs autres bourgois

trois cents bourgeois arrêtés depuis le 12 janvier, et si, comme il y a
lieu de le croire, cette assertion est exacte, pour qu'il ait pu s'absenter
de Paris, il faut qu'il ait été relâché au moins provisoirement. Or, il eut
besoin d'une bien forte protection pour échapper ainsi au châtiment que
lui auroient certainement valu les faits dont il s'avouoit coupable. On
mentionne dans la rémission qu'il avoit une *jeune femme* : son nom de
famille n'est pas donné, mais la position du mari peut faire supposer
qu'elle étoit d'une bonne famille bourgeoise. (R. 123, 83.)

Colin Brun, drapier, étoit *jeunes homs, issu de bonnes gens et de bon lignage, fils d'Anthoine Brun homme ancien de l'aage de quatre-vingt seize
ans lequel s'estoit bien porté envers les prédécesseurs du roi qu'il avoit servis
en son mestier de draperie.* Il étoit marié depuis deux ans à une jeune
femme qui en avril 1383 venoit d'accoucher de son premier enfant. Il
avoit été condamné à deux mille francs d'amende et au bannissement. Le
roi lui remit le bannissement et la moitié de l'amende. Il n'étoit coupable
que d'avoir assisté aux réunions et aux prises d'armes. (R. 122, 217.)

Giles Labat, procureur général au parlement, mari d'une femme de
dix-huit ans, et père de deux enfans dont l'ainé n'avoit que trois ans,
obtint, en juillet 1383, des lettres de rémission. Il étoit accusé d'avoir
cherché dans les maisons, et fait conduire en prison, des hommes d'armes,
et fut gracié à la requête du maréchal de Sancerre, mais je n'ai pas vu
qu'il eût été emprisonné; il avoit pris la fuite lors du retour de Flandre,
et de plus, le caractère du maréchal ne permet guère de lui attribuer
cette aventure. (R. 123, 14.)

J'ai bien encore vu des lettres de rémission accordées à des habitans de
Paris mariés à de jeunes femmes, mais leur position ne m'a pas paru
convenir au mari cité en cet endroit du *Ménagier*, et qui devoit appartenir
à la haute bourgeoisie parisienne.

Je suis au reste loin d'affirmer que le mari dont parle notre auteur soit
un des trois Parisiens que je viens de nommer : je me borne seulement
à signaler les rapports qui existent entre leur position (surtout celle de
Jean Filleul) et la sienne.

1   I v

furent de par le Roy emprisonnés pour une rébellion
que le commun avoit faicte. Chascun jour l'en en cop-
poit les testes à trois ou à quatre d'iceulx. Elle et les
autres femmes d'iceulx prisonniers estoient chascun
jour devers les seigneurs, plourans et agenoillans, et les
mains joinctes requérans que l'en eust pitié et miséricorde et entendist-l'en à la délivrance de leurs maris.
L'un des seigneurs qui estoit entour le Roy, comme non
crémant Dieu ne sa justice, mais comme cruel et félon
tirant, fist dire à icelle bourgoise que s'elle vouloit
faire sa voulenté, sans faulte il feroit délivrer son mary.
Elle ne respondi riens sur ce, mais dist au messaige que
pour l'amour de Dieu il feist par devers ceulx qui gardoient son mary en la prison qu'elle veist son mary et
qu'elle parlast à luy. Et ainsi fut fait, car elle fut mise
en prison avec son mary, et toute plourant luy dist ce
qu'elle véoit ou povoit apparcevoir des autres, et aussi
de l'estat de sa délivrance, et la vilaine requeste que l'en
lui avoit faicte. Son mary luy commanda que comment
qu'il fust elle feist tant qu'il eschappast sans mort, et
qu'elle n'y espargnast ne son corps, ne son honneur,
ne autre chose, pour le sauver et rescourre sa vie.
A tant se partirent l'un de l'autre, tous deux plourans.
Plusieurs des autres prisonniers bourgois furent déca-
pités, son mary fut délivré. Si l'excuse-l'en d'un si grant
cas que, supposé encores qu'il soit vray, si n'y a-elle ne
péchié ne coulpe, ne n'y commist délit ne mauvaistié
quant son mary luy commanda, mais le fist, pour sauver son mary, sagement et comme bonne femme. Mais
toutesvoies, je laisse le cas qui est vilain à raconter et
trop grant, (maudit soit le tirant qui ce fist!) et revien
à mon propos que l'en doit obéir à son mary, et laisse-

ray les grans cas et prendray les petis cas d'esbatement.

Par Dieu, je croy que quant deux bonnes preudes gens sont mariés, toutes autres amours sont reculées, annichilées et oubliées, fors d'eulx deux, et me semble que quant ils sont présens et l'un devant l'autre, ils s'entre-regardent plus que autres, ils s'entre-pincent, ils s'entre-hurtent, et ne font signe ne ne parlent voulentiers, fors l'un à l'autre. Et quant ils s'entr'éloignent, si pensent-ils l'un à l'autre, et dient en leur cuer : quant je le verray, je luy feray ainsi, je luy diray ainsi, je le prieray de tel chose. Et tous leurs plaisirs espéciaulx, leurs principaulx désirs et leurs parfaictes joies sont de faire les plaisirs et obéissances l'un de l'autre, et s'ils s'entre-aiment, il ne leur chault de obéissance ne de révérence, fors le commun qui est trop petite entre plusieurs.

Et à ce propos de jeux et esbatemens entre les maris et les femmes, par Dieu, j'ay ouy dire au bailli de Tournay [1] qu'il a esté en plusieurs compai-

[1] On sait que cette ville, berceau de notre monarchie, cessa d'appartenir à la France seulement en 1521, qu'elle fut prise par le comte de Nassau général de Charles-Quint. Elle fut définitivement cédée à l'empereur par le traité de Cambray (1529). L'administration et la juridiction de Tournay ont souvent varié. En 1340, le roi Philippe de Valois avoit donné la justice aux prévôts et jurés, magistrats populaires, mais à la charge de ressortir du bailli de Vermandois. En 1370 ils obtinrent le privilége de ressortir directement du parlement de Paris. Il y avoit alors un bailli de Tournésis officier royal, mais sans juridiction sur Tournay et sa banlieue. (Tassart de Monstreuil l'étoit en 1371, Jehan de Sottenghien en 1379 et Jehan Boutelier en 1380.) Mais, en 1383, Charles VI institua un bailliage royal à Tournay. Les appels des prévôts et jurés étoient portés devant le bailli qui avoit la haute administration de la ville et du Tournésis. Tournay se soumit avec peine à cet état de choses, et les registres du parlement contiennent un grand nombre de difficultés suscitées au bailli par les prévôts et jurés dans l'exercice de sa juridiction. En 1389,

gnies et disners avecques hommes qui estoient de
long temps mariés, et avecques iceulx a fait plusieurs
bourgages [1] et gaigeures de païer le disner qu'ils auroient fait et plusieurs escos et disners à païer sur condition que d'illecques tous les compaignons de l'escot
iroient ensemble en l'hostel de tous iceulx mariés, l'un
après l'autre, et celluy de l'assemblée qui aroit femme
si obéissant qu'il la peust arrangéement et sans faillir
faire compter jusques à quatre, sans arrest, contradiction, mocquerie ou réplication, seroit quicte de l'escot, et cellui ou ceulx de qui les femmes seroient rebelles et répliqueroient, mocqueroient ou desdiroient,
icelluy escot rendroient, ou chascun autant. Et quant
ainsi estoit accordé, l'en aloit adoncques par droit esbatement et par droit jeu en l'hostel Robin qui appelloit
Marie sa femme qui bien faisoit la gorgue [2], et devant
tous le mary luy disoit : Marie, dictes après moy ce que

les prévôts et jurés obtinrent de nouveau des lettres du roi portant que
les appels de leurs jugemens seroient portés directement au parlement de
Paris, mais le procureur du roi s'opposa formellement à l'entérinement
de ces lettres qui n'étoient pas encore enregistrées en 1394. Toutefois ils
avoient obtenu d'autres lettres du roi pour jouir provisoirement de ce
privilége, malgré le défaut d'enregistrement.

[1] Il est assez difficile de savoir qui est le bailli de Tournay dont parle
l'auteur du *Ménagier* : je ne pense pas qu'on puisse appliquer cette quali-
fication à un des baillis de *Tournesis*; elle doit désigner un des baillis
nommés de 1283 à 1393. Je n'ai trouvé que le nom de Henri Le Mazier
qui fut reçu à la chambre des comptes comme bailli de Tournay, en 1388.
(Mém. E. — Voir sur le bailliage de Tournay, Reg. du Parl. Plaid. civiles,
25 nov. 1371. — 20 nov. 1380. — 17 janvier 1390-1. — 7 déc. 1394.

[1] Dom Carpentier explique *bourgage* par *bienvenue* (V. Gloss. de Du
Cange au mot *Bourgagium*). Il sembleroit plutôt qu'on doive entendre
par ce mot une partie de plaisir faite avec une somme composée de con-
tributions individuelles, telle qu'une poule, par assimilation à l'impôt du
même nom que payoient annuellement les bourgeois de quelques villes.

[2] Glorieuse, qui se rengorge.

je diray. Voulentiers, sire. — Márie dictes : empreu [1], — empreu — et deux — et deux — et trois... Adonc, Marie un peu fièrement disoit : et sept, et douze, et quatorze ! Esgar [2] ! vous mocquez-vous de moy ? Ainsi le mary Marie perdoit. Après ce, l'en aloit en l'hostel Jehan qui appelloit Agnesot sa femme qui bien savoit faire la dame, et luy disoit : dictes après moy ce que je diray — Empreu. — Agnesot disoit par desdain : et deux. Adonc perdoit. Tassin disoit à dame Tassine : Empreu. — Tassine par orgueil disoit en hault : C'est de nouvel ! Ou disoit : Je ne suis mie enfant pour aprendre à compter. Ou disoit : or çà, de par Dieu, esgar, estes-vous devenu ménestrier ? Et les semblables. Et ainsi perdoit ; et tous ceulx qui avoient espousées les jeunes bien aprises et bien endoctrinées gaignoient et estoient joyeux.

Regardez mesmes que Dieu qui est sage sur toute sagesse fist pour ce que Adam, désobéissant et mesprisant le commandement de Dieu ou deffense, menga la pomme (qui estoit peu de chose à luy que une pomme), et comment il en fut courroucié ; il ne se courrouça pas pour la pomme, mais pour la désobéissance et le petit compte qu'il tenoit de luy. Regardez comment il ama la vierge Marie pour son obéissance. Regardez des obéissances et fais d'Abraham, dont il est parlé cy dessus à deux feuillets près, qui par simple mandement fist si grans et terribles choses sans demander la cause. Regardez de Grisilidis, quels fais elle supporta et endura en son cuer sans demander cause pour quoy, et si n'y povoit estre apparceu ne consi-

déré cause aucune, ne couleur de cause, proufit à venir, ne nécessité de faire, fors que seule voulenté terrible et espoventable, et si n'en demandoit ne n'en
disoit mot, et dont elle acquist telle louenge que maintenant que sommes cinq cens ans après sa mort, il est
lecture de son bien.

Et n'est mie maintenant commencement de faire doctrine de l'obéissance des femmes envers leurs maris. Il
est trouvé en Genesy, ou xxixe chappitre, que Loth et
sa femme se partirent d'une cité; Loth deffendit à sa
femme qu'elle ne regardast point derrière ly. Elle s'en
tint une pièce, et après mesprisa le commandement et y
regarda. Incontinent, Dieu la converti en une pierre de
sel, et la demoura, et encores est telle et sera. C'est
propre texte de la Bible et le nous convient croire par
nécessité, ou autrement nous ne serions pas bons chres-
tiens. Or véez-vous, se Dieu essayoit adoncques ses amis
et ses serviteurs en bien petites choses, comme pour
une pomme l'un, pour regarder derrière luy l'autre,
aussi n'est-ce pas merveille se les maris qui par leur
bonté ont mis tout leur cuer, toutes leurs joies et esbatemens en leurs femmes et arrière mises toutes autres
amours, preignent plaisir en leur obéissance, et par
amoureux esbatement et à autruy non nuisibles les
essayer.

Et pour ce, en reprenant ce que dessus, comment les
maris essaient l'obéissance des femmes, jasoit-ce que
ce ne soit que jeu, toutesvoies à tous qui estoient dés-
obéis et qui par ce perdoient, le cuer leur douloit de la
mocquerie et de la perte, et quelque semblant qu'ils en
feissent, ils en estoient tous honteux et moins amoureux de leurs femmes qui leur estoient peu humbles,

craintives et obéissans, ce qu'elles ne devoient pas estre
en tant soit petite chose, toutesvoies s'il n'y avoit
grant cause, laquelle cause elle luy devroit dire en secret et à part. Et sont aucunes fois les jeunes et fols
maris si meschans que sans raison que par petites et
inutiles achoisons[1] dont les commencemens sont venus
par jeu et de néant, et par continuelles désobéissances
de leurs preudefemmes, ils amassent et amoncellent un
secret et couvert courroux en leurs cuers dont pis vient
à tous les deux, et aucunes fois se acointent de meschans et deshonnestes femmes qui les obéissent en
toutes choses et honnorent plus qu'ils ne sont honno-
rés de leurs preudefemmes; adonc, iceulx mariés
comme fols se assotent[2] d'icelles méchans femmes qui
scevent garder leur paix et iceulx honnorer et obéir à
tous propos et faire leurs plaisirs. Car, ne doubtez, il
n'est nul si meschant mary qui ne vueille estre obéy et
esjoy de sa femme, et quant les maris se treuvent mieulx
obéis autre part que devant n'estoient en leurs hostels,
si laissent comme fols à nonchalance[3] leurs espouses
pour les haultesses et désobéissances d'icelles, lesquelles en sont depuis courroucées après, quant icelles
mariées voient que en toutes compaignies elles ne sont
mie si honnourées comme celles qui sont accompaigniées
de leurs maris qui[4] jà, comme fols, sont si fort par le cuer
enlassiés que l'en ne les peut descharner[5]. Et l'en ne
peut mie si légièrement reprendre son oisel quant il est
eschappé de la cage comme de garder qu'il ne s'envole : aussi ne pevent-elles retraire les cuers de leurs

[1] Occasions. — [2] S'engouent, raffolent. — [3] Négligent. *Nonchalance*, in-
différence, de *chaloir*, intéresser, soucier. — [4] Ce *qui* s'applique aux maris
des femmes désobéissantes et négligées. — [5] Retirer, contraire d'*acharner*.

maris, quant iceulx maris ont essayé et trouvé meilleure obéissance ailleurs, et icelles en donnent à leurs maris la coulpe qui est à elles mesmes.

Chère seur, vous véez que comme il est dit des hommes et femmes, l'en peut dire des bestes sauvaiges, et encores non mie seulement des bestes sauvaiges, mais des bestes qui ont acoustumé à ravir et à dévorer, comme ours, loups et lyons : car icelles bestes aprivoise-l'en et attrait-l'en par leur faire leurs plaisirs, et vont après et suivent ceulx qui les servent, acompaignent et aiment ; et fait-l'en les ours chevauchier, les singes et autres bestes saillir, dancer, tumber et obéir à tout ce que le maistre veult ; et aussi par ceste raison vous puis-je monstrer que vostre mary vous chérira, aimera et gardera se vous pensez à luy faire le sien plaisir. Et pour ce que j'ay dit, et j'ay dit voir, que les bestes ravissables sont apprivoisées etc., je dy par le contraire, et vous le trouverez, que non mie seulement vos maris, mais vos pères et mères, vos seurs, vous estrangeront se vous leur estes farouche et ne leur soiez débonnaire et obéissant.

Or savez-vous bien que vostre principal manoir, vostre principal labour et amour et vostre principal compaignie est de vostre mary, pour l'amour et compaignie duquel vous estes riche et honnorée, et se il se desfuit, retrait ou eslonge de vous par vostre inobédience ou autre quelque cause que ce soit, à tort ou à droit, vous demourrez seule et despariée, et si vous en sera donné le blasme et en serez moins prisée, et se une seule fois il ait ce mal de vous, à paine le pourriez-vous jamais rappaisier que la tache du maltalent ne luy demeure en son cuer pourtraicte et escripte tellement que jasoit-ce qu'il n'en monstre rien, ne ne die, elle ne pourra estre de long temps planée ou effaciée. Et se la seconde désobéissance revient, gardez-vous de la vengence de laquelle il sera parlé cy après en ce mesmes chappitre et article, ou § *Mais encores* etc. [1] Et pour ce, je vous prie, aimez, servez et obéissez vos maris, mesmes ès très petites choses d'esbatement, car aucunes fois essaie-l'en en très petites choses, bien petites, d'esbatement, et qui semblent de nulle valeur pour ce que la désobéissance d'icelles porte petit dommaige, pour essayer, et par ce scet-l'en comment l'en se doit attendre d'estre obéy ès grans ou désobéy ; voire mesmement ès choses bien estranges et sauvaiges et dont vostre mary vous fera commandement soit par jeu ou à certes, si di-je que vous devez incontinent obéir.

Et à ce propos je tray un raconte qui dit : Trois abbés et trois mariés estoient en une compaignie, et entre eulx mut une question en disant lesquels estoient plus obéissans, ou les femmes à leurs maris, ou les religieux à leur abbé ; et sur ce eurent moult de paroles, d'argumens et exemples racontés d'une part et d'autre. Se les exemples estoient vrais, je ne sçay : mais en conclusion ils demourèrent contraires et ordonnèrent que une preuve s'en feroit loyaument, et secrètement jurée entre eulx par foy et par serement, c'est assavoir que chascun des abbés commanderoit à chascun de ses moines que sans le sceu des autres il laissast la nuit sa chambre ouverte et unes verges soubs son chevet, en attendant la discipline que son abbé luy vouldroit donner ; et chascun des maris commanderoit se-

[1] Voy. ci-après, page 158.

I   K

crètement à sa femme, à leur couchier, et sans ce que
aucun de leur mesgnie en sceussent rien, ne aucun fors
eulx deux, qu'elle meist et laissast toute nuit un balay derrière l'uis de leur chambre ; et dedens huit jours
rassembleroient illecques les abbés et les mariés, et ju-
reroient lors d'avoir exécuté leur essay et de rapporter justement et loyaument, sans fraude, ce qui en seroit
ensuivi ; et ceulx ou des abbés ou des mariés à qui l'en
auroit moins obéy paieroient un escot de dix frans.
Ainsi fut acordé et exécuté. Le rapport de chascun des
abbés fut tel que, sur l'âme d'eulx, ils et chascun d'eulx
avoient fait le commandement à chascun de leurs
moines, et à mienuit chascun avoit reviseté chascune
chambre et avoient trouvé leur commandement acompli. Les mariés firent après leur rappors l'un après
l'autre. Le premier dit qu'il fist, avant couchier, secrètement le commandement à sa femme qui luy demanda
moult fort à quoy c'estoit bon et que ce vauldroit. Il
ne le voult dire. Elle refusoit adonc à le faire, et il
adonc fist semblant de soy courroucier, et pour ce elle
luy promist qu'elle le feroit. Le soir ils se couchèrent
et envoièrent leurs gens qui emportèrent la clarté[1]. Il
fist adoncques lever sa femme et oy bien qu'elle mist
le balay. Il lui en sceut bon gré et s'endormi un petit,
et tantost après se resveilla et senti bien que sa femme
dormoit ; si se leva tout bellement et ala à l'uis et ne
trouva point de balay, et se recoucha secrètement et
esveilla sa femme et lui demanda se le balay estoit derrière l'uis ; elle luy dist : oil. Il dit que non estoit et
qu'il y avoit esté. Et lors elle luy dit : par Dieu, pour[2]

___

[1] La lumière. — [2] Quand j'aurois dû.

perdre la meilleur robe que j'aye, je ne l'y eusse laissié, car quant vous fustes endormy, les cheveulx me commencèrent à hérisser, et commençay à tressuer et n'eusse peu dormir tant qu'il eust esté en ceste chambre; si l'ay gecté en la rue par les fenestres. L'autre dit que depuis ce qu'ils estoient couchiés il avoit fait relever sa femme, et en grant desplaisance elle toute courroucée avoit mis le balay derrière l'uis, mais elle s'estoit revestue incontinent, et parti de la chambre en disant qu'elle ne coucheroit jà en chambre où il fust, et que voirement ils pussent les ennemis d'enfer venir; et ala couchier toute vestue avec sa chamberière. L'autre dit que sa femme lui avoit respondu qu'elle n'estoit venue ne yssue d'enchanteurs ne de sorciers, et qu'elle ne savoit jouer des basteaulx[1] de nuit, ne des balais[2], et pour mourir elle ne le feroit, ne ne consentiroit, ne jamais en l'hostel ne gerroit s'il estoit fait.

Ainsi les moines furent obéissans en plus grant chose et à leur abbé qui est plus estrange : mais c'est raison, car ils sont hommes; et les femmes mariées furent moins obéissans et en mendre chose et à leurs propres maris qui leur doivent estre plus espéciaulx, car c'est leur nature, car elles sont femmes; et par elles perdirent leurs maris dix frans et furent déceus de leur oultrageuse vantance, qui se estoient vantés de l'obéissance de leurs femmes. Mais je vous pry, belle seur, ne soiez pas de celles, mais plus obéissant à vostre mary qui sera, et en petite choses, et en estranges, soit

---

[1] Instrumens que je crois avoir été des petits vases, comme depuis les *gobelets*, dont les *bateleurs* se servoient pour faire leurs tours, et dont ils ont pris leur nom. Voy. Du Cange aux mots *Bastaxius* et *Batus*. — [2] Allusion à l'opinion suivant laquelle les sorcières alloient au sabat sur un balai.

à certes, par jeu, par esbatement, ou autrement : car
tout est bon.

Par Dieu , je veis à Meleun [1] une chose aussi bien
estrange , un jour que le sire d'Andresel estoit capitaine

[1] Le château de Melun, et par suite la partie de la ville située du côté
du Gâtinois, furent livrés aux Navarrois et Anglois par la reine Blanche
le 4 août 1358, quatre jours après la mort d'Est. Marcel et la rentrée du
Régent à Paris, mais la partie de la ville située en Brie resta françoise,
et messire Jean d'Andresel étoit dès le même mois d'août capitaine
pour le Régent (depuis Charles V) de Melun et de Brie (J. Reg. 86, 219.
— Secousse, II, 89). Il paroît avoir d'abord partagé la défense de
cette partie de la ville avec le premier maréchal Boucicaut qu'on voit
(J. Reg. 86, 458) avoir fait abattre des maisons pour fortifier cette portion de Melun en août 1358. Il est probable que M. d'Andresel étoit sous
ses ordres à cette époque.

Les circonstances désastreuses où se trouvoit alors la France ne per-
mirent pas au Régent d'assiéger, au moins immédiatement, le château de
Melun, quoique sa garnison anglo-navarroise gênât beaucoup l'approvisionnement de Paris. Jean d'Andresel dut se borner à garantir la
partie de la ville restée françoise, et autant que possible le reste de la
Brie, des attaques de cette garnison. En juin 1359, le régent ayant reçu
des États assemblés à Paris les moyens de résister plus efficacement à l'ennemi, se rendit en personne à Melun (Chron. de Saint-Denis, CXII), et fit
fortifier l'abbaye du Lys. C'est alors que, suivant le carme Jean de Venette continuateur de Nangis, Froissart, Cuvelier et Villani (cité par
Secousse, I, 383), Melun auroit été assiégé dans les formes par le Régent. Le silence que garde sur ce siége la Chronique de Saint-Denis rédigée
pour cette époque par Pierre d'Orgemont avec une admirable précision,
donne tout lieu de douter de l'exactitude du récit de Froissart, et surtout de
la narration romanesque de Cuvelier. Il paroît bien probable que ce siége
ne fut qu'une espèce de blocus levé peu de temps après, le Régent ayant
quitté l'armée le 31 juillet par suite des propositions de paix du roi de
Navarre, et le traité ayant été signé le 21 août. Au reste, malgré la conclusion de la paix, les Navarrois occupoient encore Melun en septembre 1359. Jean de Venette qui prétend que cette ville fut immédiatement
évacuée ne peut balancer à cet égard le témoignage formellement contraire de Pierre d'Orgemont, mais on peut toujours induire de son assertion que cette prolongation d'occupation ne fut pas de longue durée.

D'après ce qui précède, il faut placer la curieuse aventure racontée par

de la ville; car en plusieurs lieux les Anglois estoient logiés à l'environ : les Navarrois estoient logiés dedens le chastel. Et un après-disner le dit sire d'Andresel [1] estoit à la porte et luy ennuyoit et se démenoit qu'il ne

l'auteur du *Ménagier,* entre août 1358 et septembre ou octobre 1359. Peut-être même pourroit-on remarquer qu'il est difficile de penser que le sire d'Andresel ait eu avant la cessation des hostilités le loisir ou le désœuvrement qu'on lui attribue dans ce récit, et ait pu sans crainte abandonner son commandement pour aller dîner chez lui à quatre lieues de Melun. Il sembleroit alors qu'on devroit placer cette aventure entre le départ de Charles V et l'évacuation de Melun, c'est-à-dire du 1er août 1359 à septembre ou octobre suivant.

[1] Jean sire d'Andresel, chevalier, étoit issu d'une ancienne et illustre maison alliée, au xiie siècle, à celle de Garlande. Il étoit fils aîné de Jean d'Andresel, chambellan très-aimé du roi Philippe de Valois, et fut, à cause de cette similitude de prénom, dit *le Jeune,* jusqu'à la mort de son père, arrivée entre mars 1344-5 et février 1346-7 [1]. Il fut chambellan du Dauphin, puis du roi Jean [1], et ensuite de Charles V. Compris dans la première promotion des chevaliers de l'Etoile [2] en janvier 1351-2, il étoit en 1353 capitaine de l'un des châteaux de Vernon, et reçut du roi en 1354 deux mille quatre cents écus d'or comme indemnité de ce qu'il avoit dépensé pour la garde du château de Landal en Bretagne que le roi lui avoit donné à titre d'héritage et lui avoit ensuite repris [1]. Il avoit épousé, au moins dès 1346, Jeanne d'Arrablay, fille d'un maître d'hôtel du roi et nièce d'un chancelier de France [3]. En août 1358 il étoit capitaine de Melun et de Brie [4], en août 1359 capitaine général de cette dernière province [5]. Cette même année le régent lui donna, probablement pour récompense de ses services en Brie, les paroisses du Chastelier (le Châtelet?), Marchiau (Machault?), Firecy (Féricy?), Champagne et la Celle (sous Moret?), situées dans cette province [6], et lui accorda des lettres de rémission dont on n'a conservé qu'une simple mention [7] pour tout ce que lui et ses complices (sans doute les gens d'armes sous ses ordres) avoient fait en Brie, dans les châtellenies de Melun et de Moret et au pont de Samois. Après le traité de Bretigny il fut, avec plusieurs princes du sang et quelques seigneurs des plus illustres de cette époque, au nombre des otages du roi Jean que le roi d'Angleterre emmena avec lui de Calais le 31 octobre 1360 [8]. Il étoit de retour en France au moins au commencement de 1366, car étant en personne [9] à Yenville en Beauce, il y passa le 1er avril 1365-6 le contrat d'un nouveau mariage avec Jeanne

savoit où aler esbatre pour passer le jour ; un escuier luy dit : Sire, voulez-vous aler veoir une damoiselle demourant en ceste ville qui fait quanque son mary luy commande ? Le sire d'Andresel lui respondi : oyl, alons. Lors il se prirent à aler, et en alant fut monstré au sire d'Andresel un escuier duquel l'en luy dit que c'estoit le mary d'icelle demoiselle. Le sire d'Andresel l'appella et lui demanda se sa femme faisoit ce qu'il lui commandoit. Et icellui escuier luy dit : par Dieu, Sire,

de Maligny veuve avec enfans de Jean seigneur de Rochefort et du Puiset (elle l'avoit épousé en 1347 [10]). Il prend dans cet acte les qualités de chambellan du roi et de *premier grand chambellan d'Orlenois et de Valois.* Jean d'Andresel mourut au commencement de 1368 laissant une succession obérée, malgré ses nombreuses terres, ses fonctions éminentes et les dons des rois qu'il avoit servis. Le 7 mars 1367-8 Jeanne de Maligny sa veuve se présenta devant le Parlement, et jetant sa ceinture dans le parc (espace qui séparoit les avocats et la cour), déclara renoncer aux meubles et aux dettes de sa succession [11]. Elle fut obligée, pour obtenir son douaire (Tournenfuye, etc.), de recourir à la protection de Charles V [9] et de plaider contre messire Aubert et Guillaume d'Andresel ses beaux-frères [12] [13]. Elle se remaria ensuite en troisièmes noces à Raoul de Montigny, chevalier. Jean d'Andresel laissa deux filles, Marguerite et Jeanne, *nées de deux mères différentes* [12], et mariées toutes deux dans la maison de Montmorency. Six mois après sa mort, sa seconde fille encore mineure n'avoit pas encore de tuteur, et ses exécuteurs testamentaires n'avoient pas encore accepté la charge qu'il leur avoit laissée [13].

Quoiqu'on ignore la date de la mort de Jeanne d'Arrablay, il faudroit lui attribuer l'aventure qui donne lieu à cette note, s'il étoit certain que Jean d'Andresel n'eût été marié que deux fois. (Nous avons vu en effet qu'il n'épousa Jeanne de Maligny qu'en 1366.) Mais il faut remarquer que dans les nombreuses pièces relatives au douaire de Jeanne de Maligny il n'est dit nulle part que Jeanne d'Andresel, fille encore mineure de Jean en 1368, ait eu cette dame pour mère, et cependant elle est citée (mais non nommée) comme *héritière mineure* de Jean (quorum unus *aut una* adhuc minor ætatis) dans l'arrêt du 21 juillet 1368 rendu au profit de Jeanne de Maligny, et comme fille mineure de Jean dans la plaidoirie du 5 juin 1368. Si elle eût été fille de Jeanne de Maligny n'est-il pas naturel de supposer qu'on l'auroit mentionné dans la plaidoirie et dans

oy, s'il n'y a villenie grant. Et le sire d'Andresel luy dit :
Je mettray à vous pour un disner, que je vous conseil-
leray à luy faire faire telle chose où il n'y aura point de
villenie et si ne le fera pas. L'escuier respondi : Certes,
Sire, elle le feroit et gaigneroie; et par autres plusieurs manières puis-je gaignier plus honnourablement
avecques vous, et par ceste aray-je plus d'onneur à
perdre et païer le disner; si vous prie que vous gaigez
qu'elle le fera et je gaigerai que non. Le sire d'Andresel

l'arrêt? Faut-il donc croire que le sire d'Andresel eut une seconde femme
après Jeanne d'Arrablay et avant Jeanne de Maligny, et que cette seconde
femme, mère de Jeanne d'Andresel, a pu être en 1359 dame d'Andresel
et héroïne de cette aventure? Dom Guillaume Morin qui a donné dans
son *Histoire du Gâtinois*, etc. (Paris, 1630, in-4°, 461) une généalogie
ridicule de la famille Viole dans laquelle il fait de notre Jean d'Andresel
(enté par lui dans cette famille contre toute preuve et toute raison) deux
personnages nommés l'un Pierre et l'autre Jean, marie le premier à Agnès
de Chabannes et le second à Anne du Bellay. Je me suis demandé à cause
de cette assertion si Jean d'Andresel n'auroit pas été marié en secondes
noces à une Chabannes ou à une du Bellay, mais on ne voit rien de semblable ni dans la généalogie de Chabannes donnée dans La Chenaye des
Bois, ni dans la généalogie manuscrite de du Bellay par Trinquant, appartenant à la bibliothèque publique d'Angers et que M. Grille a bien
voulu consulter pour moi exprès sur ce point. Les choses étant ainsi, je
crois que jusqu'à ce qu'on ait une preuve ou au moins un indice plus
positif d'un mariage intermédiaire de M. d'Andresel, il ne faut pas s'arrêter au silence des plaidoirie et arrêt de 1368, qui est en définitive
plutôt une absence de preuve qu'un argument contraire; on peut donc
raisonnablement croire que Jean d'Andresel fut marié deux fois seulement, que Jeanne sa seconde fille étoit fille de Jeanne de Maligny,
et que Jeanne d'Arrablay est l'héroïne de l'histoire du *Ménagier*. J'ajouterai en passant que les expressions réservées dont se sert notre auteur (*du
surplus je me tais et pour cause*) donnent lieu de craindre pour la mémoire
de Jean d'Andresel que cette plaisanterie n'ait été l'occasion d'une scène
violente, si ce n'est tragique.

Il y a au Cabinet généalogique une lettre de ce seigneur qui me semble
présenter tous les caractères d'un autographe. Je crois devoir la donner

dit : Je vous commande que vous gaigiez ainsi que j'ay dit. Adonc l'escuier obéist et accepta la gaigeure. Le sire d'Andresel vouloit estre présent et tous ceulx qui là estoient; l'escuier dist qu'il le vouloit bien. Adoncques le sire d'Andresel qui tenoit un baston lui dit : Je vueil que si tost que nous serons arrivés, et sans dire autre chose, que devant nous tous vous direz à vostre femme qu'elle saille pardessus ce baston devant nous trestous, et que ce soit fait sans froncier ou guigner ou faire aucun signe. Ainsi fut fait, car tous entrèrent en l'hostel de l'escuier ensemble. Et incontinent la damoiselle leur vint au devant. L'escuier mist et tint à terre le baston et dit : Damoiselle, saillez par cy dessus ! Elle saillit tantost. Il lui dist : Resaillez ! Elle resaillit encores. Sail-

---

ici comme propre à faire connoître avantageusement son éducation et son style épistolaire. Elle se rapporte à une avance qui lui fut faite le 1ᵉʳ mars 1353-4 par le vicomte de Gisors pour servir à réparer les fortifications de Vernon. La voici :

« Vicomte, cher ami, je vous envoie un mandement du roy de la somme de cent livres par. que vous me baillastes et dont vous avez mes lettres soubs mon scel faisans mention desdites cent livres, car le mandement du roy fait bien mention comment je les ay mises ès réparations de la ville de Vernon et comment vous me rendez ma dicte lettre. Si faictes que en ce par vous n'ait deffaut et je vous en prie, et se vous voulez chose que je puisse faire, faites-le moi savoir et je le ferai voulentiers et de cuer. Nostre Sire vous gart. Escript à Paris le mardi au soir viiiᵉ jour d'avril (1354).

« J. D'ANDESEL, chambell. le roy. »

Sceau : un lion chargé d'une bande.

(¹ Titres originaux du Cabinet généalogique. — ² Du Cange au mot *Stella*. — ³ Hist. des gr. of. de la Cour. VI, 307-8. — ⁴ J. Reg. 86, 219. — ⁵ J. Reg. 90, 326. — ⁶ Trésor de dom Villevieille. — ⁷ Table des Mém. de la Ch. des comptes. — ⁸ Chr. de S. Denis, cxxxiv. — ⁹ J. 158, nᵒˢ 25 et 26. — ¹⁰ Généalogie de Courtenay, in-fol. Pr. 366. — ¹¹ Reg. du Parl., conseil et plaid. à la date citée. — ¹² Duchesne, Montmorency, Pr. 379, 380. — ¹³ Arrêt du 21 juillet 1368. Jugés, xx, 337.)

lez! Elle sailli trois fois sans dire un seul mot fors que voulentiers. Le sire d'Andresel fut tout esbahi et dit qu'il devoit et paieroit le disner l'endemain en son hostel d'Andresel. Et tantost se partirent tous pour aler là; et tantost qu'il fut entré en la porte d'Andresel, la dame d'Andresel vint au devant et s'enclina. Tantost que le sire d'Andresel fut descendu, il qui tenoit encores le baston pardessus lequel la damoiselle avoit sailli à Meleun, mist icellui baston à terre et cuida pardessus icelluy faire saillir la dame d'Andresel qui de ce faire fut refusant; dont le sire d'Andresel fut parfaictement courroucié. Et du surplus je me tais, et pour cause : mais tant en puis-je bien dire, et le sçay bien, que s'elle eust acompli le commandement de son mary, lequel il faisoit plus pour jeu et pour essay que pour prouffit, elle eust mieulx gardé son honneur et mieux lui en eust pris; mais à aucunes ne vient pas tousjours bien et à aucunes si fait.

Et encores à ce propos je puis bien dire une chose bien aussi estrange, que une fois, ès jours d'esté, je venoie de devers Chaumont en Bassigny à Paris, et à une heure de vespres me arrestay pour logier en la ville de Bar sur Aube. Plusieurs des jeunes hommes de la ville mariés en icelle, desquels aucuns avoient à moy aucune congnoissance, vindrent à moy prier de soupper avecques eulx, si comme ils disoient, et disoient leur cas estre tel : ils estoient plusieurs hommes jeunes et assez nouvellement mariés et à jeunes femmes, et s'estoient trouvés en une compaignie sans autres gens sages, si avoient enquis de l'estat l'un de l'autre et trouvèrent par les dis d'un chascun que chascun d'eulx cuidoit avoit la meilleur et la plus obéissant femme de toutes

K v

obéissances, commandemens et défenses, petites ou grans. Si avoient pour ce prins complot, si comme ils disoient, d'aler tous ensemble en chascun hostel de chascun d'eulx, et là le seigneur demanderoit à sa femme une esguille, ou une espingle, ou unes forcettes [1], ou la clef de leur coffre, ou aucune chose semblable; et se la femme disoit : *à quoy faire?* ou : *qu'en ferez-vous?* ou : *est-ce à certes?* ou : *vous mocquez-vous de moy?* ou : *je n'en ay point,* ou elle ait autre réplication ou retardement, le mary paieroit un franc pour le soupper; et se sans rédargution ou délaier elle bailloit tantost à son mary ce qu'il demandoit, le mary estoit tenus pour bien eureux d'avoir si saige femme et obéissant, et pour sage homme de la maintenir et garder en icelle obéissance et estoit assis au plus hault et ne paieroit riens.

Et jasoit-ce qu'ils soient aucunes femmes qui à telles menues estranges choses ne se sauroient ou daigneroient fléchir, mais les desdaigneroient et mespriseroient et tous ceulx et celles qui ainsi en useroient, toutesvoies, belle seur, povez-vous bien savoir qu'il est nécessité que d'aucune chose nature se resjoïsse; mesmes les povres, les impotens, les maladifs ou enlangourés et ceulx qui sont au lit de la mort preignent et quièrent plaisir et joye, et par plus forte raison les sains. Des uns tout leur déduit est de chasser ou vouler : des autres de jouer d'instrumens : des autres noer [2], ou dancer, ou chanter, ou jouster; chascun selon sa condition prent son plaisir; mesmes le vostre quérez-vous diversement en quelques choses diverses; doncques, se vostre mary qui sera a telle imagination qu'il vueille

[1] Des ciseaux. — [2] Nager.

prendre son plaisir ou en vostre service ou en vostre
obéissance telle que dessus, si l'en servez et saoulez, et
sachiez que Dieu vous aura fait plus grant grâce que
vostre mary prengne plaisir plus en vous que en une
autre chose; car se vous estes la clef de son plaisir, il vous
servira, suivra et aimera pour ce, et s'il a plaisir à autre
chose, il la suivra et serez derrière. Si vous conseille et
admonneste de faire son plaisir en très petites choses et
très estranges et en toutes, et se ainsi le faictes-vous, ses
enfans et vous mesmes serez son ménestrier et ses joyes
et plaisirs, et ne prendra pas ses joyes ailleurs, et sera
un grant bien et une grant paix et honneur pour vous.
⸎Et s'il advient que d'aucune besongne il n'ait point
souvenu à vostre mary quant il s'est parti de vous,
et pour ce ne vous en ait parlé, ne commandé, ne
deffendu, toutesvoies devez-vous faire à son plaisir,
quelque plaisir que vous ayez autre, et devez délaisser
vostre plaisir et mettre derrière et tousjours son plaisir
mettre devant; mais se la besongne estoit pesant et de
telle attendue que vous peussiez luy faire savoir, res-
crivez luy comment vous créez que sa voulenté soit de
faire ainsi etc. et pour ce vous aiez vouloir de faire à
son plaisir, mais pour ce que en ce faisant tel incon-
vénient s'en peut ensuir, et telle perte et tel dommage
aussi, et qu'il vous semble qu'il seroit mieulx et plus
honnourable ainsi et ainsi etc., laquelle chose vous
n'osez faire sans son congié, qu'il lui plaise vous mander son vouloir sur ce, et son mandement vous
acomplirez de très bon cuer, de tout vostre povoir etc.
 Toutes ne font pas ainsi, dont il leur mesvient à la
fin, et puis quant elles sont moins prisées et elles
voient les bonnes obéissans qui sont bieneurées, acom-

paignées et aimées de leurs maris, icelles meschans
qui ne sont ainsi en guerroient sus à fortune et dient
que ce a fait fortune qui leur a couru sus, et la mauvaistié de leurs maris qui ne se fient mie tant en elles;
mais elles mentent, ce n'a pas fait fortune : ce a fait leur
inobédience et irrévérence qu'elles ont envers leurs
maris qui après ce qu'ils ont moult de fois défailly
vers elles qui leur ont désobéy et irrévéré, ne s'y
osent plus fier, et ont quis iceulx maris et trouvé obéissance ailleurs où ils se fient.

Et me souvient, par Dieu, que je vis une de vos
cousines qui bien aime vous et moy, et si fait son mary,
et vint à moy disant ainsi : Cousin, nous avons telle
besongne à faire, et me semble qu'elle seroit bien faicte
ainsi et ainsi, et me plairoit bien; que vous en semble?
Et je luy dis : Le premier point est de savoir le conseil
de vostre mary et son plaisir; luy en avez-vous point
parlé? Et elle me respondi : par Dieu, cousin, nennil;
car par divers moyens et estranges parlers, j'ay sentu
qu'il vouldroit ainsi et ainsi, et non pas comme je dy, et
j'aroie trop chier de la faire comme j'ay dit. Et vous savez, cousin, qu'il est maindre blasme de faire aucune
chose sans le congié de son souverain que après sa deffense, et je suis certaine qu'il le me deffendroit et suis
certaine qu'il vous aime et tient bonne personne, et se
j'avoie ainsi fait comme je dy, par vostre conseil, quelque chose qu'il en advenist, puis que je me excuseroie
de vostre conseil, il seroit de légier appaisié, tant vous
aime. Et je luy dis : puis qu'il m'aime, je le doy amer
et faire son plaisir, et pour ce je vous conseille que vous
ouvrez selon son plaisir et mettez le vostre plaisir au
néant. Et autre chose ne peut avoir et s'en parti toute

courroucée de ce que je ne lui aidie à achever sa voulenté qui estoit toute contraire à la voulenté de son
mary; et du courroux de son mary ne luy chaloit puis
qu'elle eust esté oye à dire : *Vous ne le m'avez point
autrement commandé etc. vostre cousin le me conseilla
ainsi à faire.* Or véez-vous son courage et comment
la femme est bien entalentée de faire un grant plaisir à
son mary et quelle obéissance elle luy donne!

Chère seur, aucunes autres femmes sont, qui quant
elles ont désir de faire une chose en une manière,
mais icelle doubte que son mary ne le vueille pas
ainsi, si n'en dure ou pose, et frétille et frémie, et
quant elle apperçoit que son mary et elle sont à seul et
parlent de leurs besongnes, affaires et esbatemens, et la
femme par aucuns parlers prouchains à aucune matière enquiert soubtillement et sent de icelle besongne
que son mary entend à faire et poursuivre par autre
voie qu'elle ne voulsist, adonc la femme met son
mary en autre propos, afin que d'icelluy il ne luy die
mie oultréement : *de celle besongne faictes ainsi;* et
cautement se passe et met son mary en autres termes
et concluent sur autre besongne loingtaine à celle. Et
tantost que icelle femme voit son point, elle fait faire
icelle première besongne à son plaisir et ne luy chault
du plaisir de son mary duquel elle ne tient compte et
s'atend à soy excuser pour dire : *vous ne m'en avez riens
dit,* car à elle ne chault du courroux ne du desplaisir
de son mary, mais que le sien passe et que sa voulenté soit faicte. Et me semble que c'est mal fait d'ainsi
barater, décevoir et essaier son mary; mais plusieurs
sont, qui tels essais et plusieurs autres font, dont c'est
mal fait, car l'on doit tousjours tendre à faire le plaisir

de son mary quant il est sage et raisonnable ; et quant l'en essaie son mary couvertement et cautement, soubs couverture malicieuse et estrange, supposé que ce soit pour mieux exploictier, si est-ce mal fait, car avec son mary l'en ne doit mie besongnier par aguet ou malice, mais plainement et rondement, cuer à cuer.

Mais encores est-ce pis quant la femme a mary preudomme et débonnaire et elle le laisse pour espérance d'avoir pardon ou excusation de mal faire, si comme il est trouvé ou livre des Sept Sages de Romme[1] que en la cité avoit un sage vefve, ancien de grant aage, et moult riche de terre et de bonne renommée qui jadis avoit eu deux femmes espousées qui estoient trespassées. Ses amis lui dirent que encores il prist femme. Il leur dist que ils la luy quéissent et que il la prendroit voulentiers. Ils la luy quirent belle et jeune et advenant de corps, car à peine verrez-vous jà si vieil homme qui ne prengne voulentiers jeune femme. Il ot espousé : la dame fut avecques lui un an que point ne luy feist ce que vous savez. Or avoit icelle dame une mère ; un jour elle estoit au moustier emprès sa mère, si luy dist tout bas qu'elle n'avoit nul soulas de son seigneur et pour ce elle vouloit amer. Fille, dist la mère, se tu le faisoies, il t'en mesprendroit trop asprement, car certes il n'est nulle si grant vengence que de vieil

---

[1] Roman dont le premier auteur est l'Indien Sendabad, et qui fut successivement traduit dans presque toutes les langues. Notre auteur me paroît avoir ajouté au texte qu'il avoit lu bien des détails qui donnent des notions curieuses sur les usages de son temps. On peut s'en assurer en comparant ce passage du *Ménagier* à l'endroit correspondant d'une version françoise du même ouvrage écrite en vers au XIIIᵉ siècle, et imprimée assez incorrectement à Tubingen, 1836, in-8° (V. p. 97). Cette édition est précédée d'une longue et savante dissertation sur le Roman des Sept Sages.

homme, et pour ce, se tu me crois, ce ne feras-tu mie,
car tu ne pourroies jamais rapaiser ton mary. La
fille respondi que si feroit. La mère luy dist : quant
autrement ne peut estre, je vueil que tu essaies, avant,
ton mary. Voulentiers, dist la fille, je le essaieray ainsi :
il a en son vergier une ante[1] qui est tant belle et qu'il
aime plus que tous autres arbres, je la coupperay : si
verray se je le pourray rapaiser. A cest accord demourèrent et à tant se partirent hors du moustier.

La jeune dame s'en vint à son hostel et trouva que
son seigneur estoit alé esbatre aux champs. Si prent une
coignée, vient à l'ante, et y commence à férir à dextre
et à sénestre tant qu'elle la couppa, et la fist tronçonner
par un varlet et apporter au feu. Et ainsi que celluy
l'apportoit, le seigneur entra en son hostel et voit celluy qui apportoit les tronçons de l'ante en sa main;
le seigneur demanda : dont vient ceste buche? La dame
luy respondi : Je viens oresendroit du moustier et l'en
me dist que vous estiez alés aux champs : si doubtay,
pour ce qu'il avoit pleu, que vous ne retournissiez
moullié et que vous eussiez froit, si alay en ce vergier
et couppay ceste ante : car céans n'avoit point de buche.
Dame, dit le seigneur, c'est ma bonne ante! Certes,
sire, fait la dame, je ne sçay. Le seigneur s'en vint
en son vergier et vit la souche de l'ante qu'il amoit
tant, si fut iriés assez plus que il ne monstroit le semblant et s'en revint et treuve la dame qui de l'ante faisoit le feu et sembloit qu'elle le feist en bonne pensée
pour luy chauffer. Quant le seigneur fust venus, si dist
tels mots : Ores, dame, ce est ma bonne ante que vous

_____
[1] Jeune arbre fruitier _enté_, greffé.

avez couppée! Sire, dit la dame, je ne m'en prins garde, car certes je le fis pour ce que je savoie bien que vous venriez tout moullié et tout empluyé, si doubtay que vous n'eussiez froit et que le froit ne vous feist mal. Dame, dit le seigneur, je lairay ce ester[1] pour ce que vous dictes que vous le feistes pour moy.

L'endemain la dame revint au moustier et trouva sa mère à laquelle dit : J'ay mon seigneur essayé et couppé l'ante, mais il ne me fist nul semblant qu'il fust moult iriés et pour ce sachiez, mère, que j'aimeray. — Non feras, belle fille, dit la mère, laisse ester. — Certes, dist la fille, si feray; je ne m'en pourroie plus tenir. — Belle fille, dist la mère, puis qu'ainsi est que tu dis que tu ne t'en pourroies tenir, essaie donc encores ton mary. Dist la fille : voulentiers, je l'essaieray encores ainsi : il a une levrière que il aime à merveilles, ne il n'en prendroit nul denier, tant est bonne, ne ne souffreroit pas que nul de ses varlès la chassast hors du feu, ne que nul luy donnast à mengier sinon luy : et je la tueray devant luy.

A tant s'en départirent. La fille s'en revint en son hostel; il fut tart et fit froit, le feu fut beau et cler et les lis furent bien parés et couvers de belles coustespointes[2] et de tapis, et la dame fut vestue d'une pelice toute neufve. Le seigneur vint des champs. La dame se leva encontre luy; si luy osta le mantel et puis luy voult oster les esperons, mais le seigneur ne le voult pas souffrir, ains les fit oster à un de ses varlès; moult s'offry la dame à luy servir : elle court, si luy apporte un

[1] Être, exister, *stare, je laisserai cela.* — [2] Aujourd'hui courte-pointes, couvre-pieds.

mantel de deux draps[1] et si luy met sur les espaules et appareille une chaire[2] et met un quarrel[3] dessus, et le fait seoir au feu et luy dit ainsi : Sire, certainement vous estes tout pâle de froit, chauffez-vous et aisiez très bien ! Ainsi qu'elle ot ce dit, si se assit emprès luy et plus bas que luy sur une selle[4] et estendi la robe[5] de sa pelice, regardant tousjours son mary. Quant la levrière vit le beau feu, elle vint par sa mésaventure, si se couche tantost sur le pan de la robe et de la pelice de la dame, et la dame advise emprès elle un varlet qui avoit un grant coustel, si le sache et en fiert parmy le corps d'icelle levrière qui commença illecques à pestiller[6] et mourut devant le mary. Dame, fait-il, comment avez-vous esté si osée comme de tuer, en ma présence, ma levrière que j'amoie tant ? — Sire, fait la dame, ne véez-vous chascun jour comme il nous attournent ? Il ne sera nuls deux jours qu'il ne conviengne faire buée[7] céans pour vos chiens ! Or regardez de ma pelice que je n'avoie onquesmais vestue, quelle elle est attournée ! Cuidiez-vous que je n'en soye iriée ? L'ancien sage respondi : Par Dieu ! c'est mal fait et vous en sçay très mauvais gré, mais maintenant je n'en parleray plus. La

[1] Manteau doublé, ou peut-être aussi manteau *parti*, de draps de deux couleurs. — En juillet 1401 l'évêque de Paris réclamant comme clerc un prisonnier que le procureur du roi soutenoit être en habit laïque citoit à l'appui de son dire un arrêt qui avoit reconnu comme clerc un boulanger de Montmorency lequel étoit marié et avoit chaperon à cornette double *de deux divers draps*. (Plaid. criminelles du Parl.) Ces mots indiquent certainement deux couleurs différentes dans les draps du chaperon, mais il semble qu'ici (outre qu'il n'y a pas le mot *divers*), dans l'état où se trouvoit le seigneur rentrant mouillé de la chasse, il est plus naturel de croire qu'il s'agit d'un manteau doublé.

[2] Grande chaise à dossier. — [3] Coussin, *carreau*. — [4] Escabeau. — [5] Var. B. *roc*. — [6] Piétiner, remuer les pattes. — [7] Lessive.

I   L

dame dit : Sire, vous povez faire de moy vostre plaisir, car je suis vostre et si sachiez bien que je me repens de ce que en ay fait, car je sçay bien que vous l'aimiez moult; si me poise de ce que je vous ay courroucié. Quant elle ot ce dit, si fist moult grant semblant de plourer. Quant le seigneur vit ce, si ce laissa ester.

Et quant vint à l'endemain qu'elle fust alée au moustier, si trouva sa mère à laquelle elle dit comment luy estoit advenu et que vraiement, puisque ainsi bien luy estoit advenu et que ainsi bien lui en eschéoit, qu'elle aimeroit. Ha! belle fille, dit la mère, non feras, tu t'en pourras bien tenir. — Certes, dame, non feray. Alors dit la mère : Belle fille, je me suis toute ma vie bien tenue à ton père, oncques telle folie ne fis, ne n'en eus talent. — Ha! dame, respondi la fille, il n'est mie ainsi de moy comme il est de vous, car vous assemblastes entre vous et mon père jeunes gens; si avez eues vos joies ensemble, mais je n'ay du mien joie ne soulas : si me convient à pourchasser. — Or, belle fille, et se amer te convient, qui aimeras-tu?—Mère, dit la fille, j'aimeray le chappellain de ceste ville, car prestres et religieux craingnent honte et sont plus secrets. Je ne vouldroie jamais amer un chevalier, car il se vanteroit plus tost et gaberoit de moy et me demanderoit mes gages[1] à engager. — Ores, belle fille, fais encores à mon conseil et essaye encores ton seigneur. Dist la fille : Essaier tant et tant, et encores et encores, ainsi ne fineroie jamais! — Par mon chief! fait la mère, tu l'essaieras encores par mon los[2], car tu ne verras jà si male vengence ne si cruelle comme de vieil

---

[1] Peut-être faudroit-il *bagues*, effets, joyaux. — [2] Conseil.

homme. — Or, dame, fit la fille, voulentiers feray encores vostre commandement, et l'essaieray ainsi : il sera jeudi le jour de Noël, si tendra mon seigneur grant tinel[1] de ses parens et autres amis, car tous les vavasseurs de ceste ville y seront, et je me seray assise au chief de la table en une chaire ; si tost comme le premier mès[2] sera assis, je aray mes clefs meslées ès franges de la nappe, et quant je auray ce fait, je me leveray à coup et tireray tout à moy et feray tout espandre et verser quanque il y aura sur la table, et puis appaiseray tout. Ainsi auray essaié mon seigneur par trois fois de trois grans essais, et légièrement rappaisié, et à ce savez-vous bien que ainsi légièrement le rappaiseray-je des cas plus obscurs et couvers et ès quels ne pourra déposer[3] que par souspeçon. — Ores belle fille, dist la mère, Dieu te doint bien faire !

Adonc se partirent ; chascune vint en son hostel. La fille servit cordieusement, par semblant, et moult attraiement et bien son seigneur, et moult bel, tant que le jour de Noël vint. Les vavasseurs de Romme et les damoiselles furent venues, les tables furent drécées et les nappes mises, et tous s'assirent, et la dame fist la gouverneresse et l'embesongnée et s'assist au chief de la table en une chaire, et les serviteurs apportèrent le premier mès et brouets sur table. Ainsi comme les varlès tranchans orent commencié à tranchier, la dame entortille ses clefs ès franges de la fin de la nappe et quant elle sceut qu'elles y furent bien entortillées, elle se lième à un coup et fait un grant pas arrière, ainsi comme se elle eust chancelé en levant ; si tire la nappe, et escuelles

<hr>

[1] Grande salle à manger, et par extension grand festin, cour plénière. — [2] Service. — [3] Var. A. *disposer*.

plaines de brouet, et hanaps plains de vin, et sausses versent et espandent tout quanque il y avoit sur la table. Quant le seigneur vit ce, si ot honte et fu moult courroucié et luy remembra des choses précédens. Aussitost la dame osta ses clefs qui estoient entortillées en la nappe. — Dame, fit le seigneur, mal avez exploictié! — Sire, fait la dame, je n'en puis mais, je aloie querre vos cousteaulx à tranchier qui n'estoient mie sur table, si m'en pesoit. — Dame, fit le seigneur, or nous apportez autres nappes. La dame fit apporter autres nappes, et autres mès recommencent à venir. Ils mengièrent liement, ne le seigneur n'en fit nul semblant d'ire ne de courroux, et quant ils orent assez mengié et le seigneur les ot moult honnourés, si s'en départirent.

Le seigneur souffri celle nuit tant qu'il vint à l'endemain. Lors luy dit : Dame, vous m'avez fait trois grans desplaisirs et courroux, se je puis vous ne me ferez mie le quart; et je sçay bien que ce vous a fait faire mauvais sang : il vous convient saignier. Il mande le barbier et fait faire le feu. La dame luy dit : Sire, que voulez-vous faire? Je ne fus onques saignée. — Tant vault pis, fait le seigneur, encommencier le vous convient : les trois mauvaises emprises que vous m'avez faictes, ce vous a fait faire mauvais sang.

Lors luy fait eschauffer le bras destre au feu, et quant il fut eschauffé, si la fist saignier; tant saigna que le gros et vermeil sang vint. Lors la fist le seigneur estanchier, et puis luy fait l'autre bras traire hors de la robe. La dame commence à crier mercy. Riens ne luy vault, car il la fit eschauffer et saignier de ce second bras; et commença à saignier : tant la tint qu'elle s'es-

vanoui, et perdi la parolle et devint toute de morte
couleur. Quant le seigneur vit ce, si la fist estanchier et
porter en son lit en sa chambre. Quant elle revint de
pâmoison, si commença à crier et plourer et manda sa
mère qui tantost vint; et quant elle fut devant ly, tous
vuidèrent la chambre et les laissèrent ambedeux seul à
seul. Quant la dame vit sa mère, si luy dist : Ha! mère,
je suis morte; mon seigneur m'a fait tant saignier que
je cuide bien que je ne jouiray jamais de mon corps.
—Or, fille, je pensoie bien que mauvais sang te démen-
goit : or me di, ma fille, as-tu plus talent d'amer? —
Certes, dame, nennil. — Fille, ne te di-je bien que jà
ne verroies si cruel vengence comme de vieil homme?
— Dame, oïl; mais, pour Dieu, aidiez-moy à relever
et secourir à ma santé, et par m'âme, mère, je n'aimeray jamais. — Belle fille, fait la mère, tu feras que sage.
Ton seigneur est bon preudomme et sage, aime-le et
sers, et croy qu'il ne t'en peut venir que bien et honneur. — Certes, mère, je sçay ores bien que vous me
donnastes et donnez bon conseil et je le croiray d'ores-
en-avant et honnoureray mon mary et jamais ne l'essaieray ne ne courrouceray.

Chère seur, assez souffist quant à ce point, qui a la
voulenté de retenir et de bien obéir, car sur ceste matière d'obéissance, nous avons cy dessus parlé de ce qui
est à faire quant le mary commande petites choses par
jeu, à certes ou autrement, et puis de ce qui est à faire
quant le mary n'a commandé ne deffendu pour ce que
à luy n'en est souvenu, et tiercement des excès que
les femmes font pour acomplir leur vouloir oultre et
pardessus le vouloir de leurs maris. Et maintenant à
ce derrière nous parlerons que l'en ne face pas contre

la défense d'iceulx, soit en petit cas ou en grant, car du faire c'est trop mal fait. Et je commence ès petis cas ès quels on doit obéir aussi bien; je le monstre mesmes par les jugemens de Dieu, car vous savez, chère seur, que par la désobéissance de Adam qui pardessus la défense de Dieu menga une pomme qui est poù de chose, tout le monde fut mis en servaige. Et pour ce je vous conseille que les très petites choses et de très petite valeur et ne fust fors d'un festu que vostre mary qui sera après moy vous commandera à garder, que vous, sans enquerre pour quoy ne à quelle fin, puis que la parole sera telle yssue de la bouche de vostre mary qui sera, vous fectes et gardez très soingneusement et très diligemment, car vous ne savez, ne ne devez adonc enquérir, si ne le vous dist de son mouvement, qui à ce le meut ou a meu : se il a cause, ou se il le fait pour vous essaier. Car, s'il a cause, donc estes-vous bien tenue de le garder, et s'il n'y a point de cause, mais le fait pour vous essaier, donc devez-vous bien vouloir qu'il vous treuve obéissant et diligent à ses commandemens, et mesmement devez penser que puisque sur un néant il vous treuvera obéissant à son vouloir et que vous en tenrez grant compte, croira-il que sur un gros cas vous trouveroit-il encores en cent doubles plus obéissant. Et vous véez que nostre Seigneur commist à Adam de luy garder pou de chose, c'est assavoir un seul pommier, et povez penser que nostre Seigneur ne se courrouça pas à Adam pour une seule pomme, car à si grant seigneur c'estoit bien pou de chose que une pomme, mais luy despleut pour la mesprenture de Adam qui si pou avoit prisié son commandement ou défense quant pour si pou d'avantage luy désobéissoit. Et aussi

véez et considérez que de tant que Adam estoit plus
près de nostre Seigneur qui l'avoit fait de sa propre main
et le tenoit son famillier et garde de son jardin, de tant
fut nostre Seigneur pour pou de chose plus aigrement
meu contre luy ; et puis la désobéissance ne voult sanc-
tifier : et par semblable raison, de tant que vous estes
plus prouchaine et près de vostre mary, seroit-il
contre vous plus tost et pour mendre chose plus aigrement courroucié, comme nostre Seigneur se courrouça à Lucifer qui estoit plus prouchain de luy.

Mais aucunes femmes sont, qui cuident trop soubtillement eschapper, car quant leur mary leur a deffendu aucune chose qui leur pleust à faire et voulsissent
bien faire, elles délayent et attendent et passent temps
jusques à ce que la deffense soit entr'oubliée par le
mary, ou qu'il s'en soit alé, ou qu'il est chargié d'autres
si gros fait que d'icelluy ne luy souvient. Et après,
tantost, incontinent et hastivement, la femme fait icelle
besongne à son plaisir et contre la voulenté et deffense
du mary, ou la fait faire par ses gens disant : faictes
hardiement ! Monseigneur ne s'en apparcevra jà, il n'en
saura riens. Or véez-vous que par ce, ceste est, en son
courage et voulenté, pure rebelle et désobéissant, et sa
malice et mauvaistié qui riens ne vallent empirent son
cas et démonstrent plainement son mauvais courage.
Et sachiez qu'il n'est riens qui à la parfin ne soit sceu,
et quant le mary le saura, et apparcevra que celle sépare
l'union de leurs voulentés qui doivent estre tout un,
comme dit est devant, icelluy mary s'en taira par adventure comme fit le sage de Romme dont il est parlé
cy devant en l'article, mais son cuer en sera si
parfondément navré que jamais n'en garira, mais

toutes fois qu'il lui en souvendra naistra nouvelle douleur.

Si vous pry, chère seur, que de tels essais et entreprinses à faire à autre mary que à moy, se vous l'avez, vous vous gaittiez et gardez très espécialement, mais vostre courage et le sien soient tout un, comme vous et moy sommes à présent; et ce souffist quant à cest article.

SEPTIÈME ARTICLE.

Le septiesme article de la première distinction doit monstrer que vous devez estre curieuse et songneuse de la personne de vostre mary. Sur quoy, belle seur, se vous avez autre mary après moy, sachiez que vous devez moult penser de sa personne, car puis que une femme a perdu son premier mary et mariage, communément à paine treuve-elle, selon son estat, le second à son advenant, ains demeure toute esgarée et desconseillée long temps; et par plus grant raison quant elle pert le second. Et pour ce aimez la personne de vostre mary songneusement, et vous pry que vous le tenez nettement de linge, car en vous en est, et pour ce que aux hommes est la cure et soing des besongnes de dehors, et en doivent les maris soignier, aler, venir et racourir de çà et de là, par pluies, par vens, par neges, par gresles, une fois moullié, autre fois sec, une fois suant, autre fois tremblant, mal peu, mal herbergié, mal chauffé, mal couchié. Et tout ne luy fait mal pour ce qu'il est reconforté de l'espérance qu'il a aux cures que la femme prendra de luy à son retour, aux aises, aux joies et aux plaisirs qu'elle luy fera ou fera faire devant elle; d'estre deschaux à bon feu, d'estre lavé les

piés, avoir chausses[1] et soulers frais, bien peu, bien
abeuvré, bien servi, bien seignouri, bien couchié en
blans draps, et cueuvrechiefs[2] blans, bien couvert de
bonnes fourrures, et assouvi des autres joies et esbatemens, privetés, amours et secrets dont je me tais. Et
l'endemain, robes-linges[3] et vestemens nouveaulx.

Certes, belle seur, tels services font amer et désirer
à homme le retour de son hostel et veoir sa preudefemme et estre estrange des autres. Et pour ce je vous
conseille à reconforter ainsi vostre autre mary à toutes
ses venues et demeures, et y persévérez; et aussi à
luy tenir bonne paix, et vous souviengne du proverbe
rural qui dit que trois choses sont qui chassent le
preudomme hors de sa maison, c'est assavoir maison
descouverte, cheminée fumeuse et femme rioteuse. Et
pour ce, chère seur, je vous prie que pour vous tenir
en l'amour et grâce de vostre mary, soyez luy doulce
amiable et débonnaire. Faictes-luy ce que les bonnes
simples femmes de nostre païs dient que l'en a fait à
leurs fils quant ils sont enamourés autre part et elles
n'en pevent chevir. Il est certain que quant les pères
ou les mères sont morts, et les parrastres et marrastres
qui ont fillastres les arguent, tencent et estrangent, et ne
pensent de leur couchier, de leur boire ou mengier, de
leur chausses, chemises, ne autres nécessités ou af-

[1] Bas montant très-haut et s'attachant aux *braies* sorte de culotte. —
[2] Ici, bonnets de nuit. — [3] Sorte de chemise d'homme. On voit dans un
compte de la chambre de Philippe le Bel, en 1307, *des toiles pour draps*
(de lit) *et robelinges, c'est chemises* (sic). Il est dit dans la grande ordonnance des métiers de Paris, rendue par le roi Jean en février 1350-1,
que la façon d'une *robe-linge à homme, d'œuvre commune*, devoit être payée
8 deniers aux couturiers, celle d'une chemise à femme 4 deniers seulement. (Collect. Leber, XIX, 38, 316.)

I   L v

faires, et iceulx enfans treuvent ailleurs aucun bon retrait et conseil d'aucune autre femme qui les recueille
avecques elle et laquelle pense de leur chauffer à aucun povre tison avec elles, de leur couchier, de les tenir
nettement, à faire rappareiller leurs chausses, brayes [1],
chemises et autres vestemens, iceulx enfans les suivent
et désirent leur compaignie et estre couchiés et eschauffés entre leurs mamelles, et du tout en tout s'estrangent de leurs mères ou pères qui par avant n'en
tenoient compte, et maintenant les voulsissent retraire
et ravoir, mais ce ne peut estre, car iceulx enfans ont
plus cher la compagnie des plus estranges qui de eux
pensent et aient soing que de leurs plus prouchains qui
d'eulx ne tiennent compte. Et puis brayent et crient, et
dient que icelles femmes ont leurs enfans ensorcellés, et
sont enchantés, et ne les pevent laissier, ne ne sont aises
se ils ne sont avecques elles. Mais, quoy que l'en die,
ce n'est point ensorcellement, c'est pour les amours,
les curialités, les privetés, joies et plaisirs qu'elles leur
font en toutes manières, et par m'âme, il n'est autre
ensorcellement. Car qui à un ours, un lou ou un lyon
feroit tous ses plaisirs, icelluy ours, lou ou lyon feroit
et suivroit ceulx qui ce luy feroient, et par pareille
parole pourroient dire les autres bestes, se elles parloient, que icelles qui ainsi seroient aprivoisées seroient ensorcellées. Et, par m'âme, je ne croy mie
qu'il soit autre ensorcellement que de bien faire, ne l'en
ne peut mieulx ensorceller un homme que de luy faire
son plaisir [2].

---

[1] Sorte de culotte ou caleçon. — [2] Il est probable qu'au temps où
notre auteur écrivoit il y avoit peu de gens assez éclairés pour avoir une
pareille opinion sur les sorcelleries.

Et pour ce, chère seur, je vous pry que le mary que vous arez vous le vueillez ainsi ensorceller et rensorceller et le gardez de maison maucouverte et de cheminée fumeuse et ne luy soyez pas rioteuse, mais doulce, amiable et paisible. Gardez en yver qu'il ait bon feu sans fumée, et entre vos mamelles bien couchié, bien couvert, et illec l'ensorcellez. Et en esté gardez que en vostre chambre ne en vostre lit n'ait nulles puces, ce que vous povez faire en six manières, si comme j'ay oy dire. Car, j'ay entendu par aucuns, qui sème sa chambre de fueilles d'aune, les puces s'y prennent. Item, j'ay oy dire que qui aroit de nuit un ou plusieurs tranchouers [1] qui feussent pardessus oins de glus ou de trébentine et mis parmy la chambre, ou millieu de chascun tranchouer une chandelle ardant, elles s'y venroient engluer et prendre. L'autre que j'ay essayé et est vray : prenez un drap estru [2] et le estendez parmy vostre chambre et sur vostre lit, et toutes les puces qui s'y pourront bouter s'y prendront, tellement que vous les pourrez porter avec le drap où vous vouldrez. Item des peaulx de mouton. Item, j'ai veu mettre des blanchets [3] sur le feurre [4] et sur le lit, et quant les puces qui noires estoient s'y estoient boutées, l'en les trouvoit plus tost parmy le blanc et les tuoit-l'en. Mais le plus fort est

[1] Morceaux de pain plats, *tartines*, qu'on mettoit au fond des plats et des assiettes de métal pour couper la viande sans les rayer. — [2] Peut-être hérissé, frotté à rebrousse-poil, *estrusser* signifiant frotter.—Var. A et C. *estou*.—Le drap *estru* ou *estou* me paroit devoir désigner en tout cas un drap à longs poils dans lesquels les puces pouvoient s'embarrasser. Les draps étoient d'abord faits à longs poils et ne devenoient ras qu'après avoir passé par les mains des *tondeurs de draps*. C'étoit un métier important et riche au moyen âge. — [3] Voy. p. 13. — [4] Paille, et je crois aussi feuillées ou herbes qu'on répandoit dans l'intérieur des maisons,

de soy gaittier de celles qui sont ès couvertures et ès pennes[1], ès draps des robes dont l'en se cueuvre. Car sachiez que j'ay essaié que quant les couvertures, pennes ou robes où il a puces sont enclos et enfermés serréement, comme en male bien liée estroictement de courroies, ou en sac bien lié et pressé, ou autrement mis et compressé que icelles puces soient sans jour et sans air et tenues à destroit, ainsi périront et mourront sur heure. Item, j'ay veu aucunes fois en plusieurs chambres que quant l'en estoit couchié, l'en se trouvoit tout plain de cincenelles[2] qui à la fumée de l'alaine se venoient asseoir sur le visage de ceulx qui dormoient et les poingnoient si fort qu'il se convenoit lever et alumer du foing pour faire fumée pour laquelle il les convenoit fuir ou mourir, et aussi bien le pourroit-l'en faire de jour qui s'en doubteroit, et aussi bien par un cincenellier[3], qui l'a, s'en peut-l'en garantir.

Et se vous avez chambre ou estage où il ait très grant repaire de mouches, prenez petis floqueaux de feuchière[4] et les liez à filets[5] comme filopes[6] et les tendez, et toutes les mouches s'y logeront au vespre : puis destendez les filopes et les gectez hors. Item, fermez très bien vostre chambre au vespre, mais qu'il y ait seulement un petit pertuis ou mur devers Orient ; et si tost que l'aube esclarcira, toutes les mouches s'en yront par

[1] Fourrures; nous avons déjà vu p. 160 qu'on en mettoit sur les lits pour servir de couvertures. On portoit aussi beaucoup de vêtemens fourrés. — [2] Petite mouche, *cousin*, moustique. On disoit aussi *cincenaude*. Var. B. *cincerelles*. Voy. Du CANGE à *Zinzala*. — [3] Ou *cincenaudier, moustiquière*, grand rideau, sorte de cloche d'étoffe claire qui enveloppe exactement un lit et empêche les cousins ou moustiques d'approcher. Var. B. *cincenier*. — [4] Petites touffes, *flocons* de fougère. Var. A. *bloqueaulx de feuchelle*. — [5] Fils, ficelles. Var. A. *et afilez*. — [6] Franges, *effiloques*.

ce pertuis, puis soit estoupé. Item, prenez une escuelle de lait et l'amer[1] d'un lièvre et meslez l'un parmy l'autre, et puis mettez-en deux ou trois escuelles ès lieux là où les mouches repairent, et toutes celles qui en tasteront, mourront. Item, autrement, ayez une chausse de toille liée au fons d'un pot qui ait le cul percié, et mettez icelluy pot ou lieu où les mouches repairent et oingnez-le par dedens de miel, ou de pommes, ou de poires; quant il sera bien garny de mouches, mettez un tranchouer sur la gueule, et puis hochez[2]. Item, autrement, prenez des ongnons rouges crus et les broiez et espraignez le jus en une escuelle et le mettez où les mouches repairent, et toutes celles qui en tasteront, mourront. Item, ayez des palettes pour les tuer à la main. Item, aiez des vergettes[3] gluées sur un bacin d'eaue. Item, aiez vos fenestres closes bien justement de toille cirée ou autre, ou de parchemin ou autre chose[4] si justement que nulle mouche y puisse entrer, et les mouches qui seront dedens soient tuées à la palette ou autrement comme dessus, et les autres n'y entreront plus. Item, ayez un cordon pendant et moullié en miel, les mouches y vendront asseoir, et au soir soient prinses en un sac. En somme, il me semble que les mouches ne se arresteront point en chambre où il

[1] Le fiel. — [2] Secouez. — [3] Petites baguettes.

[4] Quoique les vitres aient été connues dès le temps de Théodose le Grand, qui mourut en 395, elles furent bien longtemps réservées pour les églises et les palais des rois. Elles étoient ordinairement chargées de peintures. Les fenêtres vitrées que le duc de Berry fit mettre à son château de Bicêtre étoient d'assez haut prix pour que les Parisiens, avant de brûler ce bel édifice, en 1411, aient eu soin de les emporter *avec les beaux huis* (peut-être au reste étoit-ce des vitraux peints. — Juv des Ursins, in-fol., 230). On voit ici que l'auteur du *Ménagier*, quoique riche

n'ait tables dréciées, fourmes[1], dreçouers, ou autres
choses sur quoy ils se puissent descendre et reposer, car
se ils ne se pevent aherdre ou arrester fors aux parois
qui sont droites, ils ne s'y arresteront point, ne aussi en
lieu ombragé et moicte. Et pour ce me semble que se la
chambre est bien arrousée et bien close et bien fermée,
et qu'il n'y ait rien gisant sur le plat[2], jà mouche ne s'y
arrestera.

Et ainsi le[3] garantissez et gardez de toutes mésaises
et lui donnez toutes les aises que vous pourrez penser
et le servez et faictes servir en vostre hostel, et vous at-
tendez à luy des choses de dehors, car s'il est bon, il en
prendra plus de peine et travail que vous ne vouldriez,
et par faisant ce que dit est, il aura tousjours son regret et son cuer à vous et à vostre amoureux service et
guerpira tous autres hostels, toutes autres femmes, tous

puisqu'il avoit, ainsi que nous le remarquerons plus tard, un train de
maison considérable, n'avoit ses fenêtres fermées qu'à l'aide de toile ou
de parchemin. J'ignore à quelle époque la fermeture des fenêtres par le
moyen de vitres devint d'usage commun. Une dissertation sur ce sujet,
insérée dans *le Mercure de France* d'octobre 1738 et réimprimée dans la
collection Leber (t. XVI, p. 410), avec notes et addition, ne traite
que des vitres des églises et des palais, et ne dit rien de celles des particuliers. Le verre étoit encore d'un très-haut prix au xv° siècle. On voit
dans un compte de la reine Marie d'Anjou de l'année 1454 la mention
de deux mains de papier et *d'huille à l'oindre pour estre plus cler*, achetés
pour garnir six châssis de bois que la reine avoit fait placer dans la
chambre où logea le roi de Sicile à Chinon quand il vint l'y voir. (K.
reg. 55, fol. 99 et 102, indiqué par M. d'Arcq.) Sauval (III, 417) cite
bien un compte du domaine de Paris pour 1474 où l'on remarque *deux
panneaux de verre blanc neuf pour le comptouer* de madame de Montglat
(femme de Pierre Bureau, seigneur de Monglat, trésorier de France et
concierge de Beauté), mais c'étoit une dépense faite aux frais de l'État
et qui pouvoit être assez élevée.

[1] Siéges sans dossier. — [2] Sur le plancher. — [3] Votre mari.

autres services et mesnages : tout ne lui sera que terre
au regard de vous qui en penserez comme dit est et
que faire le devez par l'exemple mesmes que vous véez
des gens chevauchans parmy le monde, que vous véez
que si tost qu'ils sont en leur hostel revenus d'aucun
voyage, ils font à leurs chevaulx blanche lictière jusques
au ventre, iceulx chevaulx sont defferrés et mis au bas,
ils sont emmiellés[1], ils ont foing trié, et avoine cri-
blée, et leur fait-l'en en leur hostel plus de bien à leur
retour que en nul autre lieu. Et par plus forte raison, se
les chevaulx sont aisiés, les personnes, mesmement les
souverains[2], à leurs despens le soient à leur retour. Aux
chiens qui viennent des bois et de la chasse fait-l'en lictière devant leur maistre, et luy mesmes leur fait lictière
blanche devant son feu; l'en leur oint de sain doulx
leurs piés au feu, l'en leur fait souppes, et sont aisiés
par pitié de leur travail; et par semblable, se les femmes
font ainsi à leurs maris que font les gens à leurs chevaulx, chiens, asnes, mulles et autres bestes, certes les
autres hostels où ils ont esté servis ne leur sembleroient
que prisons obscures et lieux estranges envers le leur
qui leur sera donc un paradis de repos. Et ainsi sur le
chemin les maris auront regard à leurs femmes, ne
nulle peine ne leur sera griefve pour espérance et
amour qu'ils auront à leurs femmes auxquelles reveoir
ils auront aussi grant regret comme les povres her-
mites, les penanciers[3] et les religieux abstinens ont de
veoir la face Jhésu-Crist; ne iceulx maris ainsi servis

---

[1] On leur donne du miel? (dans leur eau?) Je ne sais ce que veut dire ici
mis au bas (ordinairement *rabaissé*). Il paroîtroit par ce passage qu'on dé-
ferroit les chevaux quand ils revenoient de voyage. — [2] Les maris, souverains (maistres) de la maison. — [3] Pénitenciers, ceux qui font pénitence.

n'auront jamais voulenté d'autre repaire ne d'autre compaignie, mais en seront gardés, reculés et retardés : tout le remenant ne leur semblera que lit de pierres envers leur hostel ; mais que ce soit continué, et de bon cuer, sans faintise.

Mais aucunes vieilles sont, qui sont rusées et font les sages et faignent grant amour par démonstrance de grant service de leur cuer, sans autre chose ; et sachez, belle seur, que les maris sont petit sages se ils ne s'en apparçoivent ; et quant ils s'en apparçoivent, et le mary et la femme s'en taisent et dissimulent l'un contre l'autre, c'est mauvais commencement et s'ensuit pire fin. Et aucunes femmes sont, qui au commencement font trop bien leur service vers leurs maris, et leur semble bien que leurs maris lesquels elles voient bien adonc estre amoureux d'elles et vers elles débonnaires tellement, se leur semble, que à peine se oseroient-ils courroucier à elles se elles en faisoient moins, si se laschent et essaient petit à petit à moins faire de révérence, de service et d'obéissance, mais, qui plus est, entreprennent auctorité, commandement et seigneurie, une fois sur un petit fait, après sur un plus grant, après un petit un jour, un autre petit en un autre. Ainsi essaient et s'avancent et montent, se leur semble, et cuident que leurs maris qui par débonnaireté, ou, par adventure, par aguet s'en taisent, n'y voient goutte pour ce qu'ils le seuffrent ainsi. Et certes ce n'est pas bien pensé ne servi, car quant les maris voient qu'elles discontinuent leur service et montent en domination et qu'elles en font trop et que du souffrir mal en pourroit bien venir, elles sont à un coup, par la voulenté du droit de leurs maris, tré-buchées comme fut Lucifer qui estoit souverain des

anges de paradis, et lequel nostre Seigneur aima tant
qu'il tollera et lui souffri faire moult de ses voulentés,
et il s'enorguilli et monta en oultrecuidance. Tant fist
et entreprist d'autres qu'il en fist trop, et en despleut à
nostre Seigneur qui longuement avoit dissimullé et souffert sans dire mot, et lors à un coup tout luy vint à
souvenance. Si le trébucha ou plus parfont d'enfer
pour ce qu'il ne continua son service à quoy il estoit
ordonné et pour lequel il avoit au commencement acquis l'amour de nostre Seigneur qu'il avoit si grande.
Et pour ce devez-vous estre obéissant au commencement et tousjours persévérer à cest exemple.

HUITIÈME ARTICLE.

Le huitiesme article de la première distinction dit que
vous soiés taisant ou au moins attrempéement parlant,
et sage pour garder et céler les secrets de vostre mary.
Sur quoy, belle seur, sachiez que toute personne qui
s'eschauffe en sa parole n'est mie bien attrempé en son
sens, et pour ce sachez que savoir mettre frain en sa
langue est souveraine vertu, et moult de périls sont venus de trop parler, et par espécial quant l'en prent paroles à gens arrogans, ou de grant courage, ou gens de
court de seigneurs. Et par espécial gardez-vous en tous
vos fais de prendre paroles à telles gens; et se par adventure telles gens se adressent à vous, si les eschevez
et laissiez sagement et courtoisement, et ce sera souve-
rainement grant sens à vous, et sachez que d'ainsi faire
il vous est pure nécessité; et jasoit-ce que le cuer en face
mal, toutesvoies le convient-il aucunes fois mestrier[1],

---

[1] Mestrier, retenir.

et n'est pas sage qui ne le puet faire, car il est trouvé
un proverbe rural qui dit que aucun n'est digne d'avoir
seignourie ou maistrise sur autruy qui ne peut estre
maistre de luy mesmes.

Et pour ce, en ce cas et en tous autres, devez-vous si
estre maistre de vostre cuer et de vostre langue qu'elle
soit subjecte à vostre raison, et advisez toudis devant
qui et à qui vous parlerez; et vous prie et admoneste que
soit en compaignie, soit à table, gardez-vous de trop
habondamment parler, car en habondance de paroles
ne peut estre qu'il n'en y ait aucune fois de mal assises
aucunes, et dit-l'en aucunes fois , par esbatement et
par jeu, paroles de revel[1] qui depuis sont prinses et re-
cordées à part en grant dérision et mocquerie de ceulx
qui les ont dictes. Et pour ce gardez devant qui et de
quoy vous parlerez, ne à quel propos, et ce que vous
direz, dictes à trait[2] et simplement : et en parlant pensez
que riens ne ysse qui ne doie yssir et que la bride soit
devant les dens pour refraindre le trop. Et soyez bon
secrétaire et aiez tousjours souvenance de garder les
secrets de vostre mary qui sera; premier[3] ses meffais,
vices ou péchiés, se vous en savez aucuns, célez-les et
couvrez, mesmes sans son sceu, afin qu'il ne s'en hon-
tie, car à peine trouverez-vous aucun que s'il a aucun
amy qui apparçoive son péchié, jà puis ne le verra de
si bon cuer que devant et aura honte de luy et l'aura
en regard. Et ainsi vous conseille-je que ce que vostre
mary vous dira en conseil, vous ne le revélez point à
quelque personne tant soit privée de vous, et vainquez
en ce la nature des femmes qui est telle, si comme l'en

---

[1] Plaisanterie. — [2] A propos? Var. B. *attrait.* — [3] Premièrement.

dit, qu'elles ne pevent riens céler, c'est à dire les mauvaises et meschans. Dont un philosophe appellé Macrobe raconte, et est trouvé ou livre du Songe Scipion, qu'il estoit à Romme un enfant, jeune fils, qui avoit nom Papire, qui une fois avec son père lequel estoit sénateur de Romme s'en ala en la chambre des sénateurs, en laquelle chambre les sénateurs rommains tenoient leur conseil. Et illecques firent serement que leur conseil nul n'oseroit révéler sur paine de perdre la teste. Et quant ils orent tenu conseil et l'enfant retourna à l'hostel, sa mère luy demanda dont il venoit, et il respondi du conseil du Sénatoire avec son père. La mère luy demanda quel conseil c'estoit; il dist qu'il ne l'oseroit dire sur paine de mort. Adonc fut la mère plus en grant désir de le savoir, et commença maintenant à flater, et en après à menacier son fils qu'il luy dist. Et quant l'enfant vit qu'il ne povoit durer à sa mère, si luy fist premièrement promettre qu'elle ne le diroit à nulluy et elle luy promist. Après il luy dist ceste mençonge, c'est assavoir que les sénateurs avoient eu en leur conseil entre eulx, ou que un mary eust deux femmes, ou une femme deux maris. Quant la mère oÿ ce, si luy deffendi qu'il ne le dist à nul autre, et puis s'en ala à ses commères et leur dist le conseil en secret, et l'autre à l'autre, et ainsi sceurent toutes ce conseil, chascune en son secret.

Si advint un pou après que toutes les femmes de Romme vindrent au Sénatoire où les sénateurs estoient assemblés, et par moult de fois crièrent à haulte voix qu'elles aimoient mieulx que une femme eust deux maris que un homme deux femmes. Les sénateurs estoient tous esbahis et ne savoient que ce vouloit dire, et se

taisoient et regardoient l'un l'autre en demandant dont
ce venoit, jusques à tant que l'enfant Papire leur compta
tout le fait. Et quant les sénateurs oyrent ce, si en
furent tous courroucés et le firent sénateur et establi-
rent que jamais d'ores-en-avant nul enfant ne fust en
leur compaignie.

Ainsi appert par ceste exemple que l'enfant masle
qui estoit jeune sceut céler et taire et évada, et la femme
qui avoit aage convenable pour avoir sens et discrétion
ne sceut taire ne céler ce qu'elle avoit juré et promis
sur son serement, et mesmes le secret qui touchoit l'honneur de son mary et de son fils.

Et encores est-ce le pis que quant femmes racontent aucune chose l'une à l'autre, tousjours la derre-
nière y adjouste plus et accroist la bourde et y met du
sien, et l'autre encores plus. Et à ce propos raconte-
l'en un conte rural d'une bonne dame qui avoit acoustumé à soy lever matin. Un jour ne se leva mie si matin qu'elle avoit acoustumé; sa commère se doubta
qu'elle ne feust malade, si l'ala veoir en son lit et luy
demanda moult qu'elle avoit. La bonne dame qui eut
honte d'avoir tant jeu, ne sceut que dire fors qu'elle estoit moult pesante et malade et tellement qu'elle ne le
sceut dire. La commère la pressa et pria par amours
qu'elle luy dist, et elle luy jura, promist, et fiança que
jamais ce qu'elle luy diroit ne seroit révélé pour rien
de ce monde à nulle créature vivant, père, mère,
seur, frère, mary, ne confesseur, ne autre. Après
celle promesse et serement la bonne dame qui ne
savoit que dire, par adventure, luy dist que elle avoit
un œuf ponnu. La commère en fut moult esbahie
et monstra semblant d'en estre bien courroucée, et

jura plus fort que devant que jamais parole n'en seroit
révélée.

Assez tost après icelle commère se parti et en s'en
retournant encontra une autre commère qui luy emprist à dire dont elle venoit, et celle tantost luy dist
qu'elle venoit de veoir la bonne dame qui estoit malade
et avoit ponnu deux œufs, et luy pria et aussi l'autre
luy promist que ce seroit secret. L'autre encontra une
autre et en secret luy dist que la bonne dame avoit
ponnu quatre œufs : l'autre encontra une autre et luy
dist huit œufs, et ainsi de plus en plus multiplia le nombre. La bonne dame se leva et sceut que par toute
la ville l'en disoit qu'elle avoit ponnu une pannerée
d'œufs. Ainsi s'apparceut comment femmes sont mal
secrètes, et qui pis est le racontent tousjours en pire
endroit.

Et pour ce, belle seur, sachiez vos secrets céler a
tous, vostre mary excepté, et ce sera grant sens, car ne
créez pas que une autre personne cèle pour vous ce
que vous mesmes n'arez peu ou sceu céler; et pour
ce soyez secrète et célant à tous fors à vostre mary,
car à celluy ne devez-vous riens céler, mais tout dire,
et luy à vous aussi ensemble. Et il est dit *Ad Ephesios*
v° : *Sic viri debent diligere uxores scilicet ut corpora
sua.* Ideo ibidem dicitur : *Viri diligite uxores vestras* ; et
Unusquisque uxorem suam diligat sicut se ipsum, c'est à
dire que l'homme doit amer sa femme comme son propre
corps, et pour ce, vous deux, c'est assavoir l'homme et
la femme, devez estre tout un, et en tout et partout
l'un de l'autre conseil ouvrer, et ainsi font et doivent
faire les bonnes et sages gens. Et vueil bien que les maris sachent que aussi doivent-ils céler et couvrir les sim-

plesses jà faictes par leurs femmes, et doulcement pourveoir aux simplesses à venir. Et ainsi le voult faire un bon preudome de Venise.

A Venise furent deux mariés qui orent trois enfans en mariage. Après, la femme fu gisant au lit de la mort et se confessa, entre les autres choses, de ce que l'un des enfans n'estoit pas de son mary. Le confesseur à la parfin luy dist qu'il auroit advis quel conseil il luy donroit et retourneroit à elle. Icelluy confesseur vint au phisicien qui la gouvernoit et luy demanda l'estat de la maladie d'elle. Le phisicien dist qu'elle n'en pourroit eschapper. Adonc le confesseur vint à elle et luy dist comment il s'estoit conseillié de son cas et ne véoit mie que Dieu luy donnast santé, se elle ne crioit mercy à son mary du tort qu'elle luy avoit fait. Elle manda son mary et fist tous vuidier hors de la chambre excepté sa mère et son confesseur qui la mirent et soustindrent dedens son lit à genoulx, et les mains joinctes devant son mary, luy pria humblement mercy de ce qu'elle avoit péchié en la loy de son mariage et avoit eu l'un de ses enfans d'autre que de luy : et disoit oultre, mais son mary l'escria en disant : Ho! ho! ho! n'en dictes plus! Sur ce la baisa et luy pardonna en disant : Jamais plus ne le dictes, ne nommez à moy ne à autre lequel c'est de vos enfans, car je les vueil aimer autant l'un comme l'autre si également que en vostre vie ne après vostre mort vous ne soïez blasmée, car en vostre blasme aroie-je honte, et vos enfans mesmes et autres par eulx, c'est assavoir nos parens, en recevroient vilain et perpétuel reprouche. Si vous en taisiez : je n'en vueil plus savoir afin que l'en ne die mie que je face tort aux autres deux. Qui que cestuy soit, je luy donne en pur don, dès maintenant, à mon vivant, ce que le droit de nos successions luy monteroit.

Belle seur, ainsi véez-vous que le sage homme fleschi son courage pour saulver l'onneur de sa femme qui redondoit à luy et à ses enfans, et par ce vous appert que les sages hommes et les sages femmes doivent faire l'un pour l'autre pour sauver son honneur. Et à ce propos peut estre trait autre exemple.

Il fut un grant sage homme que sa femme laissa pour aler avec un autre homme jeune en Avignon, lequel quant il en fut saoul la laissa, comme il est acoustumé que tels jeunes hommes font souvent. Elle fut povre et desconfortée; si se mist au commun pour ce qu'elle ne sceut de quoi vivre. Son mary le sceut depuis et en fut moult courroucié et mist le remède qui s'ensuit. Il mist à cheval deux des frères de la femme et leur donna de l'argent et leur dist qu'ils alassent querre leur seur qui estoit ainsi comme toute commune en Avignon, et qu'elle feust vestue de housse et chargiée de coquilles, à l'usage de pelerins venant de Saint Jaques, et montée souffisament, et quant elle seroit à une journée près de Paris, qu'ils le luy mandassent. A tant se partirent. Le sage homme publia et dist partout à un et à autre qu'il estoit bien joyeulx de ce que sa femme retournoit en bon point, Dieu mercy, de là où il l'avoit envoyée, et quant on luy demandoit où il l'avoit envoyée, il disoit qu'il l'avoit pieçà envoyée à Saint Jaques en Galice pour faire pour luy un pélérinage que son père à son trespassement luy avoit enchargié. Chascun estoit tout esbahy de ce qu'il disoit, considéré ce que l'en avoit par avant dit d'icelle. Quant sa femme fut venue à une journée près de Paris, il fist parer son

M iiij

hostel et mettre du may et de l'erbe vert[1] et assembla
ses amis pour aler au devant de sa femme. Il fut au devant et s'entre-baisièrent, puis commencèrent l'un et
l'autre à plourer, et puis firent très grant joye. Il fist dire
à sa femme que à tous elle parlast esbatéement[2], haultement et hardiement, et à luy mesmes, et mesmement
devant la gent, et qu'elle venue à Paris alast sur toutes
ses voisines l'une après l'autre et ne fist nul semblant de
rien que de joye. Et ainsi le bon homme retourna et
garda l'onneur de sa femme.

Et, par Dieu, se un homme garde l'onneur de sa
femme et une femme blasme son mary ou seuffre qu'il
soit blasmé, ne couvertement, ne en appert, elle mesmes
en est blasmée, et non sans cause ; car, ou il est blasmé
à tort, ou il est blasmé à droit : s'il est blasmé à tort, donc
le doit-elle aigrement revenchier ; s'il est blasmé à droit,
donc le doit-elle gracieusement couvrir et doulcement
défendre, car il est certain que se le blasme demouroit
sans estre effacié, de tant comme auroit plus meschant mary, seroit elle réputée pour meschant et par-
tiroit à son blasme pour ce qu'elle se seroit mariée
à si meschant. Car, tout ainsi comme celluy qui joue
aux eschez tient longuement en sa main son eschec
avant qu'il l'assiée pour adviser de le mettre en lieu
seur, tout ainsi la femme se doit tenir pour advisier et
choisir et se mettre en bon lieu. Et s'elle ne le fait, si
luy soit reprouchié, et doit partir au blasme de son
mary ; et se il est en rien taché, elle le doit couvrir et
céler de tout son povoir. Et autel doit faire le mary de
sa femme, comme dit est dessus et dit sera cy après.

[1] Un may à sa porte et de l'herbe verte dans les salles de sa maison. —
[2] Joyeusement. Var. B. esclattement. C. eschaudement.

Je sceus un bien notable advocat en Parlement, lequel advocat avoit eu une fille qu'il avoit engendrée en une povre femme, qui la mist à nourrisse : et par deffault de paiement, ou de visitation, ou des courtoisies que les hommes ne scevent pas faire aux nourrisses en tels cas, fu de ce telles paroles que la femme de l'advocat le sceut, et sceut aussi que je faisoie les paiemens de ceste nouriture et pour couvrir l'honneur du seigneur à qui j'estoie et suis bien tenu, Dieu le gart ! Et pour ce la femme d'icelluy advocat vint à moy et me dist que je faisoie grant péchié que son seigneur fust esclandry et diffamé, et qu'elle estoit mieulx tenue à souffrir le danger[1] de ceste nouriture que moy, et que je la menasse où l'enfant estoit[2].... la mist en garde avec une cousturière et luy fist aprendre son mestier et puis la maria, né oncques un maltalent ne un seul courroux ou laide parole son mary n'en apparceut. Et ainsi font les bonnes femmes vers leurs maris et les bons maris vers leurs femmes quant elles faillent.

NEUVIÈME ARTICLE.

Le neuviesme article doit monstrer que vous soyez sage à ce que se vostre mary folloie comme jeunes gens ou simples gens font souvent, que doulcement et sagement vous le retrayez de ses folies. Primo, s'il veult soy courroucier ou mal exploitier contre vous, gardez que par bonne patience et par la doulceur de vos paroles vous occiez l'orgueil de sa cruaulté, et se ainsi le savez faire, vous l'arez vaincu tellement qu'il

[1] Difficulté. — [2] Il manque le commencement de la phrase dont le sens devoit être : *Elle prit soin de la fille de son mari, puis quand elle fut en âge,...*

ne vous pourra faire mal néant plus que s'il fust mort, et si luy souvendra depuis tellement de vostre bien, jasoit-ce qu'il n'en die mot devant vous, que vous l'aurez du tout attrait à vous. Et se vous ne le povez desmouvoir qu'il ne vous courrousse, gardez que vous ne vous en plaigniez à vos amis ne autres dont il se puisse apparcevoir, car il en tendroit moins de bien de vous et luy en souvendroit autre fois, mais alez en vostre chambre plourer bellement et coyement, à basse voix, et vous en plaignez à Dieu ; et ainsi le font les sages dames. Et s'il est ainsi qu'il se vueille esmouvoir contre autre personne plus estrange, si le refrenez sagement ; et, à ce propos, est une histoire ou traictié qui dit ainsi[1] :

Un jouvencel appellé Mellibée, puissant et riche, ot une femme nommée Prudence, et de celle femme ot une fille. Advint un jour qu'il s'ala esbatre et jouer et laissa en son hostel sa femme et sa fille et les portes closes. Trois de ses anciens ennemis approuchièrent et appoièrent escheles aux murs de sa maison, et par les fenestres entrèrent dedans, et batirent sa femme

---

[1] *L'Histoire de Mélibée et de Prudence*, écrite en latin en 1246, par Albertan, avocat de Brescia, a été traduite au moins trois fois en françois. (Voir les *Manuscrits français* de M. Paris, t. V, p. 58.) La traduction donnée par l'auteur du *Ménagier* est celle de frère Renaud de Louens à qui l'on doit une traduction de Boëce écrite en 1366. Ce passage du *Ménagier* a été collationné sur le manuscrit du roi, 7072³·³·, qui donne une bonne leçon de *Mélibée et de Prudence*. J'ai mis entre crochets les passages qui, bien que paroissant devoir faire partie du texte, sont omis dans les trois manuscrits du *Ménagier*, et j'ai noté au bas des pages quelques variantes importantes. — *L'Histoire de Mélibée et de Prudence* a eu un grand succès au moyen âge, et a été imprimée plusieurs fois (voy. le *Manuel du Libraire*, qui l'attribue à tort à Christine de Pisan, au mot *Mélibée*; elle se retrouve aussi à la suite du *Jeu des Échecs moralisés*, Paris, Michel Le Noir, 1505, in-4°.

[forment], et navrèrent sa fille de cinq plaies mortels en cinq lieux de son corps c'est assavoir ès piés, ès oreilles, ou nez, en la bouche et ès mains, et la laissièrent presque morte, puis s'en alèrent.

Quant Mellibée retourna à son hostel et vit cest meschief, si commença et prist à plaindre et à plourer et à soy batre, et en manière de forcené sa robe dessirer. Lors Prudence sa femme le prist à admonester qu'il se souffrist [1]; et il tousjours plus fort crioit. Adonc Prudence se appensa de la sentence Ovide, ou livre *des Remèdes d'amours*, qui dit que cellui est fol qui s'efforce d'empeschier la mère de plorer la mort de son enfant, jusques à tant qu'elle se soit bien vuidée de larmes et saoulée de plorer. Lors il est temps de la conforter et attremper sa douleur par doulces paroles.

Pour ce Prudence se souffri un pou de temps, et puis quant elle vit son temps, si lui dist : Sire, dist-elle, pourquoy vous faites-vous sembler fol? Il n'appartient pas à sage homme de démener si grant dueil. Vostre fille eschappera se Dieu plaist : se elle estoit ores morte, vous ne vous devriez pas pour luy destruire, car Sénèque dit que li sages ne doit point prendre grant desconfort de [la mort de] ses enfans, ains doit souffrir leur mort aussi légièrement comme il attend la sienne propre. Mellibée respondi : qui est celluy qui se pourroit tenir de plorer en si grant cause de douleur? Nostre Seigneur Jhésu-Crist mesmes plora de la mort du ladre son amy. — Certes, dist Prudence, pleurs ne sont mie deffendus à celluy qui est

---

[1] Se contint.

triste ou entre les tristes, mais leur est ottroié, car,
selon ce que dit saint Pol l'apostre en l'epistre aux Rommains, on doit mener joye avec ceulx qui ont joye et
mainnent, et doit-on plourer avec ceulx qui pleurent.
Mais jasoit-ce que plourer atrempéement soit permis,
toutesvoies plorer desmesuréement est deffendu, et pour
ce l'on doit garder la mesure que Sénèque met. Quant
tu auras, dit-il, perdu ton amy, ton œil ne soit ne trop
sec ne trop moistes, car jasoit-ce que la larme viengne
à l'œil, elle n'en doit pas issir; et quant tu auras perdu
ton ami, pense et efforce-toy d'un autre recouvrer,
car il te vault mieulx un autre ami recouvrer que l'ami
perdu plorer. Se tu veulx vivre sagement, oste tristesse
de ton cuer, car Sénèque dit : le cuer lié et joyeux
maintient la personne en la fleur de son aage, mais
l'esperit triste luy fait séchier les os[1]; et dist aussi que
tristesse occist moult de gens[2]. Et Salemon dit que
tout ainsi comme la tigne ou l'artuison[3] nuit à la robe
et le petit ver au bois, tout ainsi griève tristesse au cuer.
Et pour ce nous devons porter [patiemment] en la
perte de nos enfans et de nos autres biens temporels
ainsi comme Job [lequel,] quant il ot perdu ses enfans
et toute sa substance et eut receu moult de tribulations en son corps, il dist : nostre Seigneur le m'a
donné, nostre Seigneur le m'a tolu : ainsi comme
il le m'a voulu faire, il l'a fait; benoist soit le nom
nostre Seigneur !

Mellibée respondi à Prudence sa femme ainsi :
toutes les choses que tu dis sont vrayes et profitables,

---

[1] Var. M. du R. *selon ce que dit Jhesu-Syrac.* Cette sentence est dans les
Proverbes, xv, 13, et non dans l'*Ecclésiastique* ni dans Sénèque. — [2] *Eccle-
siast.* xxx, 25. — [3] Vers, mites.

mais mon esperit est si troublé que je ne sçay que je doie faire. Lors Prudence lui dist : appelle tous tes loyaulx amis, tes affins [1] et tes parens, et leur demande conseil de ceste chose, et te gouverne selon le conseil qu'ils te donront, car Salemon dit : tous tes fais par conseil feras, ainsi ne t'en repentiras.

Adonc Mellibée appella moult de gens, c'est assavoir cirurgiens, phisiciens vieillars et jeunes, et aucuns de ses anciens ennemis qui estoient réconciliés [par semblance], et retournés en sa grâce et en son amour, et aucuns de ses voisins qui lui portèrent révérence plus par doubtance que par amour, et avec ce vindrent plusieurs de losengeurs et moult de sages clers et bons advocas. Quant ceulx furent ensemble, il leur recompta et monstra bien par la manière de son parler qu'il estoit moult courroucié, et qu'il avoit moult grant désir de soy vengier tantost et faire guerre incontinent : toutesvoies il demanda sur ce leur conseil. Lors un cirurgien par le conseil des autres cirurgiens se leva disant : Sire, il appartient à un cirurgien que il porte à un chascun prouffit et à nul dommage, dont il advient aucunes fois que quant deux hommes par malice se sont combatus ensemble et navrés l'un l'autre, un mesme cirurgien garist l'un et l'autre; et pour ce il n'appartient point à nous de esmouvoir ou nourrir guerre ne supporter partie [2], mais à ta fille garir. Jasoit-ce qu'elle soit navrée malement, nous mettrons toute nostre cure de jour et de nuit, et, à l'aide de nostre Seigneur, nous te la rendrons toute saine. Presques en ceste manière respondirent les phisiciens, et oultre adjoustèrent avec ce aucuns que tout ainsi comme selon l'art de médicine les maladies se

[1] Alliés. — [2] Soutenir une partie, un parti, contre son adversaire.

doivent garir par contraires, ainsi doit-l'en garir
guerre par vengence. Les voisins envieux, les ennemis
réconciliés par semblant, les losengeurs, firent semblant de plorer et commencèrent le fait moult à
aggraver en loant moult Mellibée en puissance d'a-
voir et d'amis, et en vitupérant la puissance de ses adversaires, et dirent que tout oultre il se devoit tantost
vengier et incontinent commencier la guerre. Adonc
un sage advocat de la voulenté des autres se leva et
dist : Beaulx seigneurs, la besongne pour quoy nous
sommes cy assemblés est moult haulte et pesante pour
cause de l'injure et du maléfice qui est moult grant,
et pour raison des grans maulx qui s'en pevent ensuivre
ou temps advenir, et pour la force des richesses et des
puissances des parties; pour laquelle chose il seroit
grant péril errer en ceste besongne. Pour ce, Mellibée,
dès maintenant nous te conseillons que sur toutes
choses tu aies diligence de garder ta personne, et
euvres en telle manière que tu soies bien pourveu
d'espies[1] et guettes[2] pour toy garder. Et après tu
mettras en ta maison bonne garnison et fort pour toy
et ta maison défendre. Mais de mouvoir guerre et
de toy vengier tantost, nous n'en povons pas bien
jugier en si pou de temps lequel vault mieulx. Si
demandons [espace] d'avoir délibération, car l'on dit
communément : qui tost juge, tost se repent; et dit-on
aussi que le juge est bon qui tost entent et tart juge.
Car jasoit-ce que toute demeure soit ennuyeuse, toutesvoies elle ne fait pas à reprendre en jugement et en
vengence quant elle est souffisant et raisonnable. Et ce

---

[1] Espions. — [2] Ordinairement *sentinelles*.

nous monstre nostre Seigneur par exemple, quant la
femme qui estoit prinse en adultère lui fut admenée
pour jugier d'icelle ce que on en devoit faire. Car jasoit-
ce qu'il sceust bien qu'il devoit respondre, toutesvoies il
ne respondi pas tantost, mais voult avoir délibération
et escript deux fois en terre. Pour ces raisons, nous demandons délibération, laquelle eue, nous te conseille-
rons, à l'aide de Dieu, chose qui sera à ton proufit.

Lors les jeunes gens et la plus grant partie de tous
les autres mocquèrent[1] ce sage et firent grant bruit,
et dirent que tout ainsi comme l'en doit batre le fer
tant comme il est chault, ainsi l'en doit vengier l'injure tant comme elle est fresche, et se escrièrent à
haulte voix : *guerre! guerre! guerre!*

Adonques se leva un des anciens et estendit la
main et cria que l'en feist silence et dist ainsi : moult
de gens crient *guerre!* haultement, qui ne scevent
que guerre se monte. Guerre en son commencement
est si large et a si grant entrée que un chascun y puet
entrer et la puet trouver légièrement, mais à très grant
peine puet-l'en savoir à quelle fin l'en en puet venir.
Car quant la guerre commence, moult de gens ne sont
encores nés, qui pour cause de la guerre mourront
jeunes, ou en vivront en douleur et en misère et fine-
ront leur vie en chétiveté. Et pour ce, avant que l'en
mueve guerre, l'en doit avoir grant conseil et grant
délibération.

Quant icelluy ancien cuida confermer son dit par
raisons, ils se levèrent presque tous encontre luy et
entrerompirent son dit souvent, et lui dirent qu'il

[1] *Var. escharnirent.*

abrégeast ses paroles, car la narration de cellui qui
presche à ceulx qui ne le veulent oïr, est ennuyeuse ;
c'est à dire que autant vault parler devant cellui à qui
il ennuye comme chanter devant cellui qui pleure.
Quant ce sage ancien vit qu'il ne povoit avoir audience,
ne se efforça plus de parler. Si dit : je vois bien maintenant que le proverbe commun est vray : lors fault
le bon conseil, quant le grant besoing est[1]. Et ce dit,
il s'assist comme tout honteulx.

Encores avoit en conseil Mellibée moult de gens
qui lui conseilloient autre chose en l'oreille et autre
chose en appert. Quant Mellibée eust oy son conseil,
il conceut et advisa que trop plus grant partie se accor-
doit et conseilloit que l'en feist guerre ; si se arresta
en leur sentence et la conferma. Lors dame Prudence,
quant elle vit son mary qui se appareilloit de soy vengier et de faire guerre, si lui vint au devant et lui dist
moult doulcement : Sire, je vous pry que vous ne
vous hastez et que vous pour tous dons me donnez
espace de parler, car Pierre Alphons[2] dit : qui te fera
bien ou mal, ne te haste du rendre, car ainsi comme
plus long temps te attendra ton amy, ainsi plus long
temps te doubtera ton ennemi. Mellibée respondi à
Prudence sa femme : je ne propose point de user de
ton conseil et pour moult de raisons. Premièrement,
car chascun me tendroit pour fol, se je par ton conseil
et par ton consentement changeoie ce qui est ordonné
par moult de bonnes gens : après car toutes femmes

---

[1] Le bon conseil (la bonne décision) manque quand on en a le plus
besoin. — [2] D'abord Rabbi Moïse Séphardi, né en 1062, à Huesca en
Aragon, se fit chrétien en 1106. Il a composé la *Discipline de clergie*, publiée par la Société des Bibliophiles, en 1824, et à Berlin, en 1827, in-4.

sont mauvaises, et une seule n'est bonne, selon le dit
de Salemon : en mil hommes, dit-il, j'ay bien trouvé
un preudomme, mais de toutes les femmes je n'en
treuve nulle bonne. Après est la tierce raison, car se
je me gouvernoie de ton conseil, il sembleroit que je te
donnasse sur moy seignorie, laquelle chose ne doit pas
estre. Car Jhésu-Sirac [1] dit : se la femme a la seignorie,
elle est contraire à son mary. Et Salemon dit : à ton
fils, à ta femme, à ton frère, à ton amy ne donne
puissance sur toy en toute ta vie, car il te vault mieulx
que tes enfans te requièrent ce que mestier sera pour
eulx que toy regarder ès mains de tes enfans. Après,
se je vouloye user de ton conseil, il conviendroit aucunes fois que le conseil fust secret jusques à tant qu'il
fust temps de le révéler, et ce ne se pourroit faire, car
il est escript : la jenglerie des femmes ne puet riens
céler fors ce qu'elle ne scet. Après, le philosophe dit :
en mauvais conseil les femmes vainquent les hommes.
Pour ces raisons je ne doy point user de ton conseil.

Dame Prudence, après ce qu'elle ot oy débonnaire-
ment et en grant patience toutes les choses que son
mary voult avant traire, si demanda licence de parler
et puis dist : Sire, à la première raison que vous
m'avez avant mise, puet-on respondre légièrement.
Car je dy qu'il n'est pas folie de changer son conseil
quant la chose se change ou quant la chose appert
autrement que devant. Après, je dy encores plus, car
se tu avoies promis et juré de faire ton emprise et tu
la laissoies à faire pour juste cause, l'en ne devroit
pas dire que tu fusses mensongier ne parjure, car il est

[1] Var. A. B. C. *Jhérémias.* Cette sentence est en effet dans l'Ecclésiastique
(xxv, 30), livre de la Bible écrit par Jésus fils de Sirach.

escript : le sage ne ment mie quant il mue son courage [1] en mieulx. Et jasoit-ce que ton emprise soit
estable et ordonnée par grant multitude de gens, pour
ce ne la convient pas accomplir, car la vérité des choses
et le prouffit sont mieulx trouvés par pou de gens
sages et parlans par raison que par multitude de gens
où chascun brait et crie à sa voulenté : et telle multitude
n'est point honneste.

A la seconde raison, quant vous dittes que toutes
femmes sont mauvaises et nulles bonnes, sauf vostre
grâce, [vous parlez trop généraulment quant] vous
les desprisez ainsi toutes, car il est escript : qui
tout desprise, à tout desplait; et Sénèque dit que
cellui qui veult acquerre sapience ne doit nul despri-
sier, mais ce qu'il scet, il le doit enseigner sans présumption, et ce qu'il ne scet, il ne doit pas avoir
honte de demander à maindre de luy. Et que moult de
femmes soient bonnes, l'en le puet prouver légièrement.
Premièrement, car nostre Seigneur Jhésu-Crist ne
se fust oncques daigné descendre en femme se elles
fussent toutes mauvaises ainsi comme tu le dis. Après,
pour la bonté des femmes, nostre Seigneur Jhésu-
Crist, quant il fut ressuscité de mort à vie, il apparut
premier [2] à Marie Magdalaine que aux apostres; et
quant Salemon dist que de toutes femmes il n'en a
trouvé nulle bonne, pour ce ne s'ensuit pas que
nulle ne soit bonne. Car jasoit-ce qu'il ne l'ait trouvée,
moult des autres en ont bien trouvé plusieurs bonnes
et loyaulx; ou, par adventure, quant Salemon dit qu'il
n'a point trouvé de bonne femme, il entend de la bonté

---

[1] Var. propos. — [2] Le M. du Roi ajoute : à femme que à homme, car
il apparut premier.

souveraine de laquelle nul n'est bon fors Dieu seulement, selon ce que lui mesmes le dit en l'Euvangile, car nulle créature n'est tant bonne, à qui ne faille aucune chose, sans comparoison à la perfection de son Créateur.

La tierce chose si est comme tu dis se tu te gouvernoies par mon conseil, il sembleroit que tu me donnasses par dessus toy seignorie. Sauve ta grâce, il n'est pas ainsi : car selon ce, nul ne prendroit conseil fors à cellui à qui il vouldroit sur lui puissance, et ce n'est pas vray, car cellui qui demande conseil a franchise et libérale voulenté de faire ce que l'en luy conseille, ou de le laissier.

Quant à la quarte raison, où tu dis que la jenglerie des femmes ne puet céler fors ce qu'elles ne scevent pas, ceste parole doit estre entendue d'aucunes femmes jengleresses desquelles on dit : trois choses sont qui gettent homme hors de sa maison, c'est assavoir la fumée [1], la goutière et la femme mauvaise. Et de telles femmes parle Salemon quant il dit : il vauldroit mieulx habiter en terre déserte que avec femme rioteuse et courrouceuse. Or scez-tu bien que tu ne m'as pas trouvée telle, ains as souvent esprouvé ma grant silence et ma grant souffrance, et comme j'ai gardé et célé les choses que l'en devoit céler et tenir secrètes.

Quant à la quinte raison, où tu dis que en mauvais conseil les femmes vainquent les hommes, ceste raison n'a point cy son lieu, car tu ne demandes pas conseil de mal faire, et se tu vouloies user de mauvais conseil et mal faire, et ta femme t'en povoit retraire et vaincre, ce ne seroit pas à reprendre, mais à loer.

_____

[1] Var. *fumière.*

Et ainsi l'en doit entendre le dit du philosophe : en
mauvais conseil vainquent les femmes les hommes, car
aucunes fois quant les hommes veullent ouvrer de
mauvais conseil, les femmes les en retraient et les
vainquent. Et quant vous blasmez tant les femmes et
leur conseil, je vous monstreray par moult de raisons
que moult de femmes ont esté bonnes et leur conseil
bon et proufitable. Premièrement, l'en a acoustumé
de dire : conseil de femme, ou il est très chier, ou
il est très vil. Car jasoit-ce que moult de femmes soient
très mauvaises et leur conseil vil, toutesvoies l'en en
treuve assez de bonnes et qui très bon conseil et très
chier ont donné. Jacob par le bon conseil de Rébeca
sa mère gaigna la bénéiçon de Isaac son père et la
seignorie sur tous ses frères. Judith par son bon
conseil délivra la cité de Buthulie où elle demouroit,
des mains de Holofernes qui l'avoit assiégée et la
vouloit destruire. Abigaïl délivra Nabal son mari de
David qui le vouloit occire et appaisa le roy par son
sens et par son conseil. Hester par son conseil esleva
moult son peuple ou royaume de Assuere le roy : et,
ainsi puet-l'en dire de plusieurs autres. Après, quant
nostre Seigneur ot créé Adam le premier homme, il
dist : Il n'est pas bon estre [l'homme] tout seul. Faisons-lui aide semblable [à lui]. Se elles doncques
n'estoient bonnes et leur conseil [bon], nostre Seigneur ne les eust pas appellées [1] adjutoires de hommes,
car elles ne fussent pas adjutoires de l'homme, mais
en dommage et en nuisance. Après, un maistre fist deux
vers ès quels il demande et respont et dit ainsi : [quelle

---

[1] Var. M.,du R. *A l'homme en adjutoire, mais en dommage et en nuisement.*

chose vault mieux que l'or? Jaspe. Quelle chose vault plus que jaspe? Sens.] Quelle chose vault mieulx que sens? Femme. Quelle chose vault mieulx que femme? Riens. Par ces raisons et par moult d'autres pues-tu veoir que moult de femmes sont bonnes et leur conseil bon et proufitable. Se tu veulx doncques maintenant croire mon conseil, je te rendray ta fille toute saine, et feray tant que tu auras honneur en ce fait.

Quant Mellibée ot oy Prudence, si dist : je voy bien que la parole Salemon est vraye, qui dit : broches de miel sont bonnes paroles bien ordonnées, car elles donnent doulceur à l'âme et santé au corps. Car pour tes paroles très doulces, et pour ce aussi que j'ay esprouvé ta grant sapience et ta grant loyaulté, je me vueil du tout gouverner par ton conseil.

Puis, dist Prudence, que tu te veulx gouverner par mon conseil, je te vueil enseignier comment tu te dois avoir en conseil prendre. Premièrement, en toutes tes euvres et devant tous autres conseils, tu dois amer et prendre le conseil de Dieu et le demander, et te dois mettre en tel lieu et en tel estat qu'il te daigne conseillier et conforter. Pour ce dist Thobie à son fils : en tout temps bénéis Dieu et lui prie qu'il t'adrece tes voies, et tous tes conseils soient en lui tout temps. Saint Jaques si a dit : se aucun de nous a mestier de sapience, si la demande à Dieu. Après, tu dois prendre conseil en toy mesmes et entrer en ta pensée et examiner ce que mieulx te vault. Et lors dois-tu oster [trois choses de toy qui sont contrarieuses à conseil, c'est assavoir : ire, convoitise et hastiveté. Premièrement donques, cellui qui demande conseil à soy mesmes doit estre sans yre par moult de raisons. La première est

car cellui qui est courreciés cuide tousjours plus povoir faire qu'il ne puet, et pour ce, son conseil[1] surmonte tousjours sa force : l'autre car cellui qui est
courroucié, selon ce que dit Sénèque, ne puet parler
fors que choses crimineuses, et par ceste manière il
esmeut les autres à courroux et à yre ; l'autre car cellui
qui est courcié ne puet bien juger et par conséquent
bien conseiller. Après, tu dois oster de toy convoitise,
car, selon ce que dit l'apostre, convoitise est racine de
tous maulx, et le convoiteux ne puet riens juger fors
que en la fin sa convoitise soit acomplie, qui acomplir ne
se puet, car tant com plus a li convoiteux, plus désire.

Après tu dois oster] de toy hastiveté, car tu ne dois
pas juger pour le meilleur ce que tantost te vendra
au devant, ains y dois penser souvent, car, selon ce
que tu as oy dessus, l'en dist communément : qui tost
juge, tost se repent. Tu n'es pas toutes heures en une
disposition, ains trouveras que ce qui aucune fois te
semblera bon de faire, l'autre fois te semblera mauvais. Et quant tu auras pris conseil à toy mesme et
auras jugié à grant délibération ce qui mieulx te vault,
tien le secret et te garde de révéler à nulle personne,
se tu ne cuides que en révélant tu faces ta condition
meilleur et que le révéler te portera prouffit. Car Jhésu-Sirac[2] dit : à ton ami ne à ton ennemi ne raconte
ton secret ne ta folie, car ils te orront et te regarde-
ront et te supporteront en ta présence, et par derrière se moqueront de toy. Et un autre dit : à peine
trouveras-tu un, tant seulement, qui puisse bien céler
secret. Et Pierre Alphons dit : tant comme ton secret

[1] Avis, plan, projet. — [2] Var. A. B. C. *Jhérémias* (c'est l'Ecclés^que,
XIX, 8).

est en ton cuer, tu le tiens en ta prison, et quant tu
le révèles à autruy il le tient en la sienne; et pour ce il
te vault mieulx taire et ton secret céler que prier cellui
à qui tu le révèles qu'il le cèle, car Sénèque dit : se
tu ne te pues taire et ton secret céler, comment ose-
tu prier un autre qu'il le vueille céler?

Se tu cuides que révéler ton secret à autre et avoir
son conseil face ta condition meilleur, lors le quiers, et
maintien-toy en telle guise : premièrement, tu ne dois
pas faire semblant [à ton conseil][1] quelle partie tu
veulx tenir ne monstrer ta voulenté, car communément tous conseillers sont losengeurs, espécialment
ceulx qui sont du conseil des grans seigneurs, car ils
s'efforcent plus de dire chose plaisant que proufitable,
et pour ce, riche homme n'aura jà bon conseil se il
ne l'a de soy mesmes. Après tu dois considérer tes
amis et tes ennemis. Entre tes amis tu dois considérer
le plus loial et le plus sage, le plus ancien et le plus
esprouvé en conseil, et à ceulx tu dois conseil demander. Premièrement doncques, tu dois appeller à
ton conseil tes bons et tes loyaulx amis, car Salemon
dit ainsi : comme le cuer se délite en bonne odeur,
conseil de bons amis fait à l'âme doulceur; et dit encores : à l'amy loyal nulle chose ne se compare, car
ne or ne argent ne sont tant dignes comme la voulenté
du loyal amy. Et dit oultre : amy loyal est une forte
défense : qui le trouve, il treuve un grant trésor. Après
tu dois regarder que les loyaulx amis que tu appelles
à ton conseil soient sages, car il est escript : requier
tousjours le conseil du sage. Par ceste mesme raison

[1] En parlant à ton conseiller.

tu dois appeller les anciens qui assez ont veu et assez
ont esprouvé, car il est escript en Job : ès anciens est la
sapience, et en moult de temps est prudence. Et Tulles
dit : les grans besongnes ne se font pas par force ne
par légièreté de corps, mais par bon conseil et par
auctorité de personne et par science : lesquelles trois
choses ne affoiblissent pas en vieillesse, mais enfor-
cent et croissent tous les jours. Après, en ton conseil
tu dois garder ceste règle car au commencement tu
dois appeller pou de gens des plus espéciaulx, car Salemon dit : efforce-toy d'avoir pluseurs amis, mais entre
mil eslis-en un pour ton conseiller. Quant tu auras
en ton conseil pou de gens, si le peus révéler, se mestier
est, à plusieurs. Toutesvoies les trois conditions dessus
dictes si doivent estre ès conseillers tousjours gardées,
et ne te souffise pas un conseillier tant seulement, mais
en fais plusieurs, car Salemon dit : sainement est la
chose où plusieurs conseillers sont.

Après ce que je t'ay monstré à qui tu dois prendre
conseil, je te vueil monstrer lequel conseil tu dois fuir;
[premièrement tu dois] le conseil des fols eschiver,
car Salemon dit : à fol ne vueil prendre conseil, car
il ne te saura conseiller fors ce qu'il aime et qui luy
plaist; et il est escript : en la propriété du fol est que il
croit légièrement tous maulx d'autruy et tous biens de
luy. Après, tu dois fuir le conseil des faintifs et losengeurs qui s'efforcent plus de loer ta personne et à
toy plaire que de dire vérité. Et Tulles dit : entre
toutes les pestilences qui en amitié sont, la plus grant
est losengerie. Et pour ce tu dois plus doubter et fuir
les doulces paroles [de celui qui te loera] que [les
aigres paroles de] celui qui vérité te dira, car Salemon

dit : homme qui dit paroles de losengerie est un las pour prendre les innocens; et dit aussi autre part : homme qui parle à son amy paroles doulces et souefves, luy met devant les piés la rais pour le prendre. Pour ce dit Tulles : garde que ne enclines point tes oreilles aux losengeurs et ne reçoy point en ton conseil paroles de losengerie. Et Caton dit ainsi : advise-toy d'eschever paroles doulces et souefves.

Après, tu dois eschever le conseil de tes anciens ennemis qui sont réconciliés, car il est escript : nul ne retourne seurement en la grâce de son ennemy. Et Ysope dit : ne vous fiez point en ceulx à qui vous avez eu guerre ou inimitié anciennement et ne leur révélez point vos consaulx ou secrets; et la raison rent Sénèque et dit ainsi : il ne peut estre que là où le feu a esté longuement, qu'il n'y demeure tousjours aucune vapeur. Pour ce dit Salemon : en ton ancien ennemy ne te vueilles nul temps fier, et encores s'il est réconcilié, se humilité est en luy par semblant, et encline sa teste devant toy, ne le croy néant, car il le fait plus [pour son proffit que] pour l'amour de toy, afin qu'il puisse avoir victoire de toy en soy humiliant envers toy, laquelle victoire il ne peut avoir en toy poursuiant. Et Pierre Alphons dit : ne t'acompaigne pas à tes anciens ennemis, car ce que tu feras de bien, ils le pervertiront ou amenuiseront.

Après tu dois fuir le conseil de ceulx qui te servent et portent révérence, car ils le font plus par doubtance que par amour. Car un philosophe dit : nul n'est bien loyal à cellui que il trop doubte; et Tulles dit : nulle puissance d'empire n'est si grant que elle puisse durer longuement se elle n'a plus l'amour du peuple que la paour. Après, tu dois fuir le conseil de ceulx qui sont souvent yvres, car ils ne scevent riens céler, et dit Salemon : nul secret n'est là où règne yvresse. Après tu dois avoir le conseil suspect de ceulx qui conseillent une chose en secret, et puis autre dient en appert. Car Cassiodores dit : une manière de grever son ami est de monstrer en appert ce dont l'en veult le contraire. Après, tu dois avoir en suspect le conseil des mauvais hommes, car il est escript : les conseils des mauvais hommes sont tousjours plains de fraude ; et David dit : bieneureux est l'homme qui n'a point esté ès consaulx des mauvais ! Après, tu dois fuir le conseil des jeunes gens, car le sens des jeunes gens n'est pas encores meur. De quoy Salemon dit : dolente est la terre qui a enfant à seigneur [1]! Et le philosophe dit que nous n'eslisons pas les jeunes en princes, car communément ils n'ont point de prudence ; et dit encores Salemon : dolente est la terre de quoy le prince ne se liève matin !

• Puis que je t'ay monstré à qui tu dois prendre conseil et de qui conseil tu dois eschever et fuir, je te vueil apprendre comment tu dois conseil examiner. En examinant doncques ton conseil, selon ce que dit Tulles et enseigne, tu dois considérer plusieurs choses. Premièrement, tu dois considérer que en ce que tu proposes et sur quoy tu veulx avoir conseil, vérité soit gardée et dicte, car l'en ne puet bien conseillier à cellui qui ne dit vérité. Après tu dois considérer toutes les choses qui s'accordent à ce que tu proposes faire selon ton conseil : se raison s'y accorde et si ta puissance

[1] Var. *Et de laquelle le prince se desjusne matin.* Le reste de cette phrase n'est pas dans le manuscrit 7072³·⁵·

s'y accorde, si plusieurs et meilleurs s'y accordent que discordent, ou non. Après, tu dois considérer au conseil ce qui s'ensuit: se c'est haine ou amour, paix ou guerre, prouffit ou dommage, et aussi de moult d'autres choses; et en toutes ces choses tu dois tousjours eslire ee qui est ton prouffit, toutes autres choses reffusées et rabatues. Après, tu dois considérer de quelle racine est engendrée la matière de ton conseil et quel prouffit elle puet concevoir et engendrer, et dois encores considérer toutes les causes dont elle est venue.

Quant tu auras examiné ton conseil en la manière dicte, et trouvé laquelle partie est meilleur et plus prouffitable et esprouvée de plusieurs sages et anciens, tu dois considérer se tu le pouras mener à fin, car nul ne doit commencer chose s'il n'a povoir de la parfaire, et ne doit prendre charge qu'il ne puisse porter. L'en dit en un proverbe : qui trop embrasse, pou estraint; et Caton dit : essaye-toy de faire ce que tu as povoir de faire, pour ce que la charge ne te presse tant qu'il te faille laissier ce que tu as commencié à faire, et s'il est doubte se tu le pourras mener à fin ou non, eslis plus tost le délaissier que le commencier. Car Pierre Alphons dit : se tu as povoir de faire une chose dont il te conviengne repentir, il te vault mieulx souffrir que encommencier. Bien disent ceulx qui deffendent à un chascun chose faire [dont il duelt et doubte se elle est de faire] ou non. En la fin, quant tu auras examiné ton conseil en la manière dessus dicte et auras trouvé que tu le pourras mener à fin, lors le retien et le conferme.

Or est raison que je te monstre quant et pourquoy on doit changier son conseil sans répréhension. L'en peut changier son conseil et son propos quant la cause

cesse ou quant nouvelle cause survient. Car la loy dit :
les choses qui de nouvel surviennent ont mestier de
nouvel conseil. Et Sénèque dit : se ton conseil est venu
à la congnoissance de ton ennemy, lors change ton
conseil. Après, l'en peut changier son conseil quant
l'en treuve après que par erreur ou par autre cause
mal ou dommage en puet venir; après, quant le conseil est déshonneste ou vient de cause déshonneste,
car les lois dient que toutes promesses déshonnêstes
sont de nulle valeur; après, quant il est impossible ou
ne se puet garder bonnement; et en moult d'autres
manières. Après ce, tu dois tenir pour règle générale
que ton conseil est mauvais quant il est si ferme
que l'en ne le puet changier pour condition qui sur-
viengne.

Quant Mellibée ot oy ces enseignemens de dame
Prudence, si respondi : Prudence, jusques à l'eure de
maintenant vous m'avez assez enseignié comment en
général je me doy porter en conseil prendre ou retenir,
or vouldroie-je bien que vous descendissiez en espécial et me deissiez ce que vous semble du conseil que
nous avons eu en ceste propre besongne.

Lors respondi dame Prudence : Sire, dist-elle, je te
prie que tu ne rappelles point en ton courage se je
dy chose qui te desplaise, car tout ce que je te dy, je
l'entens dire à ton honneur et à ton prouffit, et ay espérance que tu le prendras en patience. Et pour ce je
te fais assavoir que ton conseil, à parler proprement,
ne doit pas estre appellé conseil, mais un fol esmouvement sans discrétion ouquel tu as erré en moult de
manières.

Premièrement, tu as erré en assemblant ton conseil,

car au commencement tu deusses avoir appellé moult
peu de gens, et puis après plusieurs, se besoing fust;
mais tantost tu as appellé une multitude de gent char-
geuse et ennuyeuse. Après tu as erré, car tu deusses
avoir appellé tant seulement tes loyaulx amis, sages et
anciens; mais avec ceulx tu as appellé gens estranges,
jouvenceaulx, fols, losengeurs, ennemis réconciliés et
gens qui te portent révérence sans amour. Après tu as
erré quant tu es venu à conseil, car tu avoies avec toy
ensemble ire, convoitise et hastiveté, lesquelles trois
choses sont contraires à conseil, et ne les as pas abais-
sées en toy ne en ton conseil ainsi comme tu deusses.
Après tu as erré, car tu as démonstré à ton conseil ta
voulenté et la grant affection que tu avoies de faire
guerre incontinent et de prendre vengence, et pour ce
ils ont plus suivy ta voulenté que ton prouffit. Après tu
as erré, car tu as esté content d'un conseil tant seulement, et toutesvoies en si grant besongne et si haulte
estoient bien nécessaires plusieurs conseils. Après tu
as erré, car [quant tu as fait la division entre ceulx de
ton conseil,] tu n'as pas suivy la voulenté de tes loyaulx
amis sages et anciens, mais as regardé seulement le plus
grant nombre. Et tu scez bien que les fols sont tousjours
en plus grant nombre que les sages, et pour ce le conseil des chappitres et des grans multitudes de gens où
l'on regarde plus le nombre que les mérites des personnes erre souvent, car en tel conseil les fols ont
tousjours gaignié par multitude.

Mellibée adonc respondi : je confesse bien que j'ay
erré, mais pour ce que tu m'as dit dessus que celluy
ne fait pas à reprendre, qui change son conseil en
moult de cas, je suis appareillié à le changier à ta

voulenté, car péchier est euvre d'omme, mais persévérer en péchié est euvre de déable; et pour ce je ne vueil plus en ce persévérer.

Lors dit Prudence : examinons tout ton conseil [et véons lesquels ont parlé plus raisonnablement et donné meilleur conseil,] et pour ce que l'examination soit mieulx faicte, commençons aux cirurgiens et aux phisiciens qui premièrement parlèrent. Je dy, dist-elle, que les cirurgiens et les phisiciens dirent ou conseil ce qu'ils devoient dire et parlèrent sagement, car à leur office appartient à un chascun prouffiter et à nul nuire, et selon leur art ils doivent avoir grant diligence de la cure de ceulx qu'ils ont en leur gouvernement, ainsi comme ils ont dit et respondu sagement; et pour ce je conseille qu'ils soient haultement guerdonnés, en telle manière qu'ils entendent plus liement à la cure de ta fille. Car jasoit-ce qu'ils soient tes amis, toutesvoies tu ne dois pas souffrir qu'ils te servent pour néant, mais les dois plus largement païer et guerdonner. Mais quant à la proposition que les phisiciens adjoustèrent, que ès maladies un contraire se garit par autre contraire, je vouldroie bien savoir comment tu l'entens.

Certes, dist Mellibée, je l'entens ainsi : car comme ils m'ont fait un contraire, que je leur en face un autre, et pour ce qu'ils se sont vengiés de moy et m'ont fait injure, je me vengeray d'eulx et leur feray injure et lors auray gary un contraire par autre.

Or véez, dist Prudence, comment un chascun croit légièrement ce qu'il veut et désire! Certes, dist-elle, la parole des phisiciens ne doit pas estre ainsi entendue, car mal n'est pas contraire à mal, ne vengence à vengence, ne injure à injure, mais sont semblables. Et pour ce, vengence par vengence, ne injure par injure n'est pas curé, mais accroist l'une l'autre. Mais la parole doit estre ainsi entendue : ainsi que mal et bien, sont contraires paix et guerre, vengence et souffrance, discorde et concorde, et ainsi de moult d'autres; mais mal se doit gairir par bien, discorde par accord, guerre par paix, et ainsi de tous les autres; et à ce s'accorde saint Pol l'appostre en plusieurs lieux : ne rendez, dit-il, mal pour mal, ne mesdit pour mesdit, mais faites bien à cellui qui mal vous fera, et bénéissez cellui qui vous maudira. Et en moult d'autres lieux de ses épistres il admoneste à paix et à concorde.

Or convient parler du conseil que donnèrent les advocas, les sages et les anciens, qui furent tous d'un accord et dirent que devant toutes choses tu dois mettre diligence en garder ta personne et en garnir ta maison, et dirent aussi que en ceste besongne l'en doit aler adviséement et à grant délibération. Quant au premier point qui touche la garde de ta personne, tu dois savoir que cellui qui a guerre doit tous les jours, devant toutes choses, humblement et dévotement demander la garde et l'aide de Dieu, [car en cest monde nul ne se puet garder souffisamment sans la garde de nostre Seigneur.] Pour ce dit David le prophète : se Dieu de la cité n'est garde, pour néant veille qui la garde. Après, en la garde de ta personne tu dois mettre tes loyaux amis esprouvés et congneus et à eulx dois demander aide pour toy garder, car Caton dit : se tu as besoing d'aide, demande-le à tes amis, car il n'est si bon phisicien comme le loyal amy. Après, tu te dois garder de toutes gens estranges et mescongneus et avoir leur compaignie suspecte, car Pierre Alphons dit : ne t'acompaigne en voye à nulle personne se tu ne la congnois devant, et s'aucune personne s'acompaigne avec toy sans ta voulenté et enquière de ta vie et de ta voie, fains que tu veulx aler plus loing que tu n'as proposé; et se il porte lance, si te tieng à sa dextre : se il porte espée, si te tieng à sa senestre.

Après, garde-toy sagement de tous ceulx[1] que je t'ay dit, car tu dois leur conseil eschever et fuir. Après, garde-toy en telle manière que pour la présumption de ta force tu ne desprises point ton adversaire tant que[2] laisses tes gardes, car sage homme doit tousjours doubter, espécialment ses ennemis. Et Salemon dit : beneuré est cellui qui tousjours se doubte, car à cellui qui par la dureté de son cuer a trop grant présumption, mal lui vendra. Tu dois doncques doubter tous agais et toutes espies. Car, selon ce que dit Sénèque[3], qui toutes choses doubte, en nulle ne cherra ; et encores dit-il : sage est celluy qui doubte, et eschiève tous maulx. Et jasoit-ce qu'il te soit semblant estre bien asseur et en seur lieu, toutesvoies tu dois avoir tousjours diligence de toy garder, car Sénèque dit : qui seur se garde n'a doubte de nuls périls. Après tu te dois garder non pas tant seulement de ton grant et fort ennemi, mais de tout le plus petit, car Sénèque dit : il appartient à homme bien enseignié qu'il doubte son petit ennemi. Et Ovide, ou livre du *Remède d'amours*, dit : la petite vivre[4] occist le grant torel, et le chien qui n'est pas moult grant retient bien le san-

---

[1] Var. *Lequel conseil je t'ay dit dessus que tu dois eschever et fuir.* —
[2] Var. *Tu l'aies essayé.* — [3] *Le sage qui doubte eschiève tous maux.* —
[4] *Guivre*, vipère. Variante mauvaise des manuscrits A. B. C. *mure* (souris).

glier. Toutesvoies, tu ne dois pas estre tant doubteux
que tu doubtes là où riens n'a à doubter, car il est escript : aucunes gens ont enseignié leur décevoir mais
ils ont trop doubté que l'en les déceust [1]. Après, tu te
dois garder de venin et de compaignie de moqueurs,
car il est escript : avecques le moqueur n'aies compaignie, mais la fuy et ses paroles comme le venin.

Quant au second point, c'est assavoir ouquel dirent
les sages que tu dois garnir ta maison à grant diligence, je
vouldroie bien savoir comment tu entens ceste garnison.

Dist Mellibée : Je l'entens ainsi que je doy garnir ma
maison de tours, de chasteaulx [2], d'eschifes [3] et autres
édifices par lesquels je me puisse garder et deffendre,
et pour cause desquels les ennemis doubteront à approuchier ma maison.

Lors Prudence respondi : La garnison de tours
haultes et des grans édifices appartient aucunes fois à
orgueil. L'en fait les tours et les grans édifices à grant
travail et à grans despens, et quant elles sont faites,
elles ne vallent riens se elles ne sont deffendues par
sages et par bons amis loyaux, et à grans missions [4].
Et pour ce sachiez que la plus grant garnison et la plus
fort que un riche homme puisse avoir à garder son
corps et ses biens, c'est qu'il soit amé de ses subjects
et de ses voisins, car Tulles dit : une garnison que l'en
ne puet vaincre ne desconfire, c'est l'amour des citoyens.

Quant au tiers point, où les sages et anciens dirent
que l'en ne doit point aler en ceste besongne soudaine-

[1] A force de se défier des autres leur ont montré à les tromper. —
[2] Var. d'eschaffaulx. — [3] Guérites, tourelles à mettre des sentinelles. —
[4] Frais.

ment ne hastivement, mais se doit-on pourveoir et appareillier à grant diligence et à grant délibération, je croy qu'ils parlèrent bien et sagement, car Tulles dit : en toutes besongnes, devant ce que l'en les commence, on se doit appareillier à grant diligence. En vengence doncques, en guerre, en bataille et en garnison faire, devant ce que l'en commence, l'en doit faire son appareil à grant délibération, car Tulles dit : long appareillement de batailles fait brief victoire; et Cassiodores[1] dit : la garnison est plus puissant quant elle est plus long temps pensée.

Or convient aler au conseil que te donnèrent tes voisins qui te portent révérence sans amour, tes ennemis réconciliés, les losengeurs, ceux qui te conseillièrent une chose en secret et autre disoient en appert, les jeunes gens, qui tous te conseillèrent vengier tantost et faire guerre incontinent. Et certes, ainsi comme je t'ay dit dessus, tu erras moult en appelant telles gens à ton conseil, et ce conseil est assez réprouvé pour les choses dessus dictes. Toutesvoies, puis qu'elles sont dictes en général, nous descendrons en espécial. Or véons doncques premièrement, selon ce que dit Tulles, de la vérité de ce conseil. Et certes de la vérité de ceste besongne ne convient pas moult enquerre, car l'en scet bien qui sont ceulx qui te ont fait ceste injure, et quans[2] ils sont, et comment, et quant, et quelle injure ils te ont faite. Examinons doncques la seconde condition que Tulles met, qu'il appelle consentement, c'est à dire qui sont ceulx et quans ils sont qui se consentent à tel conseil et à ta voulenté,

[1] C'est le secrétaire d'État de Théodoric, m. vers 562. — [2] Combien.

et considérons aussi qui sont ceulx et quans qui se consentent à tes adversaires.

Quant au premier, l'en scet bien quels gens se consentent à ta voulenté, car tous ceulx que j'ay dessus nommés conseillent que tu faces guerre tantost. Or véons doncques qui tu es et qui sont ceulx que tu tiens tant à ennemis. Quant à ta personne, jasoit-ce que tu soies riche et puissant, tu es tout seul et n'as nul enfant masle ; tu n'as fors une seule fille tant seulement : tu n'as frères ne cousins germains ne nuls autres bien prouchains parens, pour paour desquels tes ennemis se cessassent de toy poursuivre et destruire ; et ta personne destruite, tu scez bien que tes richesses se diviseront en diverses parties, et quant chascun aura sa partie, ils ne seront forcés de vengier ta mort. Mais tes ennemis sont trois et ont moult d'enfans, de frères et d'autres bien prouchains amis et parens, desquels quant tu en auras occis deux ou trois, encores en demourra assez qui pourront vengier leur mort et te pourront occire. Et jasoit-ce que tes amis soient trop plus que les amis de tes adversaires, ils t'appartiennent de moult loing, et les amis de tes adversaires leur sont moult plus prouchains, et en ce leur condition est meilleur que la tienne.

Après, voyons encores se le conseil que l'en te donna de la vengence tantost prendre, se consent à raison. Et certes tu scez que non, car, selon droit, nul ne doit faire vengence [d'autrui, fors le juge qui a la jurisdiction sur lui, jasoit-ce que vengence soit] ottroyée ou permise à aucun quant on la fait incontinent et attrempéement, selon ce que droit le commande. Après, encores sur ce mot consentement, tu dois regarder se ton povoir se consent à ta voulenté et à ton conseil. Et

certes tu pues dire que non, car à parler proprement,
nous ne povons riens fors ce que nous povons faire
deuement et selon droit; et pour ce que selon droit
tu ne dois prendre vengence de ta propre auctorité,
l'en puet dire que ton povoir ne se consent point à ta
voulenté.

Or convient examiner le tiers point que Tulles appelle conséquent. Tu dois doncques savoir que à vengence que tu veulx faire, est conséquent et s'ensuit
autre vengence, périls, guerres et d'autres maulx sans
nombre et moult de dommages lesquels l'en ne voit
maintenant.

Quant au quart point que Tulles appelle engendre-
ment, tu dois savoir que injure est engendrée de haine,
acquisition [1] d'ennemis enflamblés de vengence; de
haine et contens guerres naissent, et dégastement de
tous biens.

Quant aux causes, qui est le derrenier point que
Tulles y met, tu dois savoir que en l'injure qui t'a esté
faite a deux causes ouvrières et efficiens : la loingtaine
et la prouchaine; la loingtaine est Dieu qui est cause
de toutes causes : la prouchaine sont tes trois ennemis.
La cause accidentelle fut hayne; la cause matériel sont
les cinq plaies de ta fille; la cause formal fut la manière de faire l'injure, c'est assavoir qu'ils appoièrent
eschelles contremont les murs et entrèrent par les fenestres; la cause final fut que ils vouldrent occire ta
fille, et par eulx ne demoura. Mais la cause final loingtaine, à quel fin ils avendront de ceste besongne, nous
ne la povons pas bien savoir, fors par conjectures et

---

[1] Var. du M. du R. : *de tes ennemis; de la vengence se engendrera autre*
vengence, hayne, contens, guerre et dégastemens de tes biens.

par présumptions, car nous devons présumer qu'ils avendront à male fin par la raison du Décret qui dit : à grant peine sont menées à bonne fin les choses qui sont mal commencées. Qui me demanderoit pourquoy Dieu a voulu et souffert qu'ils t'aient fait telle injure, je n'en sauroie pas bien respondre pour certain, car, selon ce que dit l'appostre, la science et jugement nostre Seigneur sont si parfont que nuls ne le puet comprendre ne encerchier souffisamment. Toutesvoies, par aucunes présumptions je tien que Dieu qui est juste et droiturier a souffert que ce soit advenu pour cause juste et raisonnable ; car tu qui as nom Mellibée qui vault autant comme *cellui qui boit le miel,* [le miel as tant voulu boire,] c'est à dire la doulceur des biens temporels, des richesses, des délices et des honneurs de ce monde, que tu en as esté tout yvres et as oublié Dieu ton créateur, ne ne lui as pas porté honneur ne révérence ainsi comme tu deusses. Tu n'as pas retenu en ta mémoire la parole Ovide[1] qui dit : dessoubs le miel de la doulceur des biens du corps, est abscondu le venin qui occit l'âme. Et Salemon dit : se tu as trouvé le miel, si en mengue à souffisance, car se tu en mengues oultre mesure, il te convendra vomir. Pour ce, par adventure, Dieu en despit de toy a tourné sa face et les oreilles de sa miséricorde [autre part], et a souffert que tu as [esté prins en la manière que tu as] péchié contre lui. Tu as péchié contre nostre Seigneur, car les trois ennemis de l'umain lignage, qui sont le monde, la char et le Déable, tu as laissié entrer en ton cuer tout franchement par les fenestres du corps, sans

_____

[1] Var. (mauvaise) *David.*

toy deffendre souffisamment contre leur assault et leurs temptacions, en telle manière qu'ils ont navrée sa fille, c'est assavoir l'âme de toy, de cinq plaies : c'est à dire de tous les péchiés mortels qui entrèrent ou cuer parmy chascun des cinq sens naturels. Par ceste semblance nostre Seigneur a voulu et souffert que ces trois ennemis sont entrés en ta maison par les fenestres et ont navrée ta fille en la manière dessus dicte.

Certes, dist Mellibée, je voy bien que vous vous efforciez moult par doulces paroles de moy encliner à ce que je ne me venge point de mes ennemis, et m'avez monstré moult sagement les périls et les maulx qui pourroient advenir de ceste vengence. Mais qui vouldroit considérer en toutes vengences tous les périls qui s'en pourroient ensuir, l'en ne feroit jamais vengence, et ce seroit moult grant dommage, car par vengence les mauvais sont ostés d'entre les bons, et ceulx qui ont cuer de mal faire se retraient [1] quant ils voient que l'en punist les malfaiteurs.

A ce respond dame Prudence : certes, dist-elle, je vous octroie que de vengence vient moult de biens, mais faire vengence n'appartient pas à un chascun, fors seulement aux juges et à ceulx qui ont la jurisdiction sur les malfaiteurs, et dy oultre que ainsi que une personne singulière pécheroit en faisant vengence, [ainsi pécheroit le juge en laissant faire [2] vengence,] car Sénèque dit : cellui nuist aux bons, qui espargne les mauvais; et, selon ce que dist Cassiodores, l'en doubte faire les oultrages, quant on scet qu'il desplairoit aux juges et aux souverains. Et un autre dit : le juge qui

---

[1] Se retirent, se retiennent. — [2] Négligeant de faire; en ne faisant pas.

doubte faire les drois [1], fait les gens mauvais; et saint Pol l'appostre dist en l'épistre aux Rommains que le juge ne porte pas le glaive sans cause, mais le porte pour punir les mauvais [et pour deffendre les] preudomes. Se tu veulx doncques avoir ta vengence de tes ennemis, tu recourras au juge qui a la jurisdiction sur eulx, et il les punira selon droit, et encores s'ils l'ont desservi, en leur avoir [2] en telle manière que ils demourront povres et vivront à honte.

Hé ! dist Mellibée, ceste vengence ne me plaist point : je regarde que fortune m'a nourry dès mon enfance et m'a aidié à passer moult de fors pas. Je la vueil maintenant essayer, et croy que à l'aide de Dieu elle m'aidera à vengier [ma honte].

Certes, dit Prudence, se tu veulx ouvrer de mon conseil, tu ne essaieras point fortune ne ne t'appoieras à elle, car, selon ce que dit Sénèque, les choses se font folement, qui se font à l'espérance de fortune. Car fortune est comme une verrière qui de tant comme elle est plus clere et plus resplendissant, de tant est-elle plus tost brisée; et pour ce, ne t'y fie point, car elle n'est point estable, et là où tu cuideras estre plus seur de son aide, elle te fauldra. Et pour ce que tu dis que fortune t'a nourry dès ton enfance, je te dy que de

---

[1] Faire droit, rendre la justice. — [2] Au moyen âge, quand les criminels n'étoient pas des gens de la basse classe, les juges se bornoient le plus souvent à les condamner à des amendes envers le roi et à des dommages et intérêts envers la partie lésée; mais ces amendes et dommages étoient souvent très-élevés et de nature à ruiner ceux à qui on les infligeoit. On voit dans les registres du Parlement et dans le *Trésor des Chartes* de fréquens exemples de cette coutume, souvenir des anciennes lois barbares où l'on trouve le tarif et la taxe de chaque crime suivant la condition du criminel et celle de la victime.

tant tu te dois moins fier en elle et en ton sens, car Sénèque dit que cellui que fortune nourrist trop, elle le fait fol. Puis doncques que tu demandes vengence, et la vengence qui se fait selon l'ordre de droit et devant le juge ne te plaist, et la vengence qui se fait en espérance de fortune est mauvaise et périlleuse et si n'est point certaine, tu n'as remède de recours fors au souverain et vray juge qui venge toutes villenies et injures, et il te vengera, selon ce que lui mesmes tesmoingne : à moy, dit-il, laisse la vengence et je la feray.

Mellibée respondi : Se je, dit-il, ne me venge de la villenie que l'en m'a faite, je semondray ceulx qui l'a m'ont faicte et tous autres mauvais à moy faire une nouvelle villenie, car il est escript : se tu sueffres sans vengier la vieille villenie, tu semons à la nouvelle. Et ainsi, par souffrir l'en me feroit tant de villenies de toutes pars que je ne le pourroie souffrir ne porter, ains seroie au bas du tout en tout, car il est escript : en moult souffrant, t'avendront assez de choses que souffrir ne pourras.

Certes, dit Prudence, je te ottroie que trop grant souffrance n'est pas bonne, mais pour ce ne s'ensuit-il pas que chascune personne à qui l'en fait injure prengne la vengence, car ce appartient aux juges tant seulement, qui ne doivent pas souffrir que les villenies et injures ne soient vengées. Et pour ce, les deux auctorités que tu as avant traites sont entendues tant seulement des juges que quant ils seuffrent trop faire les injures et villenies sans punition, ils ne semonnent pas tant seulement faire les injures, mais les commandent. Ainsi le dit un sage. Le juge, dit-il, qui ne corrige le

pécheur, luy commande à péchier ; et pourroient bien
tant souffrir les juges et les souverains [de maulx] en
leur terre, que les malfaiteurs les getteroient hors de
leur terre, et leur convendroit perdre leur seignorie
à la parfin. Mais or posons que tu aies licence de toy
vengier, je dy que tu n'as pas la puissance quant à présent, car se tu veulx faire comparoison de ta puissance
à la puissance de tes adversaires, tu trouveras trop de
choses, selon ce que je t'ay monstré dessus, par quoy
leur condition est meilleur que la tienne, et pour ce je
te dy qu'il est bon, quant à maintenant, de toy souffrir
et avoir patience.

Après, tu scez que l'en dit communément que contendre à plus fort, c'est enragerie : contendre à esgal,
c'est péril : contendre à moindre, c'est honte. Et pour
ce, l'en doit fuir toute contention tant comme l'en
puet, car Salemon dit que c'est grant honneur à homme
quant il se scet guetter de brigue et de contens. Et se
plus fort de toy te griève, estudie-toy plus à le appaisier que à toy vengier, car Sénèque dit que cellui se
met en grant péril, qui se courrouce à plus fort de lui ;
et Caton dit : se plus grant que toy te griefve, sueffre-
toy : car cellui qui t'a une fois grevé, te pourra une
autre fois aidier.

Or posons que tu aies licence et puissance de toy
vengier, je dy encores que moult de choses sont, qui
te doivent retraire et te doivent encliner à toy souffrir
et avoir patience en l'injure qui t'a esté faicte et aux
autres tribulations de ce monde.

Premièrement [se tu veulx considérer les deffaulx
qui sont en] toy, pour lesquels Dieu a voulu souffrir
que ceste tribulation te soit advenue, selon ce que j'ay

dit dessus, car le poëte dit que nous devons porter en
patience les tribulations qui nous viennent, quant nous
pensons que nous les avons desservies. Et saint Grégoire dit que quant un chascun considère le grant nombre de ses défaulx et de ses péchiés, les peines et les tribulations qu'il sueffre lui en appairent plus petites; et
de tant comme [1] son péchié monte, lui semble la peine
plus légière. Après, moult te doit encliner à patience,
la patience nostre Seigneur Jhésu-Crist, selon ce que
dit saint Pierre en ses épistres. Jhésu-Crist, dit-il, a
souffert [pour nous] et a donné exemple à un chascun
de lui ensuivre, car il ne fist oncques péchié, ne onques
de sa bouche n'yssi une villenie. Quant on le maudissoit, il ne maudissoit point : quant on le batoit, il ne
menaçoit point. Après, moult te doit encliner à patience, la grant patience des Sains de paradis qui ont eu
si grant patience ès tribulations qu'ils ont souffertes sans
leur coulpe. Après, moult te doit encliner à patience que
les tribulations de ce monde durent très petit de temps
et sont tantost passées, et la gloire que l'en acquiert
pour avoir patience ès tribulations est pardurable, selon
ce que dit l'épistre seconde à ceulx de Corinthe.

Après, tien fermement que cellui n'est pas bien enseigné qui ne scet avoir patience, car Salemon dit
que la doctrine de l'omme est congneue par patience,
et nostre Seigneur dit que patience vaint; et encores
dit que en nostre patience nous possiderons nos âmes.
Et autre part dit Salemon que cellui est patient qui
se gouverne par grant prudence; et cellui mesmes dit
que l'omme courrouceux fait les noises, et le patient les

[1] Var. *ses péchiés lui semblent plus pesans, sa peine lui semble....*

attrempe. Aussi dit-il que mieulx vault estre bien patient que bien fort, et plus fait à prisier cellui qui puet avoir la seignourie de son cuer que cellui qui par grant force prent les grans cités; et pour ce dit saint Jaques en ses épistres que patience est euvre de perfection.

Certes, dit Mellibée, je vous ottroye, dame Prudence, que patience est une grant vertu, mais chascun ne puet pas avoir la perfection que vous alez quérant. Je ne suis pas du nombre des bien parfais, et pour ce mon cuer ne puet estre en paix jusques à tant que je soye vengié. Et jasoit-ce que en ceste vengence eust grant péril, je regarde que aussi [avoit-il grant péril à faire la villenie qui m'a esté faite, et toutesvoies] mes adversaires n'ont pas regardé le péril, mais ont hardiement acompli leur voulenté, et pour ce il me semble que l'en ne me doit pas reprendre se je me met en un pou de péril pour moy vengier et se je fais un grant excès, car on dit que excès n'est corrigé que par excès, c'est à dire que oultrage ne se corrige fors que par oultrage.

Hé! dit dame Prudence, vous dictes vostre voulenté, mais en nul cas du monde l'en ne doit faire oultrage ne excès pour soy venger ne autrement, car Cassiodores dit que autant de mal fait cellui qui se venge par oultrage comme cellui qui a fait oultrage. Et pour ce, vous vous devez vengier selon l'ordre de droit, non pas par excès ne par oultrage, car ainsi que vous savez que vos adversaires ont péchié encontre vous par leur oultrage, [aussi péchiez-vous se vous vous voulez venger] autrement que droit ne l'a commandé; et pour ce dit Sénèque que l'en ne doit nulle fois ven-

gier mauvaistié. Et se vous dictes que droit octroie que
l'en deffende violence par violence et barat par barat,
certes c'est vérité quant la deffense se fait incontinent
et sans intervalle et pour soy deffendre, non pas pour
soy venger, et s'y convient mettre telle diligence[1] et
deffense que l'en ne puisse reprendre cellui qui se deffent d'excès ne d'oultrage, car autrement ce seroit
contre droit et contre raison. Or vois-tu bien que tu
ne fais pas incontinent deffense, ne pour toy deffendre,
mais pour toy vengier, et si n'as pas voulenté de faire
ton fait attrempéement; et pour ce il me semble encores que la patience est bonne, car Salemon dit que
cellui qui n'est pas patient aura dommage.

Certes, dit Mellibée, je vous octroye que quant un
homme est impatient et courroucié de ce qui ne le
touche et ne lui appartient, se dommage lui vient
n'est pas merveille. Car la règle de droit dit que cellui
est coupable qui s'entremet de ce qui ne lui appartient
point; et Salemon dit ès Proverbes que cellui qui s'entremet des noises d'autruy est semblable à cellui qui
prent le chien par les oreilles. Et aussi comme cellui
qui tient le chien estrange qu'il ne congnoist est aucune
fois mors du chien, aussi est-il raison que dommage
viengne à cellui qui par impatience et par courroux
se mesle de la noise d'autruy qui riens ne lui appartient. Mais vous savez bien que ce fait me touche moult
de près, et pour ce j'en suis courroucié et impatient,
et ce n'est pas merveille; et si ne vois mie, sauve vostre
grâce, que grant dommage me puisse venir de moy
vengier, car je suis plus riche et plus puissant que ne

---

[1] Var. *attrempance*.

sont mes adversaires et vous savez bien que par argent
se gouvernent et font les choses et le fait de ce monde,
et Salemon dit que toutes choses obéissent à pécune.

Prudence, quant elle oy son mary vanter de sa
richesse et de sa puissance et soy esjouir, et despriser
la povreté de ses adversaires, parla en ceste manière :
je vous octroie que vous estes riche et puissant et que
les richesses sont bonnes à ceulx qui les ont bien acquises et bien en usent, car ainsi comme le corps ne
puet vivre sans [l'âme, ainsi ne puet-il vivre sans] les
biens temporels, et par les richesses l'en puet acquerre
les grans lignages et les amis. Et pour ce dit Pamphile[1] :
se la fille d'un bouvier est riche, elle puet eslire de mil
hommes lequel qu'elle veult pour son mary, car nul
ne la refusera pas; et dit encores : se tu es, dit-il, bien
euré, c'est à dire riche, tu trouveras grant nombre de
compaignons et d'amis, et se ta fortune se change et
que tu soies povre, tu demoureras tout seul. Et oultre
dit Pamphile que par richesses sont nobles ceulx qui
sont villains par lignage; et ainsi comme de grans
richesses vient moult de biens, ainsi de grant povreté
viennent moult de maulx, car grant povreté contraint
la personne à moult de maulx faire, et pour ce [l'appelle
Cassiodores mère de crimes, et dit aussi] Pierre Alphons : une des grans adversités de ce siècle, si est quant
un homme franc par nature est contraint par povreté
mendier l'aumosne de son ennemy; et la raison de ce
rent Innocent[2] en un sien livre, disant : dolente et
meschant est la condition des povres mendians, car se

---

[1] Sans doute l'auteur du *Liber de Amore.* — [2] Le pape Innocent III,
ou Innocent, moine anglois. L'un des deux est auteur de la *Moralisatio
Scaccarii*, voy. Fabricius, 1754, in-4°, t. IV, p. 34.

ils ne demandent, ils meurent de faim, et se ils demandent, ils meurent de honte; et toutesvoies nécessité les contraint à demander. Et pour ce dit Salemon que mieulx vault mourir que avoir telle povreté, car, selon ce qu'il dit autre part, mieulx vault la mort amère que telle vie.

Par les raisons que je t'ay dictes et moult d'autres que dire je te pourroie, je t'ottroie que bonnes sont les richesses à ceulx qui bien les acquièrent et qui bien en usent; et pour ce, je te vueil monstrer comment tu te dois avoir en amassant les richesses et en usant d'icelles. Premièrement, tu les dois acquerre non mie ardemment, mais à loisir et attrempéement et par mesure, car l'homme qui est trop ardent d'acquerre richesses se abandonne légièrement à tous vices et à tous autres maulx; et pour ce dit Salemon : qui trop se haste de soy enrichir, il ne sera pas innocent; et dit aussi autre part que la richesse hastivement venue, hastivement s'en va, mais celle qui est venue petit à petit se croist tousjours et se multiplie. Après, tu dois acquerre les richesses par ton sens et par ton travail, à ton prouffit et sans dommage d'autruy, car la loy dit que nul ne se face riche au dommage d'autruy, et Tulles dit que douleur, ne peine, ne mort, ne autre chose qui puisse advenir à homme, n'est tant contraire à homme ne contre nature, comme accroistre ses richesses au dommage d'autruy; et Cassiodores dit que vouloir accroistre sa richesse de ce petit que le mendiant a, surmonte toute cruaulté. Et pour ce que tu les puisses acquerre plus loyaulment, tu ne dois pas estre oiseux ne paresseux de faire ton prouffit, mais dois fuir toute oisiveté, car Salemon dit que oisiveté enseigne moult

de maulx à faire; et dit autre part que cellui qui tra-
vaille et cultive sa terre mengera du pain, mais cellui
qui est oiseux cherra en povreté et mourra de faim.
Cellui qui est oiseux ne treuve nul temps convenable
à faire son prouffit, car, selon ce que dit un versifieur,
il s'excuse en yver de ce qu'il fait trop froit, et en esté
de ce qu'il fait trop chault. Pour ces causes dit Caton :
veille souvent et ne t'abandonne à trop dormir, car
trop grant repos est le nourissement des vices. Et pour
ce dit saint Jhérome : fay tousjours aucunes bonnes
euvres pour ce que l'ennemi ne te treuve oiseux, car
l'ennemi ne trait pas légièrement en son euvre celluy
qui est occupé en bonnes euvres. En acquérant doncques les richesses, tu dois fuir oisiveté.

Après, des richesses que tu auras acquises par ton
sens et par ton travail et deuement, tu dois user en
telle manière, c'est assavoir que tu ne sois tenu pour
trop eschars ne pour fol larges, car ainsi comme
fait à blasmer avarice, ainsi fait à blasmer et reprendre folle largesse. Et pour ce dit Caton : use
des choses acquises par telle manière que l'en ne
t'appelle pas povre ne chétif, car grant honte est à
homme qui a le cuer povre et la bourse riche. Aussi
dist-il : use des biens que tu auras acquis, sagement,
sans mésuser, car ceulx qui folement desgastent ce
qu'ils ont, quant ils n'ont plus riens, ils se abandon-
nent légièrement à prendre l'autrui. Je dy doncques
que tu dois fuir avarice en usant des richesses acquises,
en telle manière que l'en ne die pas que tes richesses
soient ensevelies, mais que tu les as en ta puissance ;
car un sage reprent l'omme aver et dit ainsi en deux
vers : pourquoy homme qui est cendre et qui mourir

convient, ensevelit son avoir par si grant avarice?
Pourquoy se joinct-il tant à son avoir que l'en ne puet
l'en désseyrer? Car quant il mourra, il ne l'emportera
pas avec soy. Et pour ce dit saint Augustin : l'omme aver
est semblable à enfer, car plus dévoure, et plus veult
dévourer. Et ainsi comme tu dois d'avoir user en manière que l'en ne te clame aver et chétif, ainsi tu te
dois garder que l'en ne te clame pour un fol large.
Pour ce dit Tulles : les biens de ton hostel ne doivent
pas estre tant enclos que pitié ne débonnaireté ne les
puissent ouvrir, et aussi ne doivent-ils pas tant estre
ouvers qu'ils soient abandonnés à un chascun.

Après, en acquérant les richesses et en usant d'icelles,
tu dois tousjours avoir trois choses en ton cuer, c'est
assavoir Dieu, conscience et bonne fame et renommée. Tu dois doncques avoir Dieu en ton cuer, car
pour nulle richesse tu ne dois faire chose qui desplaise à Dieu ton créateur, car, selon le dit Salemon,
mieulx vault petit avoir et de Dieu la paour que grant
trésor acquerre et perdre son seigneur. Et le philosophe dit que mieulx vault estre preudome et petit
avoir que estre mauvais et avoir grans richesses.
Après, je dy que tu dois acquerre et user des richesses,
sauve tousjours ta conscience, car l'appostre dit que la
chose dont nous devons avoir plus grant gloire, si est
quant nostre conscience nous porte bon tesmoignage;
et le sage dit : bonne est la substance dont l'acquérir
ne nuit point à la conscience.

Après, en acquérant les richesses et en usant d'icelles,
tu dois avoir grant cure et grant diligence comment ta
bonne fame et renommée soit tousjours gardée, car il
est escrit : le gaing doit estre appellé perte, qui sa

bonne fame ne garde; et Salemon dit : mieulx vault la
bonne renommée que les grans richesses; et pour ce,
il dit autre part : aies grant diligence de garder ton
bon renom et ta bonne fame, car ce te demourra plus
que nul trésor grant et précieux. Et certes il ne doit
pas estre dit gentils homs, qui toutes autres choses
arrière mises après Dieu et conscience, n'a grant diligence de garder sa bonne renommée. Pour ce dit
Cassiodores : il est signe de gentil cuer, quant il affecte
et désire bon nom et bonne fame; et pour ce dit saint
Augustin : deux choses te sont nécessaires, c'est assavoir bonne conscience pour toy, bonne fame pour ton
prouchain : et cellui qui tant se fie en sa bonne conscience qu'il néglige sa bonne renommée et ne fait
force de la garder, il est cruel et villain.

Or t'ay-je monstré comment tu te dois porter en acquérant les richesses et usant d'icelles; et pour ce que
vous vous fiez tant en vos richesses que pour la fiance
que vous y avez vous voulez mouvoir guerre [et faire
bataille, je vous conseille que vous ne commencez point
guerre, car la grant] fiance de vos richesses ne souffit
point à guerre maintenir. Pour ce dit un philosophe :
homme qui guerre vuelt avoir, n'aura jà à souffisance
avoir, car de tant comme l'omme est plus riche, de
tant lui convient faire plus grans mises se il veut avoir
honneur et victoire; car Salemon dit : où plus a de
richesses, plus a de despendu. Après, très chier seigneur, jasoit-ce que par vos richesses moult de gens
vous puissiez avoir, toutesvoies pour ce ne vous convient pas commencier guerre là où vous povez avoir
autrement paix à vostre honneur et à vostre proffit,
car la victoire des batailles de ce monde ne gist pas ou

grant nombre de gens ne en la vertu des hommes, mais en la main et en la voulenté de Dieu. Et pour ce, Judas Machabeus qui estoit chevalier de Dieu, quant il se deut combattre contre son adversaire qui avoit plus grant nombre de gens qu'il n'avoit, il reconforta sa petite compaignie et dit : aussi légièrement puet donner Dieu victoire à pou de gens comme à moult, car la victoire des batailles ne vient pas du grant nombre de gens, mais vient du ciel. Et pour ce, très chier seigneur, que nul n'est certain s'il est digne que Dieu lui doint victoire ne plus que il est certain se il est digne de l'amour de Dieu ou non, selon ce que dit Salemon, un chascun doit avoir grant paour de faire guerre, et pour ce que ès batailles a moult de périls, et advient aucunes fois que aussi tost occist-l'en le grant comme le petit. Car, selon ce qu'il est escript ou second livre des Rois, les fais des batailles sont adventureux et ne sont pas certains[1], ainçois également occist maintenant l'un, maintenant l'autre; et pour ce que péril y a, tout homme sage doit fuir les guerres tant comme il puet bonnement, car Salemon dit : qui aime le péril, il cherra en péril.

Après ce que dame Prudence ot parlé, Mellibée respondi : je voy bien, dist-il, dame Prudence, par vos belles parolles et par les raisons que vous mettez avant, que la guerre ne vous plaist point, mais je n'ay pas encore oy vostre conseil comment je me doy porter en ceste besongne.

Certes, dist-elle, je vous conseille que vous accordiez[2] à vos adversaires et que vous ayez paix avec eulx,

---

[1] Var. assez légièrement fiert li glaives maintenant l'un, jà tantost l'autre. — [2] Transigiez, traitiez.

car Sénèque dit en ses escrips que par concorde les richesses petites deviennent grandes, et par discorde les grandes deviennent petites et vont à déclin et se fondent tousjours; et vous savez que un des grans biens de ce monde ce est paix. Pour ce dit Jhésu-Crist à ses appostres : bieneurés sont ceulx qui aiment et pourchassent la paix, car ils sont appellés enfans de Dieu.

Hé! dist Mellibée, or voy-je bien que vous n'aimez pas mon honneur. Vous savez que mes adversaires ont commencié la riote et la brigue par leur oultrage, et voiez qu'ils ne requièrent point la paix et ne demandent pas la réconciliation; vous voulez doncques que je me voise humilier et crier mercy? Certes, ce ne seroit pas mon honneur, car ainsi comme l'on dit que trop grant familiarité engendre mesprisement, aussi fait trop grant humilité.

Lors, dame Prudence fit semblant d'estre courroucée et dist : Sire! Sire! sauve vostre grâce, j'aime vostre honneur et vostre prouffit comme le mien propre, et l'ay tousjours aimé, et vous ne autre ne veistes oncques le contraire. Et se je vous avoie dit que vous deviez pourchasser la paix et la réconciliation, je n'auroie pas tant mespris comme il vous semble, car un sage dit : la dissension tousjours commence par autre et la paix par toy; et le prophète dit : fuy le mal et fay le bien, quier la paix et la pourchasse tant comme tu pourras. Toutesvoies, je ne vous ay pas dit que vous requérez la paix premier que vos adversaires, car je vous sçay bien de si dur cuer que vous ne feriez à pièce[1]

---

[1] De longtemps.

tant pour moy, et toutesvoies Salemon dit que mal
vendra en la fin à cellui qui a le cuer trop dur.

Quant Méllibée oy dame Prudence faire semblant de
courroux, si dist : Dame, je vous prie qu'il ne vous
desplaise chose que je vous die, car vous savez que je
suis courroucié, et n'est mie merveille, et ceulx qui
sont courrouciés ne scevent pas bien qu'ils font ne
qu'ils dient; pour ce, dit le philosophe que les troublés ne sont pas bien cler-voyans. Mais dictes et con-
seilliez ce qu'il vous plaira, et je suis appareillié du
faire; et se vous me reprenez de ma folie, je vous en
doy plus prisier et amer, car Salemon dit que cellui
qui durement reprent cellui qui fait folie, il doit trouver plus grant grâce envers lui que cellui qui le déçoit
par doulces paroles.

Je, dit Prudence, ne fay semblant d'estre yrée et
courroucée fors pour vostre grant prouffit, car Salemon dit : mieulx vault cellui qui le fol reprent et qui
lui monstre semblant d'ire, que le loer quant il mesprent,
et de ses grans folies rire; et dit après que par la tristesse du visage corrige le fol son courage.

Adoncques dit Mellibée : Dame je ne sauroie respondre à tant de belles raisons que vous mettez avant :
dictes-moy briefment vostre voulenté et vostre conseil,
et je suis appareillié de l'acomplir.

Lors, dame Prudence descouvrit toute sa voulenté
et dist ainsi : Je conseille que devant toutes choses
vous faciez paix à Dieu et vous réconciliez à lui, car,
selon ce que je vous ay dit autres fois, il vous a souffert
advenir ceste tribulation par vos péchiés, et se vous
faites ce, je vous promects de par lui que il vous amè-
nera vos adversaires [à vos piés et appareillés de faire

toute vostre voulenté, car] Salemon dit : quant les voies des hommes plaisent à Dieu, il leûr convertit leurs ennemis et les contraint de requérir paix. Après, je vous prie qu'il vous plaise que je parle à secret à vos ennemis et adversaires, sans faire semblant que ce viengne de vostre consentement : et lors, quant je sauray leur voulenté, je vous pourray conseiller plus seurement.

Faites, dit Mellibée, toute vostre voulenté, car je met tout mon fait en vostre disposition.

Lors dame Prudence, quant elle vit la bonne voulenté de son mary, si ot délibération en soy mesmes et pensa comment elle pourroit mener ceste besongne à bonne fin. Et quant elle vit que temps fut, elle manda les adversaires en secret lieu, et leur proposa sagement les grans biens qui sont en paix et les grans périls qui sont en guerre, et leur enseigna moult doulcement comment ils se devoient repentir de l'injure qu'ils avoient faite à Mellibée son seigneur, à elle et à sa fille.

Quant ceulx oïrent les doulces paroles de dame Prudence, ils furent si surprins et orent si grant joie que nul ne le pourroit extimer. Hé! dame, dirent-ils, vous nous avez dénoncié en la bénéisson de doulceur selon ce que dit David le prophète, car la réconciliation dont nous ne sommes pas dignes et que nous vous deussions requerre à grant dévotion et à grant humilité, vous, par vostre grant doulceur, la nous avez présentée. Or véons-nous bien que la sentence Salemon est vraie, qui dit que doulce parole multiplie les amis et fait débonnaires les ennemis. Certes, dirent-ils, nous mettons nostre fait en vostre bonne voulenté, et sommes appareilliés en tout et par tout obéir au dit et au commandement de monseigneur Mellibée; et pour ce, très chère dame et bénigne, nous vous requérons et prions tant humblement comme nous povons plus, que il vous plaise acomplir par fait vos douces paroles. Toutesvoies, très chère dame, nous considérons et congnoissons que nous avons offendu monseigneur Mellibée oultre mesure et plus que ne pourrions amender, et pour ce nous obligons nous et nos amis à faire toute sa voulenté et son commandement; mais, par aventure, il, comme courroucié, nous donnera telle peine que nous ne pourrons acomplir ne porter. Et pour ce, plaise vous avoir en ce fait tel advisement que nous et nos amis ne soions mie désbérités et perdus par nostre folie.

Certes, dit Prudence, il est dure chose et périlleuse que un homme se commette du tout en l'arbitrage et en la puissance de ses ennemis, car Salemon dit : oiez-moy, dit-il, tous peuples et toutes gens et gouverneurs de l'Église : à ton fils, à ta femme, à ton frère et à ton ami ne donne puissance sur toy, en toute ta vie. Se il a doncques deffendu que l'en ne donne puissance sur soy à frère ne ami, par plus fort raison il deffend que l'en ne la donne à son ennemi. Toutesvoies, je vous conseille que vous ne vous deffiez point de mon seigneur : je le congnois et sçay qu'il est debonnaire, large et courtois, et n'est point convoiteux d'avoir; il ne désire en ce monde fors honneur tant seulement. Après, je sçay bien que en ceste besongne il ne fera riens sans mon conseil, et je feray, se Dieu plaist, que ceste chose vendra à bonne fin, en telle manière que vous vous devrez loer de moy.

Adonc, dirent-ils : nous mettons nous et nos biens, en tout et partout, en vostre ordonnance et disposition, et sommes appareilliés de venir au jour que vous nous vouldrez donner, et faire obligation si forte comme il vous plaira, que nous acomplirons la voulenté de monseigneur Mellibée et la vostre.

Dame Prudence, quant elle oy la responce d'iceulx, si leur commanda retourner en leurs lieux secrètement; elle d'autre part s'en retourna vers son seigneur Mellibée, et lui conta comment elle avoit trouvé ses adversaires repentans et recongnoissans leurs péchiés, et appareilliés à souffrir toutes peines, et requérans sa pitié et sa miséricorde.

Lors Mellibée respondi : Icellui est digne de pardon, qui ne excuse point son péchié, mais le recongnoist et s'en repent et demande indulgence; car Sénèque dit : là est rémission où est confession, car confession est prouchaine à innocence; et dit autre part : cellui est presque innocent qui a honte de son péchié et le recongnoist. Et pour ce je me accorde à paix, mais il est bon que nous la facions de la voulenté et du consentement de nos amis.

Lors Prudence fist une chière lie et joieuse et dist : Certes, vous avez trop bien parlé, car tout ainsi comme par le conseil et aide de vos amis vous avez eu en propos de vous vengier et de faire guerre, aussi sans demander leur conseil vous ne devez accorder ne faire paix, car la loy dit que nulle chose n'est tant selon nature comme la chose deslier par ce dont elle a esté liée.

Lors incontinent dame Prudence envoia messagiers et manda querre leurs parens et leurs anciens amis loyaulx et sages, et leur raconta le fait en la présence de Mellibée tout par ordre et en la guise que il est devisé

par dessus, et leur demanda quel conseil ils donroient
sur ce. Lors les amis Mellibée, toutes choses considé-
rées et icelles dessusdictes mesmes délibérées et exa-
minées à grant diligence, donnèrent conseil de paix
faire et que l'en les receust à miséricorde et à mercy.
Quant dame Prudence ot oy le consentement de son
seigneur et le conseil de ses amis à son entention, si
fut moult joyeuse de cuer. L'en dist, fist-elle, ès Proverbes : le bien que tu peus faire au matin, n'attens pas
le soir ne l'endemain, et pour ce je te conseille que
tantost messagiers sages et advisés tu envoies à iceulx
gens pour leur dire que se ils veullent traictier de paix
et d'accord ainsi comme ils se sont présentés, que ils
se traient vers nous incontinent et sans dilation, ensemble leurs fiances[1] loyaulx et convenables.

Ainsi comme dame Prudence le conseilla, ainsi fut-
il fait. Quant iceulx trois malfaicteurs et repentans de
leurs folies oïrent les messagiers, ils furent liés et joyeux
et respondirent, en rendant grâces à monseigneur Mellibée et à toute sa compaignie, qu'ils estoient prests et
appareilliés d'aler vers eulx sans dilation et de obéir en
tout et partout à leur commandement. Et tantost
après, ils se mirent à la voie d'aler à la court monseigneur Mellibée, ensemble leurs femmes et aucuns de
leurs amis loyaulx.

Quant Mellibée les ot en sa présence, si dist : Il est
vérité que vous, sans cause et sans raison, avez fait injure à moy, à ma femme Prudence et à ma fille, en
entrant en ma maison à violence et en faisant tel oultrage comme chascun scet, pour laquelle cause vous

---

[1] Cautions.

avez mort desservie; et pour ce je vueil savoir de vous
se vous vous voulez mettre du tout à la punition et à la
vengence de cest oultrage à ma voulenté et à la voulenté de ma femme.

Lors l'ainsné et le plus sage de ces trois respondi
pour tous. Sire, dit-il, nous ne sommes pas dignes de
venir à la court de si noble, ne de tel homme comme vous
estes, car nous avons tant meffait que en vérité nous
sommes dignes de mort, non pas de vie. Toutesvoies,
nous nous confions en vostre doulceur et en la debonnaireté dont vous estes renommé par tout le monde et
pour ce nous nous offrons et sommes appareilliés de obéir
à tous vos commandemens, et vous prions à genoulx
et à larmes que vous ayez pitié et miséricorde de nous.
Lors Mellibée [les releva] bénignement [et] receut leurs
obligations par leur serement et par leurs pleiges[1], et
leur assigna journée de retourner à sa court et de eulx
offrir à sa personne pour oïr sentence à sa voulenté[2].

Ces choses ainsi ordonnées, et un chascun d'une part
et d'autre départi de ensemble, dame Prudence parla
premièrement à son seigneur Mellibée et lui demanda
quelle vengence il entendoit prendre de ses adversaires.
Certes, dit Mellibée, je entens à les déshériter de tout
ce qu'ils ont et eulx envoïer oultre mer, sans demourer
plus en ce païs ne retourner.

Certes, dit Prudence, ceste sentence seroit moult

[1] Cautions. — [2] C'étoit aussi l'usage le plus fréquent dans la jurispru-
dence du Parlement de Paris. On voit constamment dans les registres du
Criminel, des accusés élargis sous caution, tantôt dans l'enceinte du Palais
seulement, tantôt dans celle des bastides (portes) de Paris, à la charge de
se représenter à une époque fixée, quelquefois en personne et quelquefois
par procureur.

félonneuse et contre raison , car tu es trop riches et n'as pas besoing de l'autruy richesse ne de l'autrui argent, et pourroies estre par raison notés et repris de convoitise qui est un grant vice et racine de tous maulx. Et, selon ce que dit l'appostre, il te vauldroit mieulx tout [perdre du tien que prendre le leur; par ceste manière mieulx vault]perdre à honneur que tout gaignier à honte; et autre part aussi : le gaing doit estre appellé perte, qui la bone fame ne garde; et dit oultre que l'en ne se doit pas seulement garder de faire chose par quoy l'en perde sa bonne fame, mais se doit-on tousjours efforcier de faire chose aucune pour acquérir nouvelle et meilleur fame, car il est escript : la vieille fame est tost alée quant elle n'est renouvellée. Après, quant à ce que tu dis que tu les veulx envoïer oultre la mer sans jamais retourner, il me semble que ce seroit mésuser de la puissance que ils t'ont donnée sur eulx pour faire à toi honneur et révérence, et le droit dit que cellui est digne de perdre son prévilège qui mésuse de la puissance qui lui a esté donnée. Et dis plus, car supposé que tu leur puisses enjoindre telle peine selon droit, laquelle chose je ne octroie mie, je dis que tu ne la pourroies pas mener de fait à exécution, ains, par aventure, convendroit retourner à guerre comme devant. Et pour ce, se tu veulx que l'en obéisse à toy, il te convient sentencier plus courtoisement, car il est escript : à cellui qui plus doulcement commande, obéist-l'en le mieulx; et pour ce je te prie que en ceste besongne te plaise vaincre ton cuer, car Sénèque dit : deux fois vaint, qui son cuer vaint; et Tulles aussi dit : riens ne fait tant à loer en grant homme que quant il est debonnaire et s'appaise légièrement. Et pour ce je te prie

qu'il te plaise toy porter en telle manière en ceste vengence que ta bonne fame soit gardée et que tu soies loé
de pitié et de doulceur, et qu'il ne te conviengne pas
repentir de chose que tu faces, car Sénèque dit : mal
vaint qui se repent de sa victoire. Pour ces choses je
te prie que tu adjoustes à ton jugement miséricorde,
à celle fin que Dieu ait de toy miséricorde en son derrain jugement, car saint Jacques dit en son épistre : jugement sans miséricorde sera fait à cellui qui ne fera
miséricorde, car justice sans miséricorde est tirannie.

Quant Mellibée ot oy toutes les paroles dame Prudence et ses sages enseignemens, si fut en grant paix
de cuer et loua Dieu qui lui avoit donné si sage com-
paigne, et quant la journée vint que ses adversaires
comparurent en sa présence, il parla à eulx moult doulcement et dit : Jasoit-ce que vous vous soiez portés envers nous moult orguilleusement, et de grant présumption vous soit advenu, toutesvoies la grant humilité que
je voy en vous me contraint à vous faire grâce, et pour ce
nous vous recevons en nostre amitié et en nostre bonne
grâce, et vous pardonnons toutes injures et tous vos
meffais encontre nous, à celle fin que Dieu au point de
la mort nous vueille pardonner les nostres.

Belle seur, ainsi povez-vous veoir comment sagement
ceste bonne preude femme Prudence refraigni et couvri
la grant douleur qu'elle mesmes avoit en son cuer, qui
estoit si triste et si dolente pour l'injure qu'elle et sa
fille avoient soufferte en leur propre corps, dont elle ne
disoit un seul mot pour ce qu'il sembloit et vray estoit
que Mellibée s'en fust plus désespéréement esmeu que
devant; et ainsi monstroit bien qu'elle l'aimoit, et sage-

ment le rapaisoit; ne icelle bonne dame ne se démonstroit estre courroucée fors que par le courroux que
son mary prenoit tant seulement, et le sien courroux
céloit et tapissoit en son cuer, sans en faire quelconque
démonstrance. Vous povez aussi par ce que dit est en
l'istoire veoir comment sagement et subtillement, par
bonne meurté et humblement, elle admonnestoit son
mary à tolérer et dissimuler son injure et luy preschoit
patience sur si grant cas, et devez considérer les grans
et cordiales pensées que luy en convenoit avoir jour et
nuit à trouver si fors argumens et si vives raisons pour
oster la rigueur de l'emprise à quoy son mary tendoit.
A ce monstroit-elle bien qu'elle l'amoit et pensoit à le
retraire de sa fole voulenté, et povez veoir comment
sagement en la parfin elle amolia le courage d'icellui,
et comment la bonne dame, sans cesser, pourchassa
par divers intervalles et exploita tant qu'elle l'appaisa
du tout. Et pour ce je vous di que ainsi sagement, subtillement, cautement et doulcement doivent les bonnes
dames conseillier et retraire leurs maris des folies et
simplesses dont elles les voyent embrasés et entéchiés,
et non mie cuidier les retourner par maistrise, par hault
parler, par crier à leurs voisins ou par les rues, ou par
les blasmer, par elles plaindre à leurs amis et parens,
ne par autres voies de maistrise. Car tout ce ne vault
fors engaignement[1] et renforcement de mal en pis, car
cuer d'homme envis[2] se corrige par domination ou seignourie de femme, et sachiez qu'il n'est si povre homme
ne de si petite valeur, puis qu'il soit marié, qui ne
vueille seignourir[3].

---

[1] Irritation. — [2] Difficilement. — [3] Voy. ci-devant, p. 99.

Encores ne me vueil-je pas taire d'un exemple servant au propos de retraire son mary par debonnaireté, lequel exemple je oys pieçà compter à feu mon père dont Dieux ait l'âme, qui disoit que il y avoit une bourgoise demourant à Paris, appelée dame Jehanne la Quentine qui estoit femme de Thomas Quentin. Elle sceut que le dit Thomas son mary simplement et nicement foloioit et repairoit et aucunefois gisoit avec une povre fille qui estoit filleresse de laine au rouet, et longuement, sans en monstrer semblant ou dire un seul mot, le tolléra icelle dame Jehanne et le souffri moult patiemment; et en la parfin enquist où icelle povre fille demouroit et tant en enquist qu'elle le sceut. Et vint en l'hostel et trouva la povre fille qui n'avoit aucune garnison[1] quelconque, ne de busche, ne de lart, ne de chandelle, ne de huille, ne de charbon, ne de rien, fors un lit et une couverture, son touret[2] et bien pou d'autre mesnage. Si luy dist tels mots : Ma mie, je suis tenue de garder mon mary de blasme, et pour ce que je sçay qu'il prent plaisir en vous et vous aime et qu'il repaire céans, je vous prie que de luy vous parliez en

---

[1] Provision en général. Voy. Du Cange aux mots *Garnire, Garnisio*. L'ordonnance de l'hôtel du roi, faite au Louvre en janvier 1386-7, défend que personne ne demande aucune chose *sur les garnisons faites pour la dépense de l'hostel, soit blés, avenes, foing, busche*. Taillevent (c'est Guill. Tirel, auteur du *Viandier*, et alors écuyer de cuisine du roi) est chargé par la même ordonnance de *gouverner les garnisons* (Den. Godefroy, H. de Ch., VI, 712, 715). La reine avoit aussi un maître de ses garnisons. Bastin de Breban, revêtu de cet office en 1371, étoit alors poursuivi pour avoir pris, au nom de la reine (en vertu du droit de prise), des vins qu'il avoit payés à vil prix et vendus dans sa taverne à son profit (Plaid. civiles du Parlement, 4 décembre 1371).

[2] Rouet à filer.

compaignie le moins que vous pourrez, pour eschever
son blasme, le mien et de nos enfans, et que vous le
céliez de vostre part, et je vous jure que vous et luy
serez bien célés de la moye part, car puisqu'ainsi est
qu'il vous aime, mon intention est de vous amer, secourir et aidier de tout ce dont vous aurez à faire, et
vous l'apparcevrez bien; mais je vous prie du cuer
que son péchié ne soit révélé ne publié. Et pour ce que
je sçay qu'il est de bonnes gens[1], qu'il a esté tendrement nouri, bien peu, bien chauffé, bien couchié et
bien couvert à mon povoir, et que je voy que de luy
bien aisier vous avez pou de quoy, j'ai plus chier que
vous et moy le gardions en santé que je seule le gar-
dasse malade. Si vous prie que vous l'amez et gardez
et servez tellement que par vous il soit refraint et contre-
gardé de viloter ailleurs en divers périls; et sans ce
qu'il en sache riens, je vous envoieray une grant paelle
pour luy souvent laver les piés, garnison de busche
pour le chauffer, un bon lit de duvet, draps et couverture selon son estat, cuevrechiefs, orilliers, chausses
et robelinges nettes; et quant je vous envoieray des
nettes, si m'envoiez les sales, et que de tout ce qui
sera entre vous et moy qu'il n'en sache rien, qu'il ne
se hontoie; pour Dieu faictes avec luy si sagement et
secrètement qu'il n'apparçoive de nostre secret. Ainsi
fu promis et juré : Jehanne la Quentine s'en parti et
sagement envoya ce qu'elle avoit promis.

Quant Thomas vint au vespre à l'hostel de la jeune
fille, il ot ses piés lavés et fut très bien couchié en lit
de duvet, en grans draps déliés pendans d'une part et

---

[1] D'une bonne famille.

d'autre [1], très bien couvert, mieulx qu'il n'avoit accoustumé, et l'endemain eust robelinge blanche,
chausses nettes et beaulx soullers [2] tous frais. Il se donna
grant merveille de ceste nouvelleté et fut moult pensif,
et ala oïr messe comme il avoit accoustumé, et retourna
à la fille et lui mist sus que ces choses venoient de mauvais lieu, et moult aigrement l'accusa de mauvaistié
afin qu'elle en sa deffense luy dist dont ce luy estoit
venu. Or savoit-il bien qu'il l'avoit laissée povre deux
ou trois jours devant, et que en si pou de temps ne
povoit-elle pas estre de tant enrichie. Quant elle se vit
ainsi accusée et qu'il la convint respondre pour soy deffendre, elle sceut bien tant de la conscience d'icellui
Thomas que de ce qu'elle luy diroit il l'en croiroit, si
n'ot loy de mentir et lui dist la vérité de tout ce que
dessus est dit.

Lors vint ledit Thomas tout honteux en son hostel
et plus pensif que devant, mais un seul mot ne dist à
ladicte Jehanne sa femme, ne elle à luy, mais le servi
très joyeusement, et très doulcement dormirent luy et
sa femme la nuit ensemble sans en dire l'un à l'autre
un seul mot. L'endemain ledit Thomas de son seul
mouvement ala oïr messe et se confessa de ses péchiés,
et tantost après retourna à la fille et luy donna ce qu'elle
avoit du sien, et voua continence et de soy abstenir de
toutes femmes excepté de sa femme, tant comme il vivroit. Et ainsi le retrahi sa femme par subtilleté et moult
humblement, et cordieusement l'aima depuis. Et ainsi
sagement, non pas par maistrise ne par haultesse,
doivent les bonnes dames conseiller et retraire leurs

---

[1] Ce passage, joint à ceux des pages 160 et 169, nous fait bien connoître la manière dont on étoit couché au xive siècle. — [2] Souliers.

maris par humilité ; ce que les mauvaises ne scevent, ne leur cuer ne le puet endurer, dont leurs besongnes vont souvent pis que devant. Et jasoit-ce que plusieurs autres exemples on y pourroit donner qui seroient longs à escripre, toutesvoies ce vous doit assez souffire quant à cest article, car de ce derrenier cas n'avez-vous garde, et aussi en savez-vous bien oster le péril[1].

[1] L'histoire de Jeanne la Quentine a été reproduite dans les Nouvelles de la reine de Navarre qui l'attribue à une bourgeoise de Tours (38e Nouvelle ou 8e de la 4e journée). Mais l'auteur du *Ménagier* donnant les noms et disant qu'il la tenoit de son père, on ne peut douter qu'elle ne soit en effet arrivée à Paris. La reine de Navarre a pu entendre raconter cette histoire à quelqu'un qui l'avoit lue dans le *Ménagier*, et en placer la scène à Tours. Elle a donné également (Nouvelle 37e), en l'attribuant à une dame de Laval-Loué, et avec quelques variantes, un exemple analogue d'indulgence conjugale rapporté par le chevalier de La Tour comme positivement arrivé à la dame de L'Anguillier sa tante. Le chevalier de La Tour raconte (chap. xvii) que son oncle étoit « à merveilles luxurieux, tant qu'il en « avoit tousjours une ou deux à son hostel, et bien souvent se levoit de « delez sa femme et aloit à ses foles femmes; et quant il venoit de folie, « il trouvoit la chandelle allumée, et l'eaue et le touaillon à laver ses « mains : et elle lui prioit qu'il lavast ses mains; et il disoit qu'il venoit « des chambres. — Et pour tant Monseigneur que vous venez des cham- « bres, avez-vous plus grant besoin de vous laver. » C'est autant d'humilité que la bourgeoise, mais avec une délicatesse qui sent déjà la femme de qualité.

J'avois espéré trouver le nom et par suite la profession de *Thomas Quentin* dans le *Livre de la Taille en* 1313 (Paris, 1827, in-8°), car le père de l'auteur du *Ménagier* et Thomas Quentin qu'il connoissoit, ont pu vivre dès cette époque, mais son nom n'y figure pas. Je l'ai aussi cherché inutilement dans les comptes de la prévôté de Paris donnés par Sauval et dans le recueil manuscrit des *Épitaphes de Paris*.

FIN DE LA PREMIÈRE DISTINCTION ET DU TOME PREMIER.

www.ingramcontent.com/pod-product-compliance
Lightning Source LLC
Chambersburg PA
CBHW050457270326
41927CB00009B/1784